dtv

Im Sommer 1944 versuchte der junge schwedische Kaufmann und Diplomat Raoul Wallenberg in Budapest, die Deportation der ungarischen Juden zu verhindern. Durch geschickte Verhandlungen und mutige Aktionen gelang ihm die Rettung tausender Menschenleben, eine der bemerkenswertesten Heldentaten des 20. Jahrhunderts. »Die entscheidenste Erfahrung für uns war, daß er selbst kam, persönlich. Für uns blieb er stehen, für jeden einzelnen von uns«, sagte eine der Geretteten über Wallenberg. Bei der Einnahme Budapests durch die Rote Armee Anfang 1945 wurde er von sowjetischen Militärs verschleppt, sein weiteres Schicksal ist bis heute ungeklärt.
Auf der Grundlage zahlreicher neuer Quellen zeichnet Christoph Gann die dramatische Geschichte Raoul Wallenbergs nach, beschreibt das politische Versteckspiel um seine Person und schildert die bis heute immer wieder unternommenen Versuche, die Wahrheit herauszufinden.

Christoph Gann, geboren 1970, ist Jurist und Referatsleiter im Ministerbüro des Thüringer Justizministeriums. Er hat die Ausstellung «Lichter in der Finsternis. Raoul Wallenberg und die Rettung der Budapester Juden 1944/45» initiiert, die seit 1994 in Deutschland, Österreich und Ungarn gezeigt wird.

CHRISTOPH GANN

Raoul Wallenberg

So viele Menschen retten wie möglich

Deutscher Taschenbuch Verlag

Mit 18 Abbildungen

August 2002
Deutscher Taschenbuch Verlag GmbH & Co. KG, München
www.dtv.de

Umschlagkonzept: Balk & Brumshagen
Umschlagfoto: © Ullstein bild
Satz: fgb · freiburger graphische betriebe, Freiburg
Gesetzt aus der Bembo
Druck und Bindung: Druckerei C. H. Beck, Nördlingen
Gedruckt auf säurefreiem, chlorfrei gebleichtem Papier
Printed in Germany · ISBN 3-423-30852-4

INHALT

Anhang

PROLOG

Freitag, 7. Juli 1944.

Kurz vor zwei Uhr nachmittags startet eine Maschine vom Flughafen Stockholm in Richtung Deutsches Reich. Nur wenige Flugstunden trennen die beiden Länder, zwischen ihnen aber liegen Welten. In Schweden erfuhr man allenfalls aus den Zeitungen, was auf der anderen Seite der Ostsee vor sich ging. Nach fünf Kriegsjahren hatte man sich an die Meldungen von Hitlers Siegen und Niederlagen gewöhnt und nahm sie kaum noch zur Kenntnis. Spätestens seit der Landung der alliierten Truppen in der Normandie am 6. Juni war aber nun unabweislich, daß es mit Hitlers Traum von der Weltherrschaft zuende war.

Schwedens Neutralität hatte das Land nicht davor bewahrt, sich mit den Deutschen, aber auch mit den Alliierten zu arrangieren. Schweden nahm zwar mehrere Tausend dänischer Juden auf, verschloß sich andererseits aber, wie nahezu alle anderen Länder Europas, einer Vielzahl von Flüchtlingen. So sahen sich die Juden in Zentraleuropa – in Deutschland seit 1933 boykottiert, ausgegrenzt und aus dem Lande gejagt, seit 1938, nach der «Kristallnacht», unmittelbar verfolgt und seit Anfang der vierziger Jahre, verschärft nach der Wannseekonferenz, in die Vernichtungslager deportiert und ermordet –, fast völlig im Stich gelassen. Wem die Flucht nach Übersee oder Palästina nicht gelungen war, der stand nach der deutschen Besetzung halb Europas nicht mehr nur vor geschlossenen Grenzen, sondern wurde in den besetzten Ländern selbst bedroht. Auch dort, wo ihnen gleichsam unter den Augen der Besatzungsmacht – vor allem in Dänemark, aber etwa auch in Holland und Norwegen – geholfen wurde, waren die Juden vor der Verschleppung in die Lager nicht sicher. Die Schweiz betrieb eine rigid restriktive Einwanderungspolitik, man drängte sogar darauf, daß die jüdischen Pässe von den deutschen Behör-

Raoul mit seiner Mutter, 1915

den mit einem «J» versehen wurden. Die osteuropäischen Juden sahen sich oft einer nicht nur feindseligen, sondern auch die Verfolgung unterstützenden Bevölkerung ausgesetzt.

Dem jungen Geschäftsmann, der in der Maschine nach Berlin saß, stand dieses Schicksal der europäischen Juden vor Augen. Was Hitlers schon 1939 ausgesprochene Androhung des «Endes der jüdischen Rasse in Europa» in Wahrheit hieß, wurde für den 32jährigen Raoul Wallenberg in den kommenden Monaten zur grauenhaften Erfahrung.

In seinem ganz allgemein, ja fast harmlos wirkenden Diplomatenpaß war zu lesen: «Seine Königl. Majestät von Schweden (und der) Minister der Auswärtigen Angelegenheiten ersucht alle Civil- und Militär-Behörden, den schwedischen Staatsangehörigen Herrn Raoul Gustaf Wallenberg, Sekretär an der Schwedischen Gesandtschaft in Budapest, welcher sich ins Ausland begibt, frei und ungehindert reisen, auch nöthigen Falls ihm Schutz und Beistand angedeihen zu lassen.»[1] Man hatte ihm den Diplomatenstatus zuerkannt, um ihn für seine kommende Aufgabe zu schützen.

Raoul Wallenberg hatte sich für sein Leben anderes vorgenommen, als in den Staatsdienst zu gehen, geschweige denn, Legationssekretär in Südosteuropa zu werden. Kam er auch aus einer Bankiers- und Diplomatenfamilie, so hatte er gerade in den letzten Monaten wieder daran gedacht, sich den alten Wunsch zu erfüllen und als Architekt zu arbeiten, ja schon Pläne gefaßt, Stockholm nach dem Kriege neu zu gestalten – der Jugendtraum sollte endlich in Erfüllung gehen.

Am 4. August 1912, erst nach dem Tod des Vaters geboren, war er am Rand einer Welt aufgewachsen, deren Gesicht sich mit dem Hitlerfaschismus und dem Leiden, das er über den Kontinent gebracht hatte, bis zur Unkenntlichkeit zu verändern begann. Wallenberg hatte die Jugendjahre unter der Obhut der Mutter unter dem Einfluß des Großvaters (der in Konstantinopel in diplomatischen Diensten stand und die Lebensplanung des Enkels sehr zielbewußt lenkte) verbracht. Man ließ ihm eine kosmopolitische Erziehung angedeihen, schickte ihn nach Deutschland, Frankreich und in die Schweiz und zu einem fast dreieinhalbjährigen Architekturstudium in die USA – freilich mit der Absicht, ihn, auf dem Wege einer Ausbildung zum

Bankkaufmann, in die Welt des Unternehmertums einzuführen. Gegen Ende der dreißiger Jahre hält sich Wallenberg in Kapstadt und in Palästina auf, wo sich ihm die erste Erfahrung mit der zeitgenössischen Geschichte zu verdichten beginnt. Das bezeugt vor allem ein Brief aus dem Jahre 1936. Die Beobachtungen, die er da mitteilt, zeigen intelligente Hellsicht schon im Blick auf die Zukunft des späteren Staates Israel:

«Eines Tages erzählte eine (der Pensionsgäste) so nebenhin, ihr Bruder sei von den Nazis ermordet worden. Ansonsten erzählen die Leute hier nicht viel über die Vergangenheit, sie reden nahezu ausschließlich über die Zukunft Palästinas, an die jeder mit ganzem Herzen glaubt – es wäre eine Dummheit, wenn sie es nicht täten, da Palästina ihre Heimat ist und die Verwirklichung eines langwährenden Traumes. ... Aber sollte ihr Vertrauen jemals enttäuscht werden, so wird die Folge eine schreckliche Krise sein. ... Ich habe zuvor nicht gewußt, daß so viele Juden so tief und fanatisch religiös sind, wie sie es hier sind. Für sie ist Palästina mehr als eine reine Zuflucht; es ist das verheißene Land, das Land, das ihnen von Gott gegeben wurde.»[2]

Nach dem Tod des Großvaters im März 1937 scheint so etwas wie eine Befreiung über den jungen Mann gekommen zu sein; doch seine Bemühungen, eine dauerhafte Beschäftigung zu finden, bleiben einstweilen ohne Erfolg. Er jobbt hier und dort, stellt für ein Geschäftsunternehmen Marktuntersuchungen an. In den späten dreißiger Jahren plante Wallenberg eine Reise nach Berlin. Er hatte von der Verhaftung Dr. Erich Philippis, Chefingenieur oder Direktor der AEG, durch die Gestapo erfahren. Philippis Frau war schwedischer Abstammung. Wallenbergs Hilfe war jedoch nicht mehr notwendig, da schwedische Diplomaten zwischenzeitlich die Freilassung erwirkt hatten. Philippi reiste nach Schweden und gab bei der dortigen Polizei Raoul Wallenberg als förmliche Referenz an. Auf welche Weise Wallenberg als Privatperson in Berlin etwas hätte bewirken können, bleibt ebenso wie die weiteren Umstände im Dunkeln.[3] Auf eigentümlichem Weg kommt er

Großvater Gustaf Oscar Wallenberg mit Raoul, 1915

der Mission näher, für die er wenige Jahre später ausgewählt wird. Man bietet ihm im August 1941 eine Anstellung an, als ein ungarischer Geschäftsmann nach einem Partner Ausschau hält. Koloman Lauer ist nach der deutschen Besetzung Hollands die Flucht gelungen. Ein schwedischer

Foto von Raoul Wallenberg für die Universität in Ann Arbor, September 1931

Industrieller, Sven Salén, stellt ihm Geld zur Gründung einer Importfirma für Lebensmittel zur Verfügung. Da die Wirtschaftsverbindung mit Ungarn zunehmend schwieriger wird, gründet man die *Mellaneuropeiska Handels AB.* So mußten auch Geschäftsbeziehungen mit Ländern unterhalten werden, die sich unter deutschem Einfluß befanden. Dazu brauchte man einen nichtjüdischen Firmenvertreter. Auf Empfehlung eines Verwandten überträgt man Raoul Wallenberg den Posten. Schon bald avanciert er zum Außenhandelsdirektor der Firma.

Er ist viel in Europa unterwegs. Für freies und ungehindertes Reisen stellte man dem «Direktor» Wallenberg am 10. Oktober 1941 einen Kabinettspaß aus.[4] Nur wenige hundert Personen, deren Arbeit als wichtig für Schweden angesehen wurde, hatten einen solchen Paß erhalten. Ihm wurde dieser auf Empfehlung Jacob Wallenbergs ausgehändigt, um Pferde von Schweden nach Vichy-Frankreich verkaufen zu können. Ob dieser Handel zustande kam, ist ungeklärt. Laut Lauer war Raoul Wallenberg für einige Zeit Jacob Wallenbergs Privatsekretär und habe ihn als Idol betrachtet.[5] Um die Jahreswende 1941/42 reist Raoul Wallenberg über die Schweiz nach Vichy-Frankreich und weiter nach Paris. Ende Januar 1942 geht es über Zürich zurück nach Schweden. Wenige Tage später beginnt die nächste Geschäftsreise: Bis Ende Februar ist Wallenberg in Budapest, fährt im Oktober noch einmal in die Schweiz und nach Vichy-Frankreich, und Anfang September 1943 kommt er erneut nach Budapest und reist, über Berlin, erst Mitte Oktober nach Schweden zurück.

Die Mission, auf die Raoul Wallenberg sich jetzt, im Juli 1944, begibt, wird schon Monate später für ihn selbst bedrohliche Züge annehmen. Wohl kennt er die Aufgabe: die Budapester Juden sollen vor Auschwitz bewahrt, es sollen «möglichst viele Menschen gerettet» werden – aber einen ausgearbeiteten Plan dafür gibt es nicht.

Vielleicht bewegt ihn in diesen Momenten ein anderer Gedanke, ein Stück persönlicher Erinnerung: Erst in der späteren Jugend hat er erfahren, daß sein Vater als dreiundzwanzigjähriger Marinekadett sich bis zur Selbstaufopferung todkranker Kameraden angenommen hatte. Er war 23jährig an Krebs gestorben. Das Verhalten dieses Mannes gegenüber anderen, angesichts eigener Lebensbedrohung, mag am Ende Vorbildcharakter für das Handeln des Sohnes gewinnen. Doch auch einer anderen, ganz unmittelbaren Lebenserfahrung wird der Zweiunddreißigjährige später wohl gedenken. Auf einer Rückfahrt per Anhalter zwischen Chicago – wo er während der Semesterferien auf dem Ausstellungsstand Schwedens während der Weltausstellung gearbeitet hatte – und der Universität Ann Arbor war er von einer Bande junger Gangster bis auf wenige Dollar ausgeraubt worden: aus einem Brief an seine Mutter geht hervor, daß er in dieser Situation völlig angstfrei reagiert und damit offenbar erreicht hatte, daß die jungen Leute ihn unversehrt laufen ließen. Diese souveräne Furchtlosigkeit wird ihm bei den oft bedrohlichen Begegnungen mit den deutschen Behörden und später den Pfeilkreuzler-Verbänden – für jene, die zu retten er aufgebrochen war – helfen, eine Aufgabe zu erfüllen, für die es, selbst in der Geschichte dieser Jahre, kein Beispiel gibt.

Elf Tage vor dem letzten – mißlungenen – Attentat auf Hitler, das eine neue Terrorwelle in Deutschland auslösen wird, überschreitet Wallenberg die ungarische Grenze bei Hegyeshalom. Millionen von Juden sind in diesem Augenblick bereits in den Vernichtungslagern Auschwitz, Treblinka, Sobibor und Belzec ermordet worden. In den sechs Monaten vom Juli 1944 bis Januar 1945 wird Raoul Wallenberg Tausende Verfolgte vor diesem entsetzlichen Schicksal bewahrt haben. «Er hat», wie Elie Wiesel – bei der Enthüllung eines Denkmals vor dem UNO-Gebäude in New York – über fünfzig Jahre später sagen wird, «gezeigt, daß es möglich ist, selbst in unmenschlichen Zeiten menschlich zu sein und den Mechanismus der Grausamkeit, des kalkulierten Völkermords anzuhalten.»

Erster Teil
WALLENBERG IN BUDAPEST

1. Auftakt

Seit 1942 war die amerikanische Regierung über Massenmorde an Juden informiert. Erste Berichte hielt man noch für unglaubwürdig. Es schien undenkbar, daß Deutsche systematisch Genozid betrieben. Doch bereits Ende 1943 waren die Zeugnisse im Wortsinn so überwältigend, daß Präsident Roosevelt am 22. Januar 1944 das War Refugee Board (WRB) mit der Absicht ins Leben rief, «die Opfer von feindlicher Unterdrückung zu retten, die in unmittelbarer Lebensgefahr sind ... soweit das die erfolgreiche Weiterführung des Krieges irgend zuläßt.»[1]

Das WRB nahm nach der deutschen Besetzung Ungarns im März 1944 nun auch Pläne zur Rettung der 800000 bedrohten ungarischen Juden in Angriff: «Ungarn, welches vorübergehend ... ein Asyl für viele Flüchtlinge aus Polen und anderer Länder war, wurde über Nacht zu einer Mörder-Kammer», wie WRB-Direktor Pehle in einer Rundfunkansprache sagte.[2]

Jüdische Organisationen hatten das WRB wiederholt dazu aufgefordert, auf eine Bombardierung der Eisenbahnlinien nach Auschwitz hinzuwirken. Mit dem Argument, das Kriegsmaterial müsse für das unmittelbare Kriegsziel, den Sieg über Hitlers Deutschland, eingesetzt werden, lehnte man eine Bombardierung ab – überdies hätte die Zerstörung sicher nur kurzfristig Erfolg, und mit einem raschen Sieg über Deutschland wäre auch den bedrohten Juden geholfen. Andere Vorschläge – etwa einen Angriff von Fallschirmtruppen auf die Lager – reichte das WRB gar nicht erst an das Pentagon weiter. Wegen der vermutlich hohen Verluste unter den Angreifern sei eine solche Maßnahme gar nicht gerechtfertigt.[3]

So verging wertvolle Zeit, bis die ersten Maßnahmen zur Rettung der ungarischen Juden eingeleitet wurden. Im Mai 1944 richtete man an die amerikanischen Botschaften in Ankara, Bern, Lissabon, Madrid und Stockholm die Aufforderung, die Gesandten möchten auf ihre Regierung hinwirken, das Botschaftspersonal in Budapest zu verstärken. Diese Aktion mißlang nahezu vollständig. Dem WRB war nicht bekannt, daß die US-Regierung die Länder zuvor aufgefordert hatte, die neue ungarische «Marionetten-Regierung» nicht anzuerkennen.[4] Der Vorgang zeigt, daß das WRB von anderen Regierungsstellen nicht einmal durch eine verbindliche Informationspolitik unterstützt wurde.

Europa-Vertreter des WRB in Schweden war Iver C. Olsen. Auch der amerikanische Botschafter in Schweden, Herschel V. Johnson, wurde Ende Mai vom WRB unterrichtet, «daß nach anhaltenden und offenbar authentischen Berichten die systematische Massenvernichtung von ungarischen Juden begonnen hat», und man fragte zugleich, «wieweit die schwedische Regierung in dieser Angelegenheit kooperationsbereit» sei.[5]

Schweden war bereit, auf die amerikanischen Wünsche einzugehen. Aber auch der Jüdische Weltkongreß dachte an Hilfe für die ungarischen Juden. Sein Repräsentant in Schweden, Norbert Masur, bat den Stockholmer Oberrabbiner Marcus Ehrenpreis, für die ungarischen Juden zu intervenieren. Als die beiden vorschlugen, man solle nach einem renommierten, intelligenten Mann suchen, der Nichtjude sei und bereit wäre, in Ungarn eine Rettungsaktion für die dortigen Juden einzuleiten und durchzuführen (Diplomatenstatus für den Betreffenden sei aber ebenso unabdingbar wie die reichliche Ausstattung mit finanziellen Mitteln), versprach die schwedische Regierung, das zu prüfen.[6]

Doch die Bitte aus den USA beschleunigte das Verfahren. Das Außenministerium bat den Oberrabbiner, nach einem geeigneten Mann Ausschau zu halten. Der geriet an Koloman Lauer – und auf dessen Empfehlung trafen Wallenberg und Ehrenpreis zusammen. Doch es gab einstweilen keinen Konsens zwischen Ehrenpreis und seinem Besucher. Wallenberg meinte, er betrachte Bestechung als ein geeignetes Mittel zur Hilfe für die Verfolgten. Ehrenpreis war weder davon noch von der Qualifikation des Einunddreißigjährigen für eine solche Aufgabe überzeugt. Dabei hatte Wallenberg bereits im Mai 1944 eine Reise nach Ungarn geplant, um dort zwischen Juni und Dezember Lebensmittel aufzukaufen. Diese wollte er anscheinend teilweise nach Schweden exportieren, zum anderen an ungarische Juden verteilen.[7]

Doch die Dinge nahmen eine neue Wendung. Im Grand-Hotel in Saltsjöbaden traf sich Wallenberg vermutlich am 12. Juni[8] mit Olsen und Henrik de Wahl[9], dem Direktor der ungarischen Manfred-Weiss-Werke. Salén und Lauer standen mit diesem Konzern in Geschäftsbeziehung und hatten Kapital nach Schweden gerettet. Die kleine Runde debattierte an diesem Abend vor allem wirtschaftliche Fragen. Ein großer ungarischer Konzern war in jüdischem Besitz. Würde er an Göring übertragen, so könnte das nach Kriegsende rechtspolitische Folgen haben. Könnte Wallenberg nicht in Budapest die Interessen des Konzerns wahrnehmen? Man wollte versuchen, einen Hamburger Freund Lauers oder aber eine deutsche Firma für eine Transaktion zu gewinnen. Der Freund sollte eine Bestätigung der Hamburgischen Handelskammer einholen, daß eine solche Transaktion den Interessen des Deutschen Reiches diene, und mit diesem Papier könne man offiziell den Visumsantrag für Wallenberg begründen. Olsen gab wohl die Garantie, daß die geplante Transaktion weder für Wallenberg noch die *Mellaneuropeiska Handels AB* mit der Gefahr verbunden war, auf die «Schwarze Liste» der Alliierten zu kommen. Dann sprach man über die Rettung der Juden.

Am 12. Juni teilte Johnson seinem Außenminister Hull mit[10], da habe man «einen Schweden gefunden, der in sehr naher Zukunft eine Geschäftsreise nach Ungarn» machen werde und willens sei, «zu jeder möglichen Unterstützung einer Lösung des ungarischen Problems beizutragen.» Der US-Gesandte war von WRB-Executive Olsen informiert worden. Klar war einstweilen in der ganzen Sache, daß Wallenbergs Reise nach Ungarn vorderhand geschäftlichen Interessen dienen sollte. Dieser besprach die Angelegenheit mit dem Kabinettssekretär Boheman und ließ ihn am 19. Juni wissen, er habe mit seinen Geschäftsleitungen Rücksprache genommen, und man habe ihm genehmigt, sich dem Außenministerium zur Verfügung zu stellen und seine Geschäftstätigkeit solange ruhen zu lassen.

Boheman fragte bei der schwedischen Gesandtschaft in Budapest an, ob Einwände gegen die Entsendung Wallenbergs bestünden. Zugleich informierte er Johnson, der noch am gleichen Tag an Hull telegrafierte, «daß Herr Raoul Wallenberg zum Attaché an der schwedischen Gesandtschaft in Budapest ernannt wird, zu dem Zweck, der Situation der Juden und anderer Minoritäten nachzugehen und darüber zu berichten. ... Herr Boheman machte deutlich, das Auswärtige Amt und seine Regierung seien geneigt, im Zuge aller humanitären Bemühungen so eng wie möglich zusammenzuarbeiten ... das War Refugee Board (sollte) über Mittel und Wege nachdenken, sich der Aktion der schwedischen Regierung zu bedienen, insbesondere in Hinblick der finanziellen Unterstützung wird es möglich sein, sich konkret der Rettung ... anzunehmen.»[11]

Offenkundig ist, daß die Rettungsaktion nicht vom WRB organisiert, sondern nur angeregt wurde. Man plante nun, sich die Aktion der schwedischen Regierung zunutze zu machen.

Johnson hatte offensichtlich noch nicht mit Wallenberg gesprochen. Gleichwohl hatte es zuvor schon flüchtige Begegnungen zwischen ihnen gegeben, denn Wallenbergs Arbeitsstelle befand sich im gleichen Gebäude, in dem auch die amerikanische Gesandtschaft ihr Domizil hatte. Nur zwei Stockwerke trennten Lauer und Wallenberg von Johnson und Olsen.

Am 28. Juni meldete Johnson nach Washington, «daß man dem neu ernannten Attaché ... vermutlich eher generelle Instruktionen gegeben» habe, «die nicht präzise genug sein werden, um ihm schnelles und effektives Handeln in Situationen zu ermöglichen, wie sie sich jetzt in Ungarn entwickeln ... Wallenberg meint jedoch, daß er in Wirklichkeit eine humanitäre Mission für das War Refugee Board ausführt ... Wir sind sehr positiv beeindruckt von Wallenbergs Fähigkeit, intelligent und diskret jede Verantwortung, die ihm das WRB übertragen wird, zu übernehmen, und dringen mit Nachdruck darauf, angemessene Instruktionen so rasch wie möglich weiterzugeben.»[12] Man müsse Wallenberg mithin in die Lage versetzen, «effektiv zu helfen und Leben zu retten», denn «er sei nicht daran interessiert, nur nach Budapest zu gehen, um Berichte für das Auswärtige Amt zu schreiben. Er selber ist zufällig Halbjude...»[13]

Johnson war nach einer Begegnung von Wallenberg offenbar tief beeindruckt.[14] Mit diesem Mann hatte man den Richtigen für die Budapester Mission gefunden. Wenn Wallenberg gesagt haben sollte, er sei Halbjude, so trifft das nicht zu. Lediglich ein Ururgroßvater mütterlicherseits war Jude. Doch die von Johnson angemahnten Instruktionen sollten nicht vor Wallenbergs Abreise eintreffen.

Der schwedischen Regierung stellte Wallenberg verschiedene Bedingungen und Fragen in bezug auf seine Aktivitäten in Budapest: 1. Freiheit zu Verhandlungen und Bestechungen; 2. die Möglichkeit zu Berichtsreisen nach Stockholm; Kostenerstattung durch das Außenministerium; 3. gegebenenfalls eine Propagandakampagne in schwedischen Zeitungen zum *fund raising*; 4. ein der Stellung entsprechendes Gehalt; 5. die Möglichkeit, Personen aufzusuchen, auch wenn sie in Opposition zur jetzigen ungarischen Regierung ständen. 6. Befolgen des Rates von Böhm, britische Botschaft Stockholm, unter allen Umständen den ungarischen Ministerpräsidenten Sztójay aufzusuchen. 7. Wie oft kann mit Kuriergelegenheiten gerechnet werden? 8. Asylgewährung. 9. Audienz beim ungarischen Staatsoberhaupt Horthy.[15] Darüber konnte man sich einigen. Als Endtermin seiner Tätigkeit war der 6. September 1944 vorgesehen.[16]

Ursache für Wallenbergs Rettungsmission waren mithin verschiedene Initiativen. Wallenberg hatte private Pläne, die schwedische Gesandtschaft in Budapest hatte eine Verstärkung erbeten, die schwedische Regierung war von verschiedenen Seiten um Hilfe angegangen worden, und nicht zuletzt das WRB sorgte sich um die Juden in Budapest und sicherte auch die Finanzierung des Unternehmens.

In einem späteren Bericht über die Tätigkeit des WRB von Schweden aus heißt es, «der entsandte Attaché ... war uns persönlich bekannt und war in Wirklichkeit unsere Wahl.»[17] Auch die schwedische Sektion des Jüdischen Weltkongresses nahm für sich in Anspruch, Wallenberg für die ihrerseits gewünschte Rettungstätigkeit gefunden zu haben. Durch Saléns Intervention beim schwedischen Außenministerium habe Wallenberg schließlich auch den Diplomatenstatus bekommen, «und wir können sagen, daß unser Außenministerium in dieser Weise an die Grenze dessen gegangen ist, was es vielleicht für uns tun kann, um uns zu helfen.»[18]

Olsen ließ den WRB-Chef wissen:«Wallenberg ging in einer Höllen-Eile ohne Instruktionen und Kapital für vorläufige Ausgaben.»[19] Die späteren Instruktionen waren knapp. Sie enthielten Namen von Leuten, die hilfreich sein könnten. Wallenberg könne sich gegebenenfalls mit Vorschlägen an Olsen wenden. Er solle verschiedene amerikanische Stellungnahmen zur Lage in Ungarn mitnehmen und könne bei passender Gelegenheit darauf hinweisen, er habe keinen Zweifel an der Entscheidung der USA, alle Schuldigen ausnahmslos zu bestrafen; wer aber jetzt helfe, werde selbst dann günstiger beurteilt, wenn seine Taten dies nicht rechtfertigten.[20]

Am 30. Juni 1944 wurde Wallenberg der Diplomatenpaß ausgestellt. Er war damit offiziell Gesandtschaftssekretär der schwedischen Gesandschaft in Budapest. Der bisherige Gesandtschaftssekretär Per Anger wurde fortan als Erster Sekretär geführt.

In den letzten Tagen vor seiner Abreise informierte sich Wallenberg im Außenministerium über die Lage in Ungarn. Er las Berichte Angers und des Gesandten Danielsson. Der ungarische Komponist Lajos Lajtai, ein Freund Koloman Lauers, stellte den Kontakt zu dem Sozialdemokraten Vilmos Böhm her. Böhm erwies sich als gut informiert. Er war unter Károlyi ungarischer Kriegsminister gewesen und hatte auch der Regierung Béla Kuns angehört. Als Wallenberg ihn Ende Juni traf, war Böhm Mitarbeiter an der britischen Gesandtschaft in Stockholm; seine Aufgabe war es, die ungarischen Zeitungsberichte zu analysieren.

Wallenberg bat Böhm um Adressen von antinazistischen «Ariern». Schon in diesem Moment hatte Wallenberg geplant, die bisher von Schweden geschützten Juden in einem getrennten Lager unter den Schutz der schwedischen Regierung zu stellen. Böhm übergab ihm neben einer Liste mit Namen zuverlässiger arischer Freunde auch eine mit Namen kirchlicher Würdenträger, mit denen er Kontakt aufnehmen könnte. Da das Treffen kurzfristig erfolgte und Böhm noch keinen Beweis für Wallenbergs Zuverlässigkeit hatte, gab er ihm weder politische Anweisungen noch Namen von «illegalen» Personen in Ungarn.[21]

Wallenberg hat vermutlich auch einen schwedischen Zeitungsartikel gelesen, wonach ein polnischer Geheimsender gemeldet habe, «daß täglich Eisenbahnzüge von Ungarn nach Polen ankommen, und jeder Zug besteht aus 45 Wagen, auf denen sich ungarische Juden befinden. Diese werden in das Konzentrationslager Osviecin [Auschwitz] überführt, wo sie in zwei Gaskammern getötet werden.»[22] In einer anderen Zeitung schrieb Hugo Valentin, Lektor an der Universtität Uppsala, es gebe allen Anlaß, «die Lage der ungarischen Juden äußerst pessimistisch zu sehen. Es wäre übrigens ein Mißverständnis, wenn man von Deportation und Verfolgungen spräche, denn hier handele es sich ausschließlich um Massenmord.»[23]

Um Nachrichten zwischen Ungarn und Stockholm gefahrlos übermitteln zu können, vereinbarte man Codes für bestimmte Personen und Begriffe. So war für Ghettos der Ausdruck «das Haus von ...» vorgesehen, wobei für die einzelnen Orte Namen ausgemacht wurden, z. B. Carol für Kassa, Mikael für Munkacs. Für Internierungslager stand «Das *neue* Büro in Vaci-ucca No. ...», für die Orte gab es dann Nummern.[24]

Wallenberg suchte auch Ehrenpreis nochmals auf, der seine Skepsis inzwischen überwunden hatte und Wallenberg einen Brief an den Vorsitzenden der Jüdischen Gemeinde von Budapest mitgab. Dann segnete er den Protestanten Wallenberg. Gegenüber Freunden faßte Wallenberg seine Aufgabe kurz und bündig zusammen: «Ich soll versuchen, so viele Menschenleben zu retten, wie es möglich ist. So viele Leute wie ich kann, den Klauen der Mörder zu entreißen ... jeder Tag kostet Menschenleben, ich werde mich schnellstens reisebereit machen.»[25]

So flog Raoul Wallenberg am 7. Juli nach Berlin und reiste von dort nach Budapest weiter.[26]

2. Ungarn und Deutschland

Ihre volle Gleichberechtigung sollten die Juden, die schon mehr als anderthalbtausend Jahre in Ungarn lebten, erst 1849 unter Lajos Kossuth erhalten. Lebten 1700 nur 4071 Juden in Ungarn, so stieg ihre Zahl bis 1805 auf über 120 000 an. Das waren weniger als 2% der Gesamtbevölkerung.[1] Das ungarische Judentum erlebte seine Blütezeit zwischen Ende 1867 und dem Ausbruch des Ersten Weltkriegs. 1867 war ein Gesetz verabschiedet worden, das die endgültige Emanzipation der Juden einleitete. Darin hieß es: «Die israelitischen Bewohner des Landes werden bezüglich der Ausübung aller bürgerlichen und politischen Rechte mit der christlichen Bevölkerung für gleichberechtigt erklärt. Sämtliche dem widersprechenden Gesetze, Rechtsbräuche und Verordnungen gelten als erloschen.»[2] 1910 betrug der Anteil der Juden an der Bevölkerung 5%. Schon 1895 war die jüdische als gleichberechtigte Religion anerkannt worden. Am Wandel Ungarns von einem Agrar- in einen Industriestaat hatten die Juden wesentlichen Anteil gehabt.

Unruhige Zeiten begannen für Ungarn nach Ende des Ersten Weltkriegs. Ungarn gehörte zu den Kriegsverlierern, die österreichisch-ungarische Monarchie war zusammengebrochen. Am 31. Oktober 1918 wurde der Demokrat Mihály Károlyi zunächst Ministerpräsident, nach der Abdankung Karls IV. Präsident der unabhängigen Republik Ungarn. Károlyi hatte sich vorgenommen, den Friedensvertrag auszuhandeln, demokratische Wahlen abzuhalten, die Administration aus ihren monarchistischen Strukturen zu lösen und eine Agrarreform durchzuführen. Keines dieser Ziele konnte er erreichen. Resigniert machte er 1919 den Weg frei für die Räterepublik von Béla Kun. Die kommunistische Herrschaft Kuns dauerte nur knapp ein halbes Jahr. Für die 342 Opfer, die sein Terrorregime forderte, machte man die Juden verantwortlich. (Von den 45 Volkskommissaren waren mindestens 27 Juden, auch Béla Kun war Jude.) Für die Erhaltung seines Regimes hatte Kun auf die Hilfe der Roten Armee gehofft, doch die blieb aus. Kurz bevor rumänische Truppen nach Budapest vorrückten, floh Kun nach Österreich. Für wenige Tage bildeten zwei Sozialisten eine neue Regierung. Dann übernahm István Friedrich die Macht. Mit ihm begann der «weiße Terror», der phasenweise bis 1920 dauerte. Er richtete sich vor allem gegen die Juden. Vergessen wurde, daß unter den Opfern von Kuns Regime auch 44 Juden gewesen waren. Der weiße Terror forderte etwa 3000 Menschenleben.[3]

Nachdem die Rumänen Budapest verlassen hatten, zog Admiral Miklós Horthy am 16. November mit seiner Nationalarmee in die Hauptstadt ein und wurde am 1. März 1920 zum Reichsverweser bestellt; Mitte April wurde sein Vertrauter István Bethlen Ministerpräsident. Die Regierungen waren seit November wiederholt neu gebildet worden.

Der Vertrag von Trianon, am 4. Juni 1920 in Versailles unterzeichnet, war für Ungarn eine tiefe Demütigung. Es büßte über zwei Drittel seines Staatsgebietes mit etwa 60% der Bevölkerung ein. Zum wichtigsten Ziel Horthys wurde daher die Rückgewinnung der verlorenen Gebiete. Bis dahin sollten die Staatsflaggen vor öffentlichen Gebäuden auf Halbmast gesetzt werden. Wieder wurde eine neue Regierung gebildet, die diesmal von Graf Pál Teleki angeführt wurde. Nach den Gewalttaten grenzte man Juden nun auf andere Weise aus. Als erstes Land in Europa nach dem Ersten Weltkrieg führte Ungarn am 22. September 1920 an den Hochschulen den Numerus Clausus für Juden ein.

Als Hitler in Deutschland an die Macht kam, war Gyula Gömbös Ministerpräsident in Ungarn. Er hatte schon 1923 Kontakt zu Hitler gehabt. Ungarn hoffte, daß es mit Hitlers Hilfe gelingen werde, die verlorenen Gebiete zurückzuerobern. Neben Italien wurde Deutschland zu Ungarns wichtigstem Handelspartner. Das erste antijüdische Gesetz wurde am 28. Mai 1938 erlassen. Es beschränkte den Anteil der Juden an den freien Berufen und der Wirtschaft auf 20%. Seiner Verabschiedung waren erbitterte Debatten vorausgegangen. Der jüdische Abgeordnete Vázsonyi forderte, der Entwurf solle besser «Gesetzentwurf über die Verunglimpfung der bürgerlichen Rechtsgleichheit» genannt werden, statt «Gesetzentwurf über den Schutz des gesellschaftlichen und wirtschaftlichen Gleichgewichts».[4]

Schon Anfang Mai war ein Aufruf von nichtjüdischen Prominenten veröffentlicht worden, der die Juden als Stützen der madjarischen Kultur würdigte. Zu den Unterzeichnern gehörte auch der Komponist Béla Bartók.[5] Doch 1939 schränkte man mit dem 2. Judengesetz den Anteil der Juden an freien und Wirtschaftsberufen auf bis zu 6% ein. Wenige Tage zuvor war Ministerpräsident Teleki zu Besuch beim deutschen Außenminister von Ribbentrop gewesen, der nach einer Gesprächsnotiz «die deutsche und die ungarische Zukunft nur gemeinsam» sah.[6]

Auch wenn Teleki Deutschland gegenüber Distanz wahrte, zeigte ihm der Erfolg vom November 1938 die Früchte der Zusammenarbeit. Im ersten Wiener Schiedsabkommen war Ungarn ein Teil der Tschechoslowakei zugesprochen worden. Im August 1940 wurde der zweite Wiener Schiedsvertrag unterzeichnet: Ungarn erhielt Nord-Transylvanien von Rumänien zurück. Die Partnerschaft mit Hitler brachte gleichwohl auch Verpflichtungen mit sich. Horthy wurde 1941 gedrängt, auf deutscher Seite in den Krieg einzutreten. Ungarische Truppen beteiligten sich trotz eines «ewigen Freundschaftsabkommens» zwischen den Ländern am Jugoslawienfeldzug. Teleki konnte diesen Vertragsbruch nicht verwinden und nahm sich das Leben. Im August des Jahres 1941 folgte ein weiteres Judengesetz, das nicht mehr allein vom Bekenntnis, sondern ausschließlich von der Rassenzugehörigkeit ausging; die ungarische Bestimmung ging zum Teil weiter als die deutsche. Die Kirchenvertreter waren empfindlich getroffen. Nun galten etwa 62000 ihrer (konvertierten) Mitglieder als Juden.

Gleichwohl dachte man noch nicht an eine vollständige Verdrängung der Juden aus dem Wirtschaftsleben. Immerhin bildeten sie fast ausschließlich den Mittelstand im Lande. In den 30er Jahren waren mehr als 50% der niedergelassenen Ärzte, etwa die Hälfte der Rechtsanwälte und mehr als ein Drittel der Gewerbetreibenden Juden. Und Horthy äußerte nichtöffentlich, daß ihm die «sinnlosen Demütigungen und Unmenschlichkeiten gegenüber den Juden nicht gleichgültig sei(en), solange Ungarn die Juden wirtschaftlich brauche.»[7] Zudem verhalte sich das Judentum Ungarn gegenüber loyaler als die extreme Rechte, die mit ihrer wirren Ideologie das Land den Deutschen ausliefern werde.

Obwohl Ungarn für Juden bis dahin noch ein relativ sicheres Land gewesen war, kam es 1941/1942 zu zwei großen Mordaktionen. Im August 1941 wurden etwa 18 000 Ostjuden aus Galizien, die schon längere Zeit in Ungarn lebten, in die von den Deutschen eroberten sowjetischen Gebiete deportiert. Unter ihnen befanden sich auch ungarische Juden, die ihre Staatsangehörigkeit nicht nachweisen konnten. Die Deutschen waren auf die Transporte nicht vorbereitet, die Ungarn verweigerten aber die Rückführung. In der Nähe von Kamenez-Podolski wurden die meisten der Juden, zusammen mit den Juden aus der Region, von der SS, unterstützt von ukrainischen und ungarischen Kräften, ermordet.

Im Januar des folgenden Jahres brachten ungarische Soldaten unter dem Kommando des Generals Ferenc Feketehalmy-Czeydner im besetzten Jugoslawien über 3300 Menschen, darunter etwa 700 Juden um. Allein in Novi Sad wurden 550 Juden auf den Straßen und an der Donau ermordet. Die ungarische Regierung erhob gegen einen General und dessen Komplizen Anklage. Die Haupttäter konnten jedoch nach Deutschland fliehen. Hitler war der Meinung, «jeder in Europa müsse zur Kenntnis nehmen, daß Deutschland jedem, der wegen Judenverfolgung beschuldigt in Deutschland Zuflucht sucht, in Deutschland das Asylrecht gewähren wird.» Man habe «noch nicht gehört, daß man sich in Ungarn über die Juden beklagt habe, die an dem Massenmord an Frauen und Kindern durch die englisch-amerikanischen Bomber schuld seien. Denn es dürfte jedermann klar sein, daß hinter den grauenhaften Terrorangriffen nur die Juden als Hetzer stehen könnten.»[8]

Innenpolitisch war das Ereignis mittelbarer Anlaß für den Rücktritt des Bárdossy-Regimes. Der neue Ministerpräsident Miklós Kállay widersetzte sich deutschen Forderungen, Juden zu deportieren.

Bereits auf der Wannsee-Konferenz im Januar 1942 war den Deutschen bewußt, daß die «Behandlung des Problems ... im Hinblick auf die allgemeine Haltung und Auffassung auf gewisse Schwierigkeiten stoßen (wird), besonders in Ungarn und Rumänien.»[9] Kállay ließ den deutschen Botschafter Dietrich Jagow wissen, die «Judenfrage in Ungarn (sei) eine rein innenpolitische Angelegenheit ... es sei auch gar nicht (vorstellbar), wo man etwa mit dieser großen Anzahl Juden bleiben solle.» Jagow meinte, es sei «vielleicht zweckmäßig, einige ungarische Experten mit deutschen Experten zusammenzubringen. Letztere würden sicherlich in der Lage sein, auf Grund gesammelter Erfahrungen zweckmäßigen Ratschlag zu geben.»[10] Zuvor hatte Kállay schon auf einer Konferenz der Regierungspartei erklärt: «Doch trete ich nicht nur dem Judentum, sondern auch denjenigen entgegen, die in diesem Land kein anderes Problem als die Judenfrage sehen. Es gibt heute viele andere große Probleme, hinter denen die Judenfrage stark zurücktritt. Es sind minderwertige Menschen, die das Land nur durch die Brille der Judenfrage sehen. Auch diese müssen aus dem ungarischen öffentlichen Leben entfernt werden.»[11]

Der Chef der Deutschland-Abteilung des Auswärtigen Amtes, Martin Luther, mußte sich vom ungarischen Gesandten Sztójay sagen lassen, Kállay sei «besonders an der Frage interessiert ..., ob den Juden nach ihrer Evakuierung im Osten eine weitere Existenz ermöglicht würde. Es gingen manche Gerüchte in dieser Beziehung um, die er (Sztójay) natürlich persönlich nicht glaube, dagegen sei Ministerpräsident Kallay hierüber etwas beunruhigt. Er wolle sich nicht den Vorwurf machen lassen, die ungarischen Juden nach ihrer Evakuierung dem Elend oder noch Schlimmerem überantwortet zu haben.»[12] Die Juden würden, so Luther, zunächst beim Straßenbau Verwendung finden und später in einem Judenreservat untergebracht werden. Doch

Kállay ließ sich von solchen Behauptungen nicht überzeugen und lehnte weiterhin Deportationen ab.

Gefährdet waren die ungarischen Juden teilweise auch durch den Arbeitsdienst, der im März 1939 per Gesetz geregelt wurde. Besonders berüchtigt war der Einsatz in den serbischen Kupferminen in Bor, die 50% des Gesamtkupferbedarfs der deutschen Rüstungsindustrie deckten. Während die serbischen Arbeiter sich den Partisanen anschlossen und die bulgarischen nicht in Serbien arbeiten wollten, erklärte sich Ungarn bereit, jüdische Arbeitskräfte zur Verfügung zu stellen.[13]

Im April 1943 reiste Horthy zu Hitler. In Schloß Klessheim fand eine Unterredung statt, an der auch Ribbentrop teilnahm. Horthy bemerkte, er «habe bisher des schwarzen Marktes nicht Herr werden können. Der Führer erwiderte, daß daran die Juden schuld seien ...» und auf Horthys Gegenfrage, «was er denn mit den Juden machen solle, nachdem er ihnen so ziemlich alle Lebensmöglichkeiten entzogen habe – erschlagen könne er sie doch nicht», erklärte Ribbentrop, «daß die Juden entweder vernichtet oder in Konzentrationslager gebracht werden müßten. Eine andere Möglichkeit gäbe es nicht.» Hitler meinte, daß Juden «wie Tuberkelbazillen zu behandeln (seien), an denen sich ein gesunder Körper anstecken könne... Weshalb sollte man die Bestien, die uns den Bolschewismus bringen wollten, mehr schonen?»[14]

Beim Nürnberger Kriegsverbrecherprozeß hat Ribbentrop geleugnet, daß er von Horthy die Vernichtung der Juden gefordert hatte. Vermutlich habe er zu Horthy gesagt, «daß man die Juden ja nicht vernichten oder totschlagen kann, bitte tun Sie doch was in der Richtung, damit der Führer endlich befriedigt ist, und konzentrieren Sie die Juden.»[15]

Ribbentrop habe dann aber auch hinzugefügt, daß die Forderung Hitlers «vielleicht doch etwas weitgehend gewesen sei.»[16] In den Erinnerungen des damaligen Dolmetschers und Protokollanten Paul Schmidt jedoch heißt es, er sei bei dem Treffen gar nicht dabei gewesen.[17] Nach Hor-

Miklós Horthy mit Hitler
auf dem Klessheimer Bahnhof im März 1944

thys Erinnerung hatte Hitler den bewußten Satz gesagt.[18] Schmidts damaliges Protokoll wurde einen Tag nach der Unterredung angefertigt und dürfte zutreffend sein. So sahen es wohl auch die Richter beim Nürnberger Prozeß. Im Urteil gegen Ribbentrop ging man erneut auf die Äußerung ein.[19]

Es mag sein, daß die Haltung Ungarns in der «Judenfrage» eine Rolle bei der Entscheidung gespielt hat, im Frühjahr 1944 die Besetzung des Landes vorzubereiten. Am 15. März 1944 zitierte Hitler Horthy unter einem Vorwand zu sich. Am Morgen des 18. März fand die erste Unterredung statt. Hitler machte deutlich, daß er der Kállay-Regierung nicht mehr traute und eine militärische Besetzung unvermeidlich sei. Horthy erwiderte: «Wenn doch schon alles beschlossen ist, hat es ja keinen Zweck, daß wir noch weiter reden. Ich reise ab.»[20] Horthy verließ den Raum, Hitler eilte ihm nach, ließ einen Fliegeralarm inszenieren und das Schloß Klessheim einnebeln. Nachmittags wurde das Gespräch wieder aufgenommen. Trotz Horthys Protest wurde im Kommuniqué über das Treffen behauptet, der gerade stattfindende Einmarsch der deutschen Truppen in Ungarn geschehe im gegenseitigen Einvernehmen.[21] Abends fuhr Horthy in einem Sonderzug nach Ungarn zurück. Bei ihm war Dr. Edmund Veesenmayer, der neue deutsche Gesandte und Reichsbevollmächtigte. Horthy informierte den Kronrat über die veränderte Lage. Veesenmayer führte mehrere Gespräche mit Horthy und hatte den Eindruck, «daß von Horthy ... seiner Aufgabe physisch nicht mehr gewachsen ist.»[22]

Am 22. März übernahm eine neue Regierung ihre Amtsgeschäfte. Neuer Ministerpräsident und zugleich Außenminister wurde der ehemalige Gesandte in Deutschland, Döme Sztójay. Die schlimmste Wirkung hatten die Ernennungen von László Endre zum Staatssekretär für politische Fragen und László Baky zum Staatssekretär für die Gendarmerie. Beide waren Antisemiten. Neben der deutschen Gesandtschaft übte die SS entscheidenden Einfluß aus. Höherer SS- und Polizeiführer in Ungarn wurde SS-Obergruppenführer Otto Winkelmann. Zum Sondereinsatzkommando gehörten u. a. Eichmann, Krumey, Dannecker, Wisliceny und Hunsche. Sie waren zuvor im KZ Mauthausen auf ihre künftigen Aufgaben vorbereitet worden und hatten alle einschlägige Erfahrung mit Deportationen – so konnte Obersturmbannführer Adolf Eichmann die Deportationen der ungarischen Juden nach Auschwitz in kurzer Zeit organisieren. Zuerst wurde ein Judenrat unter Vorsitz von Samu Stern gebildet. Der Judenrat hatte die Aufgabe, die deutschen Anordnungen weiterzugeben. In kurzer Zeit verabschiedete die Regierung neue antijüdische Gesetze. Die Juden wurden aus dem Geschäftsleben gedrängt, persönliche Gegenstände beschlagnahmt, Lebensmittel rationiert. Mit dem 5. April wurden die Juden verpflichtet, den gelben Stern zu tragen. Mehrere Tausend Juden wurden verhaftet.

Adolf Eichmann teilte Ungarn in sechs Zonen auf. Die Juden in Budapest sollten in einer «eintägigen Großaktion»

Ankunft ungarischer Juden in Auschwitz

zunächst aus der Stadt gebracht werden. Man plante die Stillegung des gesamten Autobus- und Straßenbahnverkehrs, um «alle Verkehrmittel für den Abtransport der Juden einsetzen zu können».[23]

Dabei wurde durchaus vorausgesehen, daß die Großaktion «im Auslande große Beachtung finden und sicher Anlaß zu einer heftigen Reaktion bilden (wird).»[24] Es wurde deshalb beschlossen, die Budapester Juden erst ganz zum Schluß zu deportieren. Zudem sollten gegebenenfalls «äußere Anlässe und Begründungen für die Aktion (geschaffen werden), z.B. Sprengstoffunde in jüdischen Vereinshäusern und Synagogen, Sabotageorganisationen, Umsturzpläne, Überfälle auf Polizisten» u.a.[25] Doch Veesenmayer lehnte das ab, da jüdische Vereinshäuser und Synagogen von der ungarischen Polizei scharf kontrolliert und teilweise beschlagnahmt worden waren.

Waren die Juden in Budapest zunächst noch nicht unmittelbar bedroht, so wurden sie im Lande in Ghettos gesperrt und dann deportiert. Der Gendarmerieoffizier László Ferenczy war für die Durchführung verantwortlich. Die ersten Züge verließen Ungarn am 27. und 28. April 1944. Man zwang die Deportierten, ihren Verwandten auf Postkarten mitzuteilen, daß es ihnen gut gehe. Die Karten trugen als Absendeort den Namen «Waldsee». Ab dem 15. Mai fanden täglich mehrere Deportationen nach Auschwitz statt. Ein großer Teil der ungarischen Juden wurde gleich nach der Ankunft ermordet. Als Wallenberg in Budapest eintraf, waren bereits 437402 Juden deportiert worden. [26]

Einen Einblick in den Ablauf der Entwicklung bis zu den Deportationen geben Berichte, die die schwedische Gesandtschaft am 24. Juni nach Stockholm schickte. Einige Ausschnitte seien hier wiedergegeben:[27]

«Die Konzentrierung der ungarländischen Juden begann am 16. April 1944. Immer und überall auf die gleiche Weise. Anfänglich die überstürzte Konzentrierung im Ghetto, dann nach ständiger Verschlechterung der Verhältnisse die Konzentrierung in Ziegeleien, auf Gehöften, ohne Wasser, auf bloßer Erde; die Ausplünderung der Juden von all ihren materiellen Gütern, darauffolgend brutale Verhöre in Begleitung schwerer körperlicher Mißhandlung in bezug auf angebliche verborgene Wertsachen, zuletzt die Deportation: 70 Menschen in einem Waggon, als Wegzehrung 1 Kübel Wasser. Wir können nicht den Verlauf der Konzentration in allen Ortschaften bis ins Einzelne beschreiben, obwohl die Daten vorhanden sind...»

«Munkács.
30. April. Die Juden von Munkács, ca. 15000 Seelen, wurden in 12 Gassen untergebracht. Die zum Komitat Bereg gehörenden ca. 20000 Juden wurden in der Kallusschen und Sajovicsschen Ziegelei konzentriert. Da sie weder Geld noch Lebensmittel mitnehmen konnten, ist die Lage besorgniserregend und katastrophal.

1. Mai. Die deutschen Soldaten drangen in die Ghettos ein, was mehrere Todesopfer erforderte. Es kamen Meldungen über 3 Typhusfälle. Wegen Arznei- und Lebensmittelmangels ist die Lage schrecklich. Ein Arzt und ein Ingenieur begingen Selbstmord.

9. Mai. Zwei Mitglieder des Judenrates wurden erschossen, die anderen schwer mißhandelt.

14. Mai. Die Lage in dem Ghetto in der Stadt und besonders in den zwei Ziegeleien hat sich bis Sonntag morgens bedeutend verschlechtert. Den jüdischen Funktionären und der jüdischen Hilfspolizei wird das Verlassen des Ghettos bezw. Lagers, was bisher gestattet war, verboten. Die Ziegeleien werden von Lagergendarmen umzingelt und damit beginnt die Abtransportierung der dort Konzentrierten. Familien wurden nicht getrennt, Arbeitsfähige und Arbeitsunfähige werden unter den schrecklichsten Verhältnissen, in Begleitung der schwersten Atrozitäten einwaggoniert. Montag wurde ein neuer Transport auf den Weg gebracht. Die Zahl der Mitglieder des Judenrates wurde von 12 auf 6 herabgesetzt.

18. Mai. Das grössere Lager, wo ungefähr 13 000 Personen zusammengepfercht waren, wurde nach der am Sonntag begonnenen Einwaggonierung bis Mittwoch ganz ausgeleert. Der Transport – 70–80 Personen pro Waggon – wurde in der Richtung von Kassa abgefertigt. Die Abtransportierten konnten keine Sachen mit sich führen, die besseren Kleider zog man ihnen aus, und jeder Waggon führte nur einen Kübel Wasser mit. Diese zu Tode gequälten Juden wollten in Sátoraljaujhely aus den Waggons ausbrechen, und 30 derselben verloren glücklicherweise dabei das Leben. Das kleinere Lager wird auch liquidiert. Die Zahl der dort untergebrachten Personen beträgt 7 000. Die Juden aus Munkács, die im Ghetto untergebracht waren, wurden unter schweren Begleitumständen am 17. frühmorgens in das ausgeleerte grössere Lager versetzt. Die Umstände der Versetzung waren so brutal, daß sich einige mit Messern auf die Polizisten stürzten. Hierbei kamen 5 Juden ums Leben. Die zu den Ausnahmekategorien Gehörenden, selbst die vom Innenministerium hin versetzten Ärzte erlitten dasselbe Schicksal.

30. Mai Wir bekamen die folgende niederschmetternde Nachricht: Munkács, Huszt, Nagyszöllös sind leer. Die Juden wurden alle abtransportiert.»

Munkács liegt im Nordosten von Ungarn und war ein Zentrum der Orthodoxie und des Chassidismus. Wie sich aus einer Erhebung von 1941 ergibt, lebten dort zu diesem Zeitpunkt 13 488 Juden, also 42,7% der Gesamtbevölkerung. Der Bevölkerungsanteil der Juden in den Städten dieser Region mit den nächstgroßen jüdischen Gemeinden lag deutlich darunter. In Kassa lag er bei 15%, und in Ungvár bei 27,2%.[28] Nach Eichmanns Einteilung war diese Region die erste, aus der die Deportationen erfolgten.

Im Auswärtigen Amt stellte man Überlegungen an, ob die Landung der Alliierten in der Normandie eine Möglichkeit böte, die Deportation der Budapester Juden ohne größeres Aufsehen durchzuführen. Da heißt es etwa in einem Bericht, daß, «sofern die jetzigen Landungsunternehmen den erwarteten großen Stil annehmen, eine Vorverlegung der Budapester Aktion zweckmäßig sein (könnte), da die Budapester Aktion dann in der Weltpropaganda über die Invasion untergehen dürfte.»[29] Wenn die Invasion durch die Deutschen jedoch zurückgeschlagen würde, wäre die Budapester Aktion ein «propagandistisches Hilfsmittel» für die Alliierten, «um die Weltöffentlichkeit von ihrem militärischen Fehlschlag bis zu einem gewissen Grade abzulenken.»[30]

Dieser Vorschlag wurde jedoch verworfen. In Budapest beobachtete die SS, daß die «Bekanntgabe des Beginns der Invasion in Kreisen von ungarisch-jüdischen Mischlingen und Judenfreunden große Begeisterung aus(löste). Die Ereignisse wurden lachend besprochen, und man ließ die bisher geübte Zurückhaltung völlig fallen. Wiederholt konnte auf Straßenbahnen festgestellt werden, wie sich diese Kreise laut darüber unterhielten, daß die Engländer nun doch zeigten, wie man an der angeblich so gut geschützten Kanalküste lande. ... Im Gegensatz zu diesen Kreisen waren die mit dem Stern gekennzeichneten Juden äußerst zurückhaltend. Sie vermieden es offensichtlich, über die letzten militärischen Ereignisse in der Öffentlichkeit zu sprechen ...»[31]

Die Deportationen der ungarischen Juden wurden zwar von den Deutschen organisiert, ausführen mußten sie aber die Ungarn. Horthy spürte, daß er die Kontrolle über die Situation bei der Judenverfolgung verloren hatte. Innenminister Jaross und die Staatssekretäre Baky und Endre waren zu mächtig geworden. Ihnen unterstanden Polizei und Gendarmerie.

Im Juni plante Baky einen Putsch, der die Männer um den ungarischen Naziführer Szálasi an die Macht bringen sollte. Zunächst wollte Baky in die Privaträume Horthys im Palast eindringen und ihn verhaften. Davon rückte er jedoch ab und plante dann, Tausende Gendarmen nach

Budapest zu verlegen. Zur Tarnung der Aktion sollten die geplanten Feierlichkeiten für den 2. Juli dienen. Die Gendarmen sollten die Deportation der Juden vorbereiten, die am 10. Juli beginnen sollte. Ende Juni rückten tatsächlich mehrere Tausend Gendarmen in die Hauptstadt ein. Horthy aber lief nicht in die Falle und sagte die Veranstaltung ab. Die Gefahr bei Luftangriffen sei zu groß. Als er wenige Tage später Einzelheiten über die Aktion erfuhr, befahl er, die Gendarmerietruppen abzuziehen. Aus Szeged und Esztergom ließ er Regimenter nach Budapest marschieren.

Auch im Ministerrat war es zu Diskussionen über die negative Wirkung der Deportationen gekommen. Insbesondere der stellvertretende Außenminister Mihály Arnóthy-Jungerth hatte bereits im Mai beim Beginn der Deportationen vor negativen Folgen gewarnt. Am 21. Juni sprach Arnóthy-Jungerth über die Reaktionen des Auslands und über die Vergasungen in Auschwitz. Jaross entgegnete, das seien alles Gerüchte. Zwei Tage später trat der Ministerrat erneut zusammen. Baky erklärte, die Juden würden nur zur Arbeit nach Deutschland gehen, die Behandlung sei gut. Man müsse ja geradezu bedauern, erwiderte Arnóthy-Jungerth sarkastisch, nicht selbst Jude zu sein und so nicht in die Lage zu kommen, an diesen Ausflügen teilzunehmen.[32] Baky und Endre mußten schließlich zusagen, den Ausschreitungen ein Ende zu machen.

In diesen Tagen wurde Horthy von seinem Sohn über die Realitäten der Deportationen aufgeklärt. Sein Vertrauter Bethlen forderte ihn auf, die Deportationen zu stoppen, ebenso Papst Pius XII. und Roosevelt, sowie später auch der schwedische König Gustaf V. und Max Huber, Präsident des Internationalen Komitees vom Roten Kreuz.

Am 26. Juni erklärte Horthy vor dem Kronrat, daß er die Deportationen nicht weiter tolerieren werde: «Ich werde nicht zulassen, daß die Deportationen weiter Schande über die Ungarn bringen!»[33]

Einen Tag später gab Arnóthy-Jungerth auf der Ministerratssitzung Roosevelts Note bekannt. Der Rat billigte nun die Auswanderung von bis zu 400 Juden nach Schweden sowie einer größeren Anzahl nach Palästina. Lediglich die vom amerikanischen WRB angebotene Hilfe wurde abgelehnt.

In den ersten Julitagen teilte Horthy dem Generalstabschef János Vörös mit, daß er die weiteren Deportationen verhindern wolle. Zwei Tage später gab er das auch öffentlich bekannt. Den Deutschen nannte man den Grund: Ungarn werde nicht ebenso behandelt wie Rumänien und die Slowakei. In diesen Ländern würde mit den Juden milder umgegangen, und Deutschland dulde das auch. Zum anderen ständen Horthy und die ungarische Regierung unter einem «Trommelfeuer von Telegrammen, Appellen und Drohungen wegen der Judenfrage».[34]

Weiterhin hatte die ungarische Abwehr Geheimtelegramme des englischen und des amerikanischen Gesandten in Bern entschlüsselt, in denen gemeldet werde, daß «bereits 1 1/2 Millionen Juden vernichtet worden seien und derzeit laufend der grösste Teil der abtransportierten Juden das gleiche Schicksal erleiden.»[35]

Die schwedische Zeitung *Dagens Nyheter* kommentierte die angekündigte Einstellung der Deportationen: «Nichts kann die Schuld derjenigen, die Millionen von Juden vernichtet haben, wegwaschen, aber wenn jetzt ein Teil von einigen hunderttausend Menschen, etwa 100 000 gerettet werden kann, so ist das ein Beweis dafür, daß selbst in dieser Zeit der Gewalt Proteste und Appelle nicht ganz nutzlos sind.»[36]

Für den deutschen Gesandten kam Horthys Entschluß nicht unerwartet. Horthy hatte ihm zuvor gesagt, er käme sich «wie ein Popanz vor, der in seinem Lande nicht Herr sei.»[37] In einem Gespräch habe der Reichsverweser die Staatssekretäre Baky und Endre scharf kritisiert. Endre sei «nicht normal» und «Baky sei nur (eine) politische Windfahne, der heute zu uns und morgen auch zu den Bolschewisten halten würde. Zur Judenfrage erwähnte er (Horthy), daß er täglich von allen Seiten aus dem In- und Auslande mit Telegrammen bombardiert würde ... Er sei kein Freund der Juden, trete aber aus politischen Gründen für die christlichen Juden ein ...». Und der deutsche Gesandte will ihm gesagt haben, «er verbinde mit seinem (Horthys) Namen ... die Vorstellung eines Kämpfers gegen das Judentum und den Bolschewismus und wir täten deshalb nichts anderes als diese seine frühere Einstellung verwirklichen zu helfen.»[38]

SS-Obergruppenführer Winkelmann meldete die veränderte Lage an Himmler: Horthy fordere «wo er nur kann ... zum Widerstand gegen uns auf. Jeder, der zu ihm kommt, hört ihn in gar nicht feiner Weise über die Deutschen schimpfen. In seinem Haß gegen alles Deutsche ist er dann so unvernünftig, auch den Leuten gegenüber diesen Ton anzuschlagen, von denen er wissen müßte, daß sie zu uns halten.»[39] Der deutsche Gesandte müsse «endlich einmal strikte Anweisung» erhalten, «hier auf den Tisch zu schlagen. Mit seiner Verhandlungstaktik kommt er nun wirklich nicht mehr weiter. Die vernünftigen Ungarn nehmen ihn, so hart es klingt, nicht mehr ernst. Sie sagen, Veesenmayer habe bereits nach fünf Tagen Anwesenheit in Budapest die Schlacht verloren.»

Trotz Horthys Befehl ließ Innenminister Jaross weiter deportieren. Er sei gewillt, auch gegen Horthys Befehl die «Entjudung» Budapests «auf kaltem Wege» weiter durchzuführen.[40] Die Budapester Juden sollten außerhalb in der Provinz zusammengetrieben und ins Reich abtransportiert werden. Dazu kam es jedoch nicht.

3. Die ersten Rettungsversuche

Der schwedische Gesandte Carl Ivan Danielsson arbeitete nicht zum ersten Mal in einem Krisengebiet. So hatte er die schwedischen Interessen in Spanien während des Bürgerkrieges vertreten, und auch während seiner Tätigkeit in Ägypten herrschte Krieg. In Ungarn standen ihm nur wenige Mitarbeiter zur Seite, unter anderem seit November 1942 der Attaché Per Anger. Zu dessen Aufgabengebiet gehörte vor allem der Bereich Wirtschaftsbeziehungen zwischen Ungarn und Schweden, und eben diese Aufgabe hatte ihn früh auch mit Wallenberg zusammengeführt.

Per Anger wurde mit der Judenverfolgung zum ersten Mal ganz unmittelbar durch den Besuch seines Bekannten Hugo Wohl, eines Budapester Fabrikdirektors, konfrontiert. Hugo Wohl sah sich durch die zunehmende Verschärfung der Judengesetze und die mit ihnen verbundenen Demütigungen mittelbar gefährdet. Anger stellte dem gefährdeten Freund ein Schutzpapier aus. Die offizielle Bezeichnung lautete «Interimistischer Reisepaß». Das war mit dem Botschafter abzusprechen, da Wohl nicht Schwede war. Anger wies auf die wirtschaftlichen Beziehungen Wohls zu Schweden hin, und Danielsson genehmigte schließlich die Ausstellung des Dokuments.

Das Beispiel machte Schule. Diese provisorischen Pässe wurden auch den Familienangehörigen Wohls und weiteren Mitarbeitern des Werkes ausgestellt. Da sie alle Ungarn waren, mußte man dafür sorgen, daß ihre provisorischen Pässe auch von Ungarn anerkannt wurden. Zuständig war die KEOKH, die Nationale Zentrale Ausländer-Kontroll-Behörde. Ein Gesandtschaftsmitarbeiter hatte einen Freund in der Behörde und konnte erreichen, daß die Inhaber provisorischer Pässe von Ungarn als Schweden betrachtet wurden. Damit waren sie, wie auch wirkliche ausländische Juden, von den antijüdischen Maßnahmen, so etwa dem

Ivan Danielsson

Tragen des Davidsterns, befreit. Im Laufe der Zeit stellte die Gesandtschaft viele dieser Pässe an Personen aus, die wichtige wirtschaftliche oder familiäre Beziehungen zu Schweden hatten. Das schwedische Außenministerium stützte die Aktion mit der Mitteilung weiterer Namen von Personen, die zu berücksichtigen waren. Um die Anzahl dieser Pässe zu begrenzen, stellte Anger ein weiteres Dokument aus, mit dem die schwedische Gesandtschaft «höflichst alle zuständigen Behörden (ersucht), bei ihren eventuellen Maßnahmen betreffend die (des) Genannte(n), den Umstand, daß sie (er) sobald die Reisemöglichkeiten vorhanden sind, nach Schweden einreisen kann», zu berücksichtigen.[1]

Später wurden auch «Schutzbriefe» vergeben, die Personen oder Kontore von Firmen unter den Schutz der schwedischen Gesandtschaft in Budapest stellten. Die Wut der Deutschen über dieses Verfahren war unüberhörbar. Als es um die Ausreise von 186 ungarischen Juden ging, die Beziehungen zu Schweden hatten, ließ man die Gesandtschaft wissen, «daß die in Betracht kommenden Juden ... ungarische Staatsangehörige seien, für die unbestrittenermaßen wohl nur die ungarische, aber nicht die schwedische Regierung zuständig sei.»[2]

Bis Ende Juli 1944 waren etwa 650 Schutzdokumente in Umlauf gebracht worden. Ein Drittel der Juden aus der Provinz war schon deportiert.[3] Mit ihrer Hilfsaktion war die schwedische Gesandtschaft nicht zufrieden. Die meisten mit Schutzpapieren ausgestatteten Juden hatten keine Gelegenheit gehabt, in die Gesandtschaft zu gelangen. Auch die Zustellung von Papieren konnte nicht immer erfolgen. Noten an das ungarische Außenministerium wurden zwar «wohlwollend» angenommen, es sei aber nichts darauf geschehen. Von Nachteil war zudem, daß es in Stockholm keine ungarische Vertretung gab.[4]

Auch eine andere schwedische Stelle leistete Hilfe. Treibende Kraft war der schwedische Gelehrte Valdemar Langlet, der einen Lehrauftrag in Budapest hatte und überdies Kulturattaché an der schwedischen Gesandtschaft war. Langlet überzeugte Danielsson, daß das Gesandtschaftspersonal verstärkt werden müßte. Außerdem solle man Graf Folke Bernadotte für das Schwedische Rote Kreuz nach Budapest entsenden. Doch Bernadotte wurde vermutlich deshalb die Einreiseerlaubnis verweigert, weil es nicht opportun erschien, ein Mitglied des schwedischen Königshauses zum Zeugen der Vorgänge in Budapest zu machen. So ernannte man Langlet am 1. Juli zum Leiter des Schwedischen Roten Kreuzes in Ungarn. Am 10. Juli wurde er in dieser Position von Ungarn anerkannt.[5] Langlet gab selber Schutzausweise des Schwedischen Roten Kreuzes aus, und das in einer Menge, die es, wie Anger sich erinnert, nicht immer einfach machte, ihre Gültigkeit durchzusetzen.

Neben der schwedischen Hilfe gab es vor allem die Hilfsaktion eines anderen neutralen Landes, der Schweiz. Die Schweizer Gesandtschaft, die die Interessen Großbritanniens – der Mandatsmacht über Palästina – wahrnahm, befaßte sich vorwiegend mit Auswanderungsmöglichkeiten. So waren an Tausende von Juden Palästinazertifikate vergeben worden. Die Schweiz hatte seit Juni 1944 bilateral mit der ungarischen und der deutschen Regierung über Ausreisemöglichkeiten verhandelt. Auch Schweden war in kleinerem Rahmen an den Gesprächen beteiligt. Neigte Ungarn dazu, der Auswanderung zuzustimmen, so zögerte man auf deutscher Seite. Die Verhandlungen dauerten bis zum Ende des Jahres und prägten auch das Verhältnis zwischen Ungarn und Deutschland. Horthy hatte sich bei den Deportationen der Juden stets Deutschlands Forderungen gebeugt. Nach seinem Befehl, die Deportationen einzustellen, wurde von deutscher Seite die Frage der Auswanderung mit der Wiederaufnahme der Deportationen verknüpft. Zudem sollte eine Auswanderung nach Palästina möglichst vermieden werden.

Die Anordnungen und die Reaktionen mochten auch für Eichmann verwirrend sein. Man wollte zwar eine Auswanderung mindestens verzögern, sah sich aber der Absicht der neutralen Auslandsmissionen gegenüber, die eben diese Auswanderung dringend zu fördern gedachten. Gleichwohl sah Eichmann seine Ziele nicht gefährdet, denn jeder auswandernde Jude brauchte für die Ausreise ein deutsches Visum oder einen Passierschein. So teilte Eichmann dem Reichssicherheitshauptamt mit, daß «alles nur Mögliche getan wird, um die Auswanderungsbestrebungen in die Länge zu ziehen und schließlich nach Fortsetzung der Judenevakuierung ganz zu unterbinden.»[6]

Auch der Großmufti von Jerusalem, Hajj Amin al-Husseini, wandte sich an den ungarischen Außenminister mit der Bitte, «Maßnahmen zu treffen, damit die Auswanderung der Juden nach Palästina, offen oder geheim, aufhört ... (Diese) tausende von jüdischen Flüchtlingen (werden) den Arabern in Palästina unangenehm werden.» Er vergaß auch nicht, seine «Bewunderung für die Maßnahmen, die seitens der ungarischen Regierung gegen die Juden getroffen werden, zum Ausdruck» zu bringen.[7]

Anderes galt, wenn es um die Sonderstellung bestimmter Juden ging. So hatte Deutschland, um politisch unerwünschte Wirkungen und Verstimmungen zu vermeiden, dazu aufgefordert, Juden, die Staatsbürger bestimmter verbündeter Staaten, Feindstaaten oder neutraler Staaten waren, von allen einschlägigen Maßnahmen in Ungarn auszunehmen. Bis zum 12. August sollten die Juden in ihre Länder zurückkehren. Danach sollten die verbliebenen ausländischen Juden, wie zuvor bereits die Juden aus Feindstaaten, interniert werden. «Unter den ausländischen Juden», hieß es in einem Gesandtschaftsbericht, «nehmen die Schwedischen Staatsangehörigen ... eine besondere Rolle ein, [da] die Schwedische Gesandtschaft ... in nicht unerheblicher Anzahl schwedische Pässe an Juden bisher ungarischer Staatsangehörigkeit...ausgestellt (hat).»[8] Im Ganzen stand die ungarische Regierung den Bemühungen Schwedens zustimmend gegenüber, «soweit sie die Arbeitskraftausnutzung der Juden nicht beeinträchtigen.» Außerdem «könne Schweden als Schutzmacht Ungarns in fast allen Feindstaaten Entgegenkommen erwarten.»[9]

Hitler habe, so hieß es überdies, zugestimmt, daß eine weitere Anzahl von 300–400 Juden, die in oben erwähnten Beziehungen zu Schweden standen, dorthin auswandern dürften. Da dies nur im Falle der Wiederaufnahme der Deportationen geschehen könnte, wurden die Gesandtschaften Schwedens und der Schweiz davon unterrichtet, daß sie nur rein technische Vorbereitungen treffen sollten.

4. Wallenberg in Budapest: Erste Eindrücke

Am 9. Juli 1944, zwei Tage nach dem offiziellen Stop der Deportationen, traf Raoul Wallenberg in Budapest ein. Die Appelle des Auslands und die verschärfte militärische Lage seit der Landung der Alliierten in der Normandie hatten Wirkung gezeigt. Doch die Gefahr für die Juden war damit keineswegs gebannt.

Aus verschiedenen Lagern – so etwa Kistarcsa – wurde weiterhin deportiert. Der Judenrat erfuhr davon und informierte Horthy. Der ließ die Aktion unverzüglich stoppen, die Juden kamen zurück ins Lager. Eichmann, zornig über diese Einmischung, zeigte gleich darauf, wer die Macht im Lande hatte. Er setzte die Mitglieder des Judenrats vorübergehend fest und sorgte dafür, daß die Deportation der eben Geretteten wieder aufgenommen wurde. Die Juden wurden außerdem zum Arbeitsdienst eingezogen oder interniert.

Wallenberg, der Quartier im Hotel Gellert bezog, beriet sich zunächst mit Per Anger, den er schon aus Stockholm kannte, über mögliche Verfahren zur Rettung. Anger erklärte dem neuen Kollegen die bisherige Strategie mit den provisorischen Pässen und Schutzdokumenten. Auch Valdemar Langlet bekam bald Besuch von Wallenberg, damit war die Verbindung zum Schwedischen Roten Kreuz hergestellt

Da die Gesandtschaft bislang nur flüchtigen Kontakt zum Judenrat hatte, bot der Brief des Oberrabbiners Ehrenpreis an den Vorsitzenden Samu Stern gute Gelegenheit, diese Verbindung fester zu knüpfen. In László Petö traf Wallenberg einen Jugendgefährten aus seinen Ferien in Frankreich im Jahre 1929 wieder. Dessen Vater, Ernö Petö, war Mitglied des Judenrats. Ein weiterer Gesprächspartner war der Schweizer Vizekonsul Carl Lutz, der sich ebenfalls der Hilfe für verfolgte Juden annahm.

Wallenberg richtete im Gesandtschaftsgebäude seine Humanitäre Abteilung ein. Zu Beginn stellte er zwölf Mitarbeiter ein, zu ihnen gehörten Hugo Wohl und Vilmos Forgács, Angers erste Schutzbefohlene. Zunächst wurde eine Liste der geschützten Personen fertiggestellt und am 14. Juli an das ungarische Außenministerium weitergeleitet. In der Begleitnote hieß es, es seien zwar mehr Personen als die bewilligten 500 aufgeführt, aber ein erheblicher Teil von ihnen könne nicht nach Schweden reisen[1] – warum, das lag ja auf der Hand.

Die Eindrücke der ersten Woche hat Wallenberg seiner Mutter geschildert: «Wir haben furchtbar viel zu tun gehabt und Tag und Nacht gearbeitet. Im Moment sieht es aus, als ob wir Erfolg haben würden mit unserem ersten Versuch im Rahmen der humanitären Aktion. Wir sehen jedoch immer noch sehr große Schwierigkeiten, und ich kann es immer noch nicht glauben, daß diese erste Sache eventuell gelingen wird. Bitte sei so nett und lade Dr. Lauer und seine Frau ein. Ich habe feststellen müssen, daß seine Schwiegereltern und wahrscheinlich auch ein kleines Kind von der Familie schon tot sind, das heißt sie sind von Kecskemét in das Ausland abtransportiert worden, wo sie nicht lange leben werden.»[2]

Für Lauers Schwiegereltern kam Wallenbergs Hilfe zu spät. Er habe, schrieb er dem Kollegen, alles Menschenmögliche getan, um Einzelheiten über den Verbleib seiner Angehörigen herauszufinden, habe die deutsche Botschaft ebenso aufgesucht wie das ungarische Außen-, Innen-, und Verkehrsministerium. Da das schwedische Außenministerium Lauer versichert hatte, man werde alles zur Rettung seiner Verwandten unternehmen, bat er noch einmal eindringlich, nichts unversucht zu lassen, «um zumindest einige von meiner Familie zu retten!»[3] Aber er wußte auch, wie schwierig Wallenbergs Aufgabe war: «Ein Direktor der Mellaneuropeiska hat es sowohl besser als ein Legationssekretär als auch ein Legationsrat!»[4]

Dieser schrieb an Lauer[5], «falls die Heimkehr den 649 Personen gelingen würde, so sollte man selbstverständlich die humanitäre Aktion weiter fortsetzen in denjenigen

Dr. Koloman (Kálmán) Lauer

Richtungen, welche möglich sind.» Dann berichtete er über Hilfsmöglichkeiten. So plante er die Einrichtung eines Rotkreuz-Lagers, das nicht nur Juden offenstehen sollte. An Vertrauenspersonen sollte Geld verteilt werden, um die Unterbringung von Juden und deren Ausstattung mit Taufscheinen und Identitätskarten voranzubringen.

Wallenberg schrieb seine offiziellen Berichte ans Auswärtige Amt (das ja sein eigentlicher Dienstherr war) und die Briefe an Lauer auf schwedisch, die Briefe an seine Mutter auf deutsch. In einem Bericht vom 18. Juli 1944 übermittelte er Informationen über die inzwischen abgeschlossenen Deportationen nach Auschwitz. Seine Informanten waren unter anderem der Judenrat, Miklós Krausz von der Jewish Agency, der Sozialdemokrat Miklós Kertész, sowie Lajos Kelemen, der Budapester Vertreter der *Mellaneuropeiska*. Kelemen sei einer seiner engen Mitarbeiter. Vom Judenrat stammte die Information, die Fahrt nach Auschwitz dauere bis zu fünf Tagen, viele Menschen gingen dabei zugrunde. Dann spricht er von der Reaktion der Ungarn: «Die meisten Männer sprechen mit Scham über die Ereignisse und machen geltend, daß die Brutalitäten nicht von den Ungarn verübt werden, sondern allein von den Deutschen. Das ist nicht wahr. Antisemitismus ist in Ungarn tief verwurzelt. Positive Hilfsmaßnahmen beschränken sich darauf, daß man seinen eigenen Freunden mit Essen und Unterschlupf hilft. ...Viele beklagen die Judenverfolgung unter Hinweis, daß man dadurch die ausländische Sympathie verliert und riskiert, bei einem eventuellen Friedensschluß, schlechter als Rumänien behandelt zu werden. Man ist sich bewußt, daß Rumänien in der letzten Zeit eine milde Judenpolitik betreibt.»[6]

Den Ungarn stand der Vergleich mit Rumänien vor Augen, das sich letztendlich von der Judenverfolgung abgewendet hatte. Nun befürchtete man, Rumänien könnte nach dem Krieg günstiger beurteilt werden als Ungarn. Wallenberg erschien es bemerkenswert, daß manche glaubten, «die Anwesenheit von Juden könne einen gewissen Schutz vor Bombenangriffen zur Folge haben». Während die Deutschen in anderen Städten Ghettos errichtet hatten, wurden die Juden in Budapest ab Mitte Juni 1944 in etwa 2600 sogenannten Judenhäusern untergebracht, die über das ganze Stadtgebiet verstreut waren. Bei Bombenangriffen wurde ihnen oft der Zutritt zu Luftschutzräumen verwehrt. Am 25. Juni trat dann auch ein eingeschränktes Ausgehverbot für sie in Kraft. Nur zwischen 14 und 17 Uhr durften sie «wegen ärztlicher Behandlung, Reinigung bzw. Einkäufen»[7] die Häuser verlassen.

Wallenberg teilte mit, es seien mehrere Zehntausend Juden bei christlichen Freunden versteckt, man habe Priester verhaftet, bei denen Juden konvertiert seien (in Ungarn lebten etwa 70000 konvertierte Juden). Die Budapester Juden seien «völlig apathisch» und täten «selbst kaum etwas, um sich zu retten». Die Beschaffung falscher Papiere sei

Edmund Veesenmayer, deutscher Gesandter in Budapest, schlug als Vergeltung für Luftangriffe vor: «bei nächstem Angriff für jeden getöteten Ungarn zehn passende Juden erschießen zu lassen. ... Andererseits muß eine einmal eingeleitete, derartige Aktion dann auch konsequent durchgeführt werden.»[8]

schwierig, da die Druckereien streng überwacht würden. Und die Juden würden natürlich in den Judenhäusern überwacht. Zudem habe Ungarn eine leicht zu überblickende Topographie, Flucht sei nahezu unmöglich, auch aus Internierungslagern, selbst dann, wenn man den Lagerkommandanten besteche; denn das Konzentrations- und Deportationsverfahren werde mit einem derart kalt kalkulierten mechanischen Tempo abgewickelt, daß überhaupt keine Kontakte zustande kämen. Es sei im übrigen ein Unding, zu glauben, daß durch den momentanen Deportationsstop die schwedische Initiative bei der Rettung schon gleichsam in der Zielgeraden sei.[9]

Am 23. Juli teilte Wallenberg Lauer mit, daß sich einige der 649 für die Reise nach Schweden vorgesehenen Juden (etwa 100 bis 150 Menschen) schon nicht mehr in Ungarn befänden. Man hatte sie nach Deutschland gebracht. Ob sich das schwedische Außenministerium beim deutschen Auswärtigen Amt dafür einsetzen könnte, diese Juden aus den Konzentrationslagern oder wo sie sonst seien, zu entlassen und nach Schweden zu bringen?[10]

Insgeheim gingen die Deportationen weiter. So schilderte Wallenberg später eine Deportation vom 26. Juli. Um 20.50 Uhr seien Juden vom Budapester Ostbahnhof aus deportiert worden. Man hatte zuvor Judenhäuser umstellt und die Bewohner zur Zwangsarbeit rekrutiert. Allerdings sei deren Behandlung im allgemeinen gut. Der verantwortliche General Lázár werde als menschlich angesehen. In den Augen der Gesandtschaft war der Deportationsstop ohnehin nur vorübergehend gewesen.

Die ungarische Bevölkerung reagierte zwar nicht mit offenem Widerstand auf die Maßnahmen gegen die Juden, mißbilligte sie aber durchaus. Teilte Wallenberg noch einmal Einzelheiten über die Deportation nach Auschwitz mit, so lag diesem Bericht schon eine Prüfung zugrunde, inwieweit man die von Deportierten geschriebenen Postkarten mit dem Absendervermerk «Waldsee» als Lebenszeichen deuten konnte. Etwa 14000 dieser Postkarten hatten die Empfänger erreicht, das entsprach etwa 3% der zwischen dem 15. Mai und dem 12. Juli deportierten Menschen. Der deutsche Gesandtschaftsrat Grell[11] hatte dazu erklärt, den Juden stände es frei, den Postdienst zu benutzen.[12] Wallenberg durchschaute den zynischen Bluff: die Karten sollten den Eindruck erwecken, die Mehrzahl der Deportierten sei noch am Leben.

Nach drei Wochen erweiterte Wallenberg seinen Mitarbeiterstab auf ungefähr 20 Leute. Die meisten von ihnen waren Juden. Man mache das, ließ Wallenberg wissen, in der Schweizerischen Gesandtschaft ebenso, mit der Begründung, es sei nicht möglich, «Christen für unsere Arbeit zu bekommen. Sogar die Gestapo mußte Juden anstellen.»[13] Er mietete ein Büro mit 16 Räumen, in denen er mehreren bekannten Rabbinern und religiösen Führern Schutz bot.[14]

Trotz allem gab es keine bestimmbare Verfahrensstrategie, da die Lage sich täglich änderte. Wallenberg stellte einen indirekten Kontakt zu Behörden her, um über Transporte informiert zu werden. Zudem versuchte er, sich ein Bild von den deutschen Akteuren zu machen. Am wichtigsten aber waren ihm die Verhandlungen mit dem ungarischen Außenministerium. Er erreichte, daß man dort grundsätzlich mit der Repatriierung von Juden einverstanden war und daß die unter schwedischem Schutz stehenden Personen nicht den gelben Stern tragen mußten.

Provisorische Pässe wurden nur an einen kleinen Personenkreis vergeben. Auch dafür brauchte man die Zustimmung der schwedischen Regierung. Soziale Hilfe konnte bis zu diesem Zeitpunkt nur begrenzt geleistet werden: «Ich kann nur bedauern, daß die, die so eifrig waren, mich hierher zu schicken, anscheinend nicht verstanden haben, daß Geldmittel wesentlich sind. Das Leiden hier ist grenzenlos, und man muß versuchen es zu ändern.»

Wallenberg bat Lauer, sich beim WRB-Executive Olsen darüber zu informieren, wieviel Geld ihm zur Verfügung stehe. Er plane u. a. die Einrichtung eines Schutzlagers für etwa 1000 Menschen. Zudem wollte er wissen, nach welchen Grundsätzen man diese Menschen auswählen sollte.[15] Dabei hatte er wohl vor allem das Prinzip der Selbsthilfe im Auge: «Man muß die Apathie gegenüber dem eigenen Schicksal überwinden, die nach wie vor die meisten Juden prägt. ... Es gilt, unter den Juden das Gefühl zu beseitigen, sie seien vergessen.»

Ein Schritt in diese Richtung war die Botschaft des schwedischen Königs an Horthy gewesen, der «im Namen der Menschlichkeit» bat, «Maßnahmen zu ergreifen, um zu retten, was von diesem unglücklichen Volk noch zu retten ist.»[16] Und Horthy hatte daraufhin versprochen, «die Grundsätze der Humanität und der Gerechtigkeit» zu achten.[17]

Wallenberg bat nun, auch der schwedische Erzbischof möge eine Botschaft an die ungarischen Bischöfe richten. Der Erzbischof von Canterbury hatte bereits die christliche Bevölkerung Ungarns aufgefordert, «alles Menschenmögliche zur Rettung der ungarischen Juden zu tun, insbesondere sie zu verbergen und ihnen zur Flucht zu verhelfen.»[18]

Die Wirkung solcher Botschaften wurde auch in Deutschland wahrgenommen. Die deutsche Gesandtschaft ließ wissen, der Schritt des Königs sei «gerücht- und gesprächsweise in der ungarischen Öffentlichkeit ... bekannt und erörtert» worden.[19] Wohlgefällig hatte man hingegen ein Jahr zuvor das Auftreten des Königs gegenüber dem deutschen Gesandten Thomsen aufgenommen. Thomsen hatte bemerkt, daß «das Blatt im Osten sich sehr bald wenden werde und, daß die Stimmung in Deutschland von großer Siegessicherheit geprägt sei.» Der König soll darauf geantwortet haben: «Ich hoffe es auch. Gott gebe, daß Deutschland siegt.»[20]

Wallenberg kritisierte in seinem Bericht englische Rundfunksendungen, die Rache androhten, statt Hilfe oder Vergebung anzubieten oder eine alternative Politik vorzuschlagen. Die russische Propaganda, die «mit Hochherzigkeit und Friedensliebe» arbeite, werde als konstruktiver angesehen. Die Alliierten sollten denen, die bereit sind, Juden zu helfen, ihrerseits Hilfe versprechen. Die ausländische Presse könnte sehr zur Linderung der Lage beitragen, daher sei weitere Öffentlichkeit wünschenswert.

Aber er konnte auch von Erfolgen berichten. So hätte sich seit seiner Tätigkeit die Einstellung der Juden merkbar verändert: «Allein die Tatsache, daß die Schweizer und schwedische Gesandtschaft Juden empfangen, ihnen zuhören und sie registrieren, muntert sie auf und auch die, die geneigt sind zu helfen. Eine geglückte kleine Repatriierungsaktion oder die Errichtung eines Rotkreuz-Lagers oder finanzielle Hilfe würde meiner Ansicht nach größte Bedeutung haben, weil einhunderttausend Juden damit Hoffnung eingeflößt und ihr gegenwärtig gelähmter Selbsterhaltungstrieb geweckt würde.»[21] Das ist zugleich eine eindrucksvolle Perspektive seines künftigen Wirkens.

Die Gesandtschaften Schwedens und der Schweiz bemühten sich ungebrochen, eine Auswanderung von Juden aus Budapest zu organisieren. Im Falle der Schweiz sollten Juden, die im Besitz von Palästinazertifikaten waren, über Rumänien nach Palästina reisen. Adolf Eichmann wollte diese Pläne durchkreuzen. Seine Aufgabe war es, die Juden zu vernichten, nicht deren Auswanderung zu betreiben. Versuche der Gesandtschaften, von den Deutschen Passierscheine nach Rumänien zu erhalten, blieben erfolglos. Wallenberg bemühte sich zwar weiterhin um eine Ausreisemöglichkeit, blieb aber skeptisch. Die Sicherheit der Juden auf ihrer Fahrt schien ihm keineswegs gesichert. Wie berechtigt seine Sorge war, zeigt eine Nachricht des deutschen Gesandten. Ende Juli meldete er, mit Eichmann sei vereinbart worden, «die Judenevakuierungen ... so beschleunigt durchzuführen, daß die für die Auswanderung in Betracht kommenden Juden bereits vor Erledigung der Formalitäten abtransportiert sind. Den in Betracht kommenden Missionen ist bereits früher mitgeteilt worden, daß die beabsichtigte Aktion sich selbstverständlich nur auf solche Juden beziehen könne, die sich noch im Lande befänden ... Eichmann erwägt ... bei Zulassung Auswanderung in Westländer, Transporte etwa auf französischem Gebiet durch geeignete Maßnahmen an Fortsetzung Reise zu verhindern.»[22]

Wallenberg war auch an Überlegungen beteiligt, 200 jüdische Kinder aus Ungarn nach Schweden zu bringen. Lauer bat ihn, alles zu tun, damit seine sechsjährige Nichte in den Transport nach Schweden komme. Versuchen sollte er das auch für ein weiteres sechsjähriges Mädchen und den elfjährigen Thomas Robert Suranyi, der in Rumänien wohnte. Für letzteren setzte sich auch Sven Salén in einem

Telegramm an Wallenberg ein. Eine Einreisegenehmigung für den Jungen lag demnach der Gesandtschaft in Bukarest vor.[23]

Der Kindertransport kam nicht zustande. Das Schwedische Rote Kreuz bemühte sich zusammen mit dem Knabenwaisenhaus auch vergebens, 420 jüdische Kinder, die zum Teil aus Nachbarländern kommend, Zuflucht in Budapest gefunden hatten, nach Schweden zu bringen. Von dort sollten sie größtenteils zu Verwandten in Amerika und Palästina weiterreisen.

Ende Juli wurde Olsen – zur Weitervermittlung an Wallenberg – darüber informiert, eine Untergrundbewegung organisiere Fluchtmöglichkeiten aus Ungarn nach Rumänien. Auf diesem Wege sollten schon 600–700 Flüchtlinge nach Bukarest gelangt sein. Die Fluchtlinie sei zwar gefährlich, biete zur Zeit aber die beste Möglichkeit zur Evakuierung einer gewissen Anzahl von Menschen.[24] Den Deutschen war diese Fluchtbewegung bekannt, und sie wiesen ihre Botschaft in Bukarest auf ein Gesetz vom 29. 5. 1944 hin, wonach gegen illegal nach Rumänien eingewanderte Juden die Todesstrafe zu verhängen war.[25] Zwischen 3500 und 4000 Personen soll im Sommer 1944 die Flucht aus Ungarn nach Rumänien gelungen sein.[26] Etwa 7000 ungarische Juden konnten nach Jugoslawien und anschließend weiter nach Italien gelangen.[27]

In den Vereinigten Staaten und Großbritannien überlegte man, wie auf das sogenannte Horthy-Angebot zu reagieren war, nach dem keine Einwände gegen die Ausreise bestimmter Gruppen von Juden bestünden. Am 17. August erklärten die Amerikaner und Briten, man akzeptiere das Angebot und werde sich der Juden annehmen, die aus Ungarn entkommen seien. Auch diese Pläne scheiterten an den Deutschen.

5. Der Aufbau von Wallenbergs Hilfsaktion

Am 1. August 1944 traf Wallenberg mit Horthy zusammen. Der Reichsverweser hatte ihn aufgefordert, ihm vertraulich Vorschläge für dringend gebotene Aktionen zu übermitteln. *Einen* Vorschlag konnte Wallenberg sofort vortragen: Personen, die in Kollektivpässen eingetragen waren, sollten vom Tragen des Davidsterns befreit werden. Überdies müsse den Kirchen größere Meinungsfreiheit zugestanden werden. Die Begegnung zeigte, daß Horthy Wallenbergs Arbeit positiv gegenüberstand und sogar willens war, Ratschläge anzuhören.

Zwei Tage später traf Wallenberg den Innenminister. Der begrüßte nicht nur die Repatriierungsversuche der schwedischen Gesandtschaft, er zeigte sich auch kooperativ in der Frage ihrer Ausweitung. Die betreffenden Juden könnten bis zu ihrer Abreise in speziellen unter schwedischem Schutz stehenden Häusern untergebracht werden.

Eine weitere Vergrößerung seines Mitarbeiterstabes auf 40 Personen ermöglichte Wallenberg, seine Organisation zu verfeinern. Nun standen Bearbeiter für den Empfang, die Registratur, die Kasse und das Archiv zur Verfügung. Es wurden Unterabteilungen für Korrespondenz, Transport und Wohnungen mit eigenen Abteilungsleitern eingerichtet. Bis zu diesem Zeitpunkt waren schon 4000 Anfragen eingegangen. Eines der geplanten Schutzhäuser sollte in einem bereits angemieteten Haus in der Pozsonyi út 3 auf Pester Seite in Höhe der Margareten-Insel eingerichtet werden. Angrenzende Häuser waren für schwedische Sammelzentren vorgesehen. Jedes Haus sollte Platz für etwa 100 Menschen bieten. Diese Pläne stießen bei einigen Mitgliedern des Judenrates auf Kritik, denn man war nicht damit einverstanden, daß die betreffenden Zimmer zu Lasten der dort wohnenden Juden für die Privilegierten geräumt werden sollten. Wallenberg bot den Betroffenen an, «für jede Person z. B. 300 P[engö] (zu) zahlen», das werde unterstreichen, «daß wir im Ausland gewohnt sind, auch die Rechte von Juden zu respektieren.»[1]

Doch der Plan der Schutzhäuser scheiterte einstweilen an diesen Schwierigkeiten. Zu diesem Zeitpunkt standen Wallenbergs Hilfsaktion 2 1/2 große Wohnungen zur Verfügung.

Zwei andere Vorgänge berührten einander scheinbar nur äußerlich. Die Gestapo streute im August, eine große Aktion gegen die Budapester Juden stehe bevor. Wallenbergs Nachforschungen ergaben zunächst keine Bestätigung, aber es wurde bekannt, daß Eichmann in der Tat die Deportation der Budapester Juden für den 5. August geplant hatte. Es geschah aber nichts. Der zweite Vorgang: Horthy suchte nach Verhandlungsmöglichkeiten mit den Alliierten – und entließ am 7. August den Innenminister Andor Jaross und einige Mitarbeiter des Ministeriums. Als neuer Deportationstermin wurde – später – der 25. August angesetzt.

Wallenberg sollte zwar bald davon erfahren, rechnete aber ohnehin ständig mit der Wiederaufnahme der Deportationen und bat deshalb Anger, der nach Stockholm reisen sollte, das schwedische Außenministerium um Erlaubnis zu kritischen Äußerungen über die ungarische Politik zu bitten und drohen zu dürfen, bei Wiederaufnahme der Judendeportationen nach Hause zu fahren.[2]

Wallenberg bemühte sich auch darum, die Lage der Internierten zu verbessern. Nur einige von ihnen konnte er befreien. So erschien am 5. August in Sárvár ein SS-Hauptsturmführer mit etwa 40 bewaffneten SS-Männern. Der ungarische Kommandant, Polizeioberinspektor Gribowszky, weigerte sich, den Abtransport der Juden zuzulassen: Er habe keinen Befehl von den zuständigen Behörden, die Juden auszuliefern. Der Hauptsturmführer drohte mit Gewalt und vereitelte den Versuch des Lagerkommandanten, das Innenministerium telefonisch zu verständigen. Um eine gewalttätige Auseinandersetzung zu vermeiden, ordnete der Lagerkommandant die Vorbereitung zum Abtransport an. Wallenberg wurde später von Augenzeugen darüber unterrichtet. Er gab einen Bericht über den Vorfall nach Schweden weiter, konnte aber nicht sagen, ob die Juden über die Grenze gebracht worden waren.[3]

Am 4. August wurde Wallenberg 32 Jahre alt. Über seine bisherigen Erfahrungen und über den Geburtstag schrieb er zwei Tage danach an seine Mutter:

«Liebe Mutter!
Ich habe hier vielleicht die interessantesten 3–4 Wochen meines Lebens mitgemacht, zwar sieht man ringsherum eine Tragödie von unermeßlichem Ausmaß, aber die Tage und die Nächte sind so von Arbeit erfüllt, daß man nur ab und zu reagieren kann.
Ich habe ein großes Bureau von 40 Personen errichtet. Wir haben 2 Häuser an beiden Seiten von der Gesandtschaft gemietet, und die Organisation wächst täglich weiter. Es ist natürlich äußerst unklar, ob ein positives Resultat erzielt werden kann, da dies hauptsächlich von der allgemeinen Lage abhängt.

Viele Leute sind verschwunden, und am Land findet man keine mehr. Das sonst so frohe Budapest hat sich ganz verändert. Die Frauen von den besseren Familien haben zum großen Teil die Stadt verlassen, und die Männer sind an der Front. Das Geschäftsleben ist völlig lahmgelegt. Es wird fast nur politisiert.

Mein Geburtstag war sehr lustig, indem ich aus Zufall am selben Nachmittag das Datum entdeckt habe und meine sehr kapabele Sekretärin Gräfin Nákó erwähnt habe, 2 Stunden später standen auf meinem Tisch eine sehr schöne Ausrüstung, Briefmappe, Allmanach, Tintenfaß etc. nebst einer Flasche Champagner und Blumen.

Ich habe ein sehr schönes Haus von dem 18. Jahrhundert an der Burghöhe gemietet mit den schönsten Möbeln, einem herrlichen kleinen Garten und wunderschöner Aussicht und habe dort ab und zu dienstliche Diners.

Bitte meine besten Grüsse an Nina, Vater und Guy
Mit vielen Grüßen
Raoul Wallenberg
Budapest, den 6. August»[4]

Er machte sich jetzt Gedanken über eine neue Form von Schutzdokumenten. Die provisorischen Pässe konnten nicht in großem Umfang ausgestellt werden, die anderen waren von zu einfacher Machart. Das schwedische Außenministerium sollte der Gesandtschaft dabei freie Hand lassen.[5] So wurden denn neue Schutzdokumente entwickelt, die auf Deutsche und Ungarn einen besonderen Eindruck machen würden. Wallenberg entwarf ein Papier, das, in den schwedischen Farben gelb und blau gedruckt, die Bezeichnung «Schutzpaß» trug und in deutscher und ungarischer Sprache abgefaßt war:

«Die Kgl. Schwedische Gesandtschaft in Budapest bestätigt, daß der Obengenannte im Rahmen der – von dem Kgl. Schwedischen Außenministerium autorisierten – Repatriierung nach Schweden reisen wird. Der Betreffende ist auch in einen Kollektivpaß eingetragen.
Bis Abreise steht der Obengenannte und seine Wohnung unter dem Schutz der Kgl. Schwedischen Gesandtschaft in Budapest.
Gültigkeit: erlischt 14 Tage nach Einreise nach Schweden.
Reiseberechtigung nur gemeinsam mit dem Kollektivpaß.
Einreisevisum wird nur in dem Kollektivpaß eingetragen.»

Der Schutzpaß enthielt persönliche Daten, ein Foto, die Unterschrift des Inhabers, den Legationsstempel und die Unterschrift des Gesandten. Die Entwicklung des Schutzpasses stand unter Zeitdruck. Die für ausländische Juden zuständige ungarische Behörde hatte, nachdem eine große Anzahl von Schutzdokumenten verschiedener Art im Umlauf waren, mitgeteilt, daß entsprechende Papiere die Bezeichnung «Schutzbrief» tragen sollten. Nachdem die schwedische Gesandtschaft solche Schutzbriefe verteilte, wurde verlautbart, die KEOKH erkenne nur Papiere an, die die Bezeichnung «Schutzpaß» trügen.

Zunächst wurden auf Grund einer behördlichen Genehmigung 800 Schutzpässe gedruckt. Zwei Mitarbeiter Wallenbergs beaufsichtigten die Drucker. Weitere 2000 Schutzpässe wurden ohne ungarische Genehmigung gedruckt. Trotz der Kontrolle gelang es den Druckern, heimlich noch mehr Exemplare zu drucken – sie hatten unbemerkt für kurze Zeit das Zählwerk abgestellt.

Die Schutzpässe wurden erstmals im August ausgegeben. Die Antragsteller hatten ein Formular in dreifacher Ausführung auszufüllen und 6 Lichtbilder beizufügen.

SCHUTZ-PASS

Nr. 0081

Name: Wwe Frau Mór S t r a u s s
Név:

Wohnort: Budapest
Lakás:

Geburtsdatum: 14 August 1889
Születési ideje:

Geburtsort: Köszeg
Születési helye:

Körperlänge: 165
Magasság:

Haarfarbe: blond Augenfarbe: grau
Hajszín: Szemszín:

Unterschrift:
Aláírás:

SCHWEDEN SVÉDORSZÁG

Die Kgl. Schwedische Gesandtschaft in Budapest bestätigt, dass der Obengenannte im Rahmen der — von dem Kgl. Schwedischen Aussenministerium autorisierten — Repatriierung nach Schweden reisen wird. Der Betreffende ist auch in einen Kollektivpass eingetragen.

Bis Abreise steht der Obengenannte und seine Wohnung unter dem Schutz der Kgl. Schwedischen Gesandtschaft in Budapest.

Gültigkeit: erlischt 14 Tage nach Einreise nach Schweden.

A budapesti Svéd Kir. Követség igazolja, hogy fentnevezett — a Svéd Kir. Külügyminisztérium által jóváhagyott — repatriálás keretében Svédországba utazik.

Nevezett a kollektiv útlevélben is szerepel.

Elutazásáig fentnevezett és lakása a budapesti Svéd Kir. Követség oltalma alatt áll.

Érvényét veszti a Svédországba való megérkezéstől számított tizennegyedik napon.

Reiseberechtigung nur gemeinsam mit dem Kollektivpass. Einreisewisum wird nur in dem Kollektivpass eingetragen.

Budapest, den 15 August 1944

KÖNIGLICH SCHWEDISCHE GESANDTSCHAFT
SVÉD KIRÁLYI KÖVETSÉG

Kgl. Schwedischer Gesandte

Schwedischer Schutzpaß.
Dieses Exemplar trägt nicht nur die Unterschrift des Gesandten Danielsson, sondern links unten auch die Wallenbergs.

Schwedischer Schutzpaß.
Dieses Exemplar trägt nicht nur die Unterschrift des Gesandten Danielsson, sondern links unten auch die Wallenbergs.

Nach einer Mitteilung an die Inhaber der Schutzpässe wurden diese «ungarischerseits als Ausländer behandelt und (verloren) ihre ungarische Mitbürgerschaft.»[6] Sie hatten die Pflicht, sich wöchentlich bei der KEOKH zu melden und mußten sich ein Formular abzeichnen lassen. Für sie galt die Anordnung, daß sie voraussichtlich ab 26. August in Schutzhaft genommen würden (eine vorherige Zusage, wonach eine Internierung nicht vor dem 30. September erfolge, hatte man zurückgenommen). Dies führte dazu, daß auch Juden, die eben von Wallenberg aus dem Internierungslager befreit worden waren, erneut interniert werden sollten. Lager im eigentlichen Sinn sollte es nicht geben. Wallenberg versuchte, Häuser für die unter schwedischem Schutz stehenden Juden zu finden, damit sie nicht am Ende doch in berüchtigte Lager wie Kistarcsa abtransportiert würden.[7] Zur Internierung aller Schutzpaßinhaber kam es nicht.

Ende August wurde die schwedische Gesandtschaft verstärkt. Per Anger kehrte von einer mehrwöchigen Reise aus Stockholm zurück. Mit ihm kamen Attaché Lars Berg, der sich um die Vertretung fremder Interessen kümmerte, zu seiner Unterstützung Kanzler Göte Carlsson, sowie Asta Nilsson, für die Initiative «Rettet die Kinder» des schwedischen Roten Kreuzes.

In dem von Goebbels herausgegebenen NSDAP-Organ *Die Lage* erschien am 23.8.1944 ein Bericht über «Das Judenproblem in Ungarn»: Es sei «in kürzester Zeit mit erstaunlicher Konsequenz und Schärfe gearbeitet» worden, um die ungarische Provinz «judenrein» zu machen. Bei dem «Judenabtransport aus Budapest» habe es aber Schwierigkeiten gegeben. Der «Druck aus dem feindlichen und neutralen Ausland» sei «so stark geworden, daß judenfreundliche Kreise in Ungarn auf die ungarische Regierung einzuwirken versuchten, um weitere Judenmaßnahmen und vor allem die Auslieferung an deutsche Stellen zu verhindern ... Die Lösung der Judenfrage in Ungarn ist heute eine Frage der europäischen Sicherheit; verantwortliche Männer der ungarischen Regierung haben dies erkannt und bisher die notwendigen Folgerungen gezogen. Es ist anzunehmen, daß auch in der Frage der Budapester Juden die erforderlichen Schritte unternommen werden.»[8]

Wallenberg erfuhr von Eichmanns auf den 25. August angesetzten Deportationsplan. Eine Zusammenkunft aller Legationschefs der neutralen Staaten wurde einberufen.[9] Unter der Leitung von Nuntius Angelo Rotta wurde in einer Note festgehalten, man wisse wohl, «was die Deportation in den meisten Fällen, auch wenn sie mit der Bezeichnung «Arbeit im Ausland» getarnt ist, bedeutet» und sie sehen es, «veranlaßt von den Empfindungen menschlicher Solidarität und christlicher Liebe, als ihre Pflicht (an), gegen dieses, von Anfang an ungerechte und in der Ausführung unmenschliche Vorgehen energisch Protest zu erheben.»[10]

Der Nuntius und Danielsson übergaben diese Note dem Finanzminister, Reményi-Schneller, der zu dieser Zeit als Regierungschef fungierte. Der Minister wollte die Deportationsgerüchte weder dementieren noch bestätigen. Eine Abschrift der Note wurde auch Horthy überreicht. Dieser, so hieß es, sei entschlossen, weiteren Deportationen entgegenzutreten.

Wieder wurden die Deportationen eingestellt. Wichtiger als die Protestnote war allerdings ein anderes Ereignis. Am 23. August ergab sich Rumänien der Roten Armee und erklärte Deutschland und Ungarn den Krieg. Horthy und die ungarische Regierung hatten nun andere Sorgen. Um die Deutschen nicht vollends zu verärgern, plante man die Errichtung von fünf Lagern für Juden außerhalb des Stadtgebietes von Budapest.

Himmler, der Kontakt zu den Alliierten suchte, erteilte unversehens Eichmann die Anweisung, daß «jegliche Deportation von ungarischen Juden nach dem Reich mit sofortiger Wirkung strengstens untersagt» sei.[11] Eichmann sah sich und sein Kommando damit als «überflüssig» an und bat das RSHA um seine Abberufung.[12]

Horthy bildete eine gemäßigtere Regierung. Am 29. August ernannte er mit dem General Géza Lakatos einen neuen Ministerpräsidenten. Der deutsche Gesandte meldete nach Berlin, Horthy habe durchblicken lassen, er sei «der Überzeugung..., daß dieser Krieg nur noch kurze Zeit dauern würde und nicht mehr zu gewinnen sei. Er sei jedoch entschlossen, unter allen Umständen ein bolschewistisches Chaos von Ungarn fernzuhalten.»[13]

Die Protestnote der neutralen Diplomaten in Budapest war vermutlich das erste Zeichen für ein gemeinsames Vorgehen. Im Juli 1944 hatte es bereits eine gemeinsame Untersuchung gegeben, als am 2. Juli bei einem Fliegerangriff in der Pálma utca Wohnhäuser zerstört worden waren, in denen amerikanische und englische Staatsbürger wohnten. An der Untersuchung beteiligten sich neben ungarischen Vertretern des Innen- und Außenministeriums auch der Schweizer Vizekonsul Carl Lutz, der türkische Legationsrat Kemal Sayit, der Delegierte des Internationalen Komitees des Roten Kreuzes Friedrich Born und der schwedische Gesandtschaftssekretär Per Anger.[14]

Auch wenn sich die Lage im September 1944 zu beruhigen schien, ließ der Andrang auf Schutzpässe nicht nach. Der neue Außenminister Gusztáv Hennyey ließ Danielsson wissen, Ungarn müsse den Krieg notgedrungen an der Seite Deutschlands fortsetzen, um seine Existenz zu retten. Bezüglich der Judenfrage «müsse eine zweckmäßige Lösung gefunden werden, aber unter humanitären Formen.»[15]

Wallenberg sah sich im September veranlaßt, die Vergabe von Schutzpässen neu zu organisieren. Denn ein Schutzpaß konnte nur dann von Wert sein, wenn er von den ungarischen Behörden akzeptiert wurde, und wahllose Verteilung hätte dazu geführt, sie insgesamt zu entwerten. Daher mußte es Einschränkungen geben. Nachdem ein Antragsformular abgegeben worden war, durchlief der Antrag ein mehrstufiges Prüfungsverfahren. Zunächst wurde von sogenannten Kollegien kontrolliert, ob der Antragsteller den Anforderungen genügte. Sie betrafen natürlich vor allem familiäre oder zumindest wirtschaftliche Bindungen an Schweden.[16] Antragsteller, deren Anträge abgelehnt worden waren, wurden schriftlich darüber informiert, daß in die «Repatriierungsaktion nur solche Personen aufgenommen werden können, welche in Schweden Blutsverwandte haben, oder aber eine lange Geschäftsverbindung mit Schweden nachweisen können.»[17] Anträge, denen stattgegeben worden war, reichte man an die Paßabteilung zur nochmaligen Überprüfung weiter. Dann konnte der Schutzpaß endgültig ausgestellt werden. Die gestempelten Pässe wurden in die Gesandtschaft gebracht, vom Gesandten unterschrieben und der Paßausgabestelle zur Weitergabe an die Antragstellern weitergereicht. Auch das Rote Kreuz gab Namen von Personen, die einen Schutzpaß beantragen wollten, an die Gesandtschaft weiter und half bei der Suche nach Häusern und Räumen.

Der Erfolg gab Wallenberg recht. Am 10. September wurde ihm mitgeteilt, die Inhaber von Schutzpässen seien vom Tragen des gelben Sterns befreit, unterlägen gleichwohl aber zum Teil anderen Beschränkungen. Zwischen dem 10. August und dem 10. September waren um die 2000 Schutzpässe ausgegeben worden, weitere 3000 ausgestellt, aber noch nicht ausgehändigt. Damit war die von Ungarn genehmigte Zahl bereits überschritten. Eingegangen waren etwa 9000 Anträge. Die Zahl der provisorischen Pässe betrug etwa 190.[18]

Doch inzwischen waren wieder geschützte Juden interniert worden. Etwa 250 von ihnen konnten bis Mitte September befreit werden. Wallenberg regte beim schwedischen Außenministerium an, die schwedische Presse solle über die Erleichterungen der Einschränkungen für jüdische Schutzpaßinhaber berichten, da die ungarischen Behörden der Welt ihren guten Willen zeigen wollten. So war etwa eine neue Behörde für jüdische Fragen gebildet worden, und zu vielen Mitarbeitern dieser Behörde hatte die Gesandtschaft bereits zuvor guten Kontakt. Noch andere Probleme waren zu bedenken und zu lösen. Da Budapest zunehmend unter Luftangriffen zu leiden hatte und eine akute Lebensmittelknappheit drohte, kaufte Wallenbergs Abteilung Lebensmittel im Wert von 65000 Pengö zur Verteilung an Notleidende.[19]

Im September verfügte Wallenberg über einen Stab von 115 Mitarbeitern, die einen umfassenderen Schutz als Schutzpaßinhaber hatten. Zusammen mit ihren Familien waren es etwa 300 Personen, die alle vom Tragen des Judensterns befreit waren. Weitere 50 Leute, die provisorische Pässe hatten, waren ebenfalls von dieser Zwangsmaßnahme ausgenommen.[20] Der große Personalbestand war dringend nötig, Tausende von Anträgen mußten überprüft werden, und die Leute arbeiteten in Tag- und Nachtschichten. Zudem mußten die Anordnungen und Befehle der ungarischen Behörden oft im Laufe von Tagen oder gar Stunden ausgeführt werden. Ein Umzug der Abteilung wurde unumgänglich. Die interne Administration befand sich in der Tigris utca 8 A. Das Haus bestand aus 10 Räumen und einem Keller und gehörte der Abteilung. Die 100–300 täglichen Anträge wurden auch in der Minerva utca 1 A bei der schwedischen Gesandtschaft angenommen.

Für eine Weile entspannte sich die politische Lage. Wallenberg plante deshalb, vom 17. September an die Annahme von Anträgen zu stoppen und Personal zu entlassen: «Die Ausstellung von Schutzpässen geht dennoch weiter, da immer noch die Möglichkeit von Pogromen besteht, wenn die Deutschen aus Budapest abziehen»[21], und «für jede projüdische Aktion war bis zum jetzigen Zeitpunkt die wichtigste Sache, die Juden am Leben zu erhalten und Deportationen zu verhindern.»[22]

Hatte Wallenberg zunächst noch befürchtet, ihm ständen zu wenig Geldmittel zur Verfügung, so sah er bald, daß die Vergabe von Schutzpässen eine größere Hilfe bot als die Verteilung von Geld. Die vergleichsweise ruhige Lage schien auch das Ende der Paßvergabe anzuzeigen, und so konnte er sich auf eine humanitäre Aktion, auch auf die Verteilung von Essen und Geld konzentrieren. Er ließ eine große Geldsumme an den Judenrat übergeben. Außerdem unterstützte er ein ausgebombtes Kinderheim. 30 000 Pengö wurden an Bedürftige ausgezahlt. Damit waren die vom War Refugee Board zur Verfügung gestellten Geldmittel fast verbraucht. Über Lauer forderte Wallenberg weitere WRB-Gelder an, die ihm auch sofort bewilligt wurden.[23] So trugen die Amerikaner die Mietkosten für

Villen und Häuser, die zur Unterbringung von Verfolgten dienten. Unter keinen Umständen sollte Wallenberg amerikanische Gelder «weder direkt noch indirekt Plauen & Co. [den Deutschen] zugutekommen»[24] lassen.

Ursprünglich hatte Lauer mit einem Finanzrahmen von 500 000 Kronen gerechnet, für den auch andere Geldgeber vorgesehen waren. Anfangs gab es Probleme bei den von Olsen angekündigten WRB-Mitteln. Nach einem ersten Teilbetrag verweigerte er Lauer die weitere Zahlung. Er war offenbar davon ausgegangen, daß Wallenberg seine Berichte direkt an ihn schicken würde. Olsen bekam diese Berichte jedoch nur in Abschriften über eine Privatperson. Lauer, der den Inhalt dieser Berichte selbst nicht kannte[25], stellte Olsen Wallenbergs Briefe zur Verfügung. Nach Olsens ablehnender Haltung wandte Lauer sich nochmals schriftlich an ihn. Er machte ihn darauf aufmerksam, daß Wallenberg sehr hart arbeite, öfter 16 und 17 Stunden am Tag, um wirkliche Hilfe zu bringen. Unter diesen Umständen könne er nicht an verschiedene Personen Berichte schicken. Er müsse sich einfach auf das Außenministerium konzentrieren, und es sei nicht Wallenbergs Schuld, wenn Olsen von dort die Berichte nicht erhalte: «Wenn Sie kein Vertrauen in Herrn Wallenberg haben, wäre es besser, wenn Sie mir dies mitteilen, so daß er seine Arbeit in Budapest beenden und zurückkehren kann. Bitte verstehen Sie ..., daß Herr Wallenberg ...unter bestimmten Umständen auch sein Leben riskiert.»[26]

Lauer hielt Olsens Grund zudem für eine Ausrede, war «der ganzen Sache jetzt sehr müde»[27] und bat Wallenberg, nach Stockholm zu kommen, um die Angelegenheit zu besprechen. Wallenberg hatte die Einstellung, «daß hier einerseits sehr viel Leiden (ist), (das) man lindern möchte, andererseits so eine Menge von Problemen und so ein Gedränge von Menschen vorhanden ist, daß es tatsächlich physisch unmöglich ist, irgendwelche Rapporte zu geben.»[28] Er wollte auch nicht zuviel telefonieren, «da diese humanitäre Aktion schon Aufsehen erweckt hat in gewissen Kreisen». Olsen machte gleichwohl deutlich, er ziehe es vor, wenn Wallenbergs Anfragen nach Geldmitteln künftig nicht über Lauer, sondern über das Außenministerium erfolgen würden.[29] Ungeklärt war auch, wer die Verantwortung für die Abrechnung von Wallenbergs Ausgaben trug. Das schwedische Außenministerium sah sich allein anhand von Wallenbergs «kurzgefassten Berichten» dazu nicht in der Lage. Die Frage beschäftigte offenbar besonders Olsen und Stockholms Oberrabbiner Ehrenpreis.[30]

Für den Transfer der Geldbeträge entwickelte Wallenberg ein kompliziertes Verfahren. Er hatte Ende August ein Spezialkonto bei der Enskilda Bank (SEB) eröffnet, auf das Lauer zunächst 50 000 Kronen einzahlte, die er von Olsen erhalten hatte. Erst einen Monat später kam ein Scheck des WRB über 200 000 Kronen. Am 12. Oktober wies Wallenberg die SEB an, von seinem Konto 150 000 Kronen auf sein «Separatkonto divers zur Verfügung Raoul Wallenberg» beim Schweizer Bankverein zu überweisen. Dies erbrachte ein Guthaben von 153 374,23 sFr.

Wallenberg suchte nach schwedischen Firmen, die Waren nach Ungarn lieferten. Die Waren wurden ihm in ungarischer Währung bezahlt, die betreffende Firma erhielt den Betrag in Schweden in Kronen. Wichtiger war eine andere Geldquelle. Wallenberg ließ sich von ungarischen Firmen oder Privatpersonen Waren oder Pengö geben. «Mit Rücksicht auf die vorkommenden Razzien, Inflation oder Bombengefahr ... werden (die Geldmittel) sofort zu Lebensmittel-Einkäufen und Wohltätigkeits-Zwecken verbraucht», berichtete er nach Stockholm.[31] Das schwedische Außenministerium zahlte auf ein bestimmtes Konto in der Schweiz oder Schweden den betreffenden Betrag. Dann informierte es die SEB, durch diese wurde der Schweizer Bankverein angewiesen. Wallenberg sah für die ganze Transaktion eine Zeit von höchstens fünf Tagen vor. Anschließend erfolgte rücklaufend die Bestätigung des Schweizer Bankvereins über die SEB und das schwedische Außenministerium an die Gesandtschaft in Budapest.

Bis zum 22. Oktober erhielt Wallenberg auf diese Weise 1,2 Mio. Pengö. In den folgenden Wochen kamen weitere 2,2 Mio. hinzu. Nicht alle Transferierungen gelangen unproblematisch. Die Erstattungen erfolgten zum Teil erst

1948 und später. Eine Person, die Wallenberg Nahrungsmittel und Geld im Wert von 50 000 Franken zur Verfügung gestellt hatte, wandte sich nach mehreren erfolglosen Versuchen direkt an den schwedischen König. Am 22. Dezember 1944 befanden sich auf Wallenbergs Konto noch 97 000 Franken.[32]

Bis Mitte September 1944 hatte Wallenberg keine Bestechungsgelder gezahlt, lud aber einflußreiche Personen zum Essen ein. Bei einer solchen Gelegenheit wurde ihm zugesichert, daß alle internierten schwedischen Schutzpaßinhaber befreit und bis zu 4500 Schutzpaßinhaber vom Tragen des gelben Sterns befreit werden sollten.[33] Gegen Ende des Monats löste man das gegebene Versprechen ein: 500–600 Internierte wurden freigelassen, die Mehrzahl von ihnen hatte Schutzpässe. 450 Personen blieben interniert. Generell sollten aber nur «Kriminelle» interniert bleiben, zu denen auch jene gehörten, die entgegen der Anordnung nicht den Judenstern trugen.

Als zum Bau von Verteidigungsanlagen und für Aufräumungsarbeiten nach Luftangriffen 5000 Juden eingesetzt werden sollten, waren auch ausländische Juden davon betroffen. Der schwedischen Gesandtschaft sei, so die deutsche Botschaft, «eine letzte Frist von 60 Tagen zur Repatriierung ihrer jüdischen Staatsangehörigen gesetzt worden».[34] Andererseits berichtete Wallenberg, daß die Ungarn den deutschen Plan, die Juden aus Budapest in die Provinzen zu verlegen, vollständig sabotierten. Dabei hatte Ferenczy der deutschen Gesandtschaft den Beginn des Abtransports von Juden aus Budapest – z. B. in das Lager Tura bei Hatvan, das 30 000 Menschen aufnehmen sollte – angekündigt. Der Budapester Judenrat habe Ferenczy darum sogar gebeten, um zu verhindern, daß «die Durchführung der Judenmaßnahmen ... wieder von den Deutschen in Angriff genommen ... würde.»[35] Ferenczy ließ die Deutschen wissen, daß er «ausdrücklich auch weiterhin (zumindest) eine symbolische deutsche Unterstützung» wünsche, da er «im Hinblick auf die veränderte politische Lage» die Budapester Juden allein «nicht lenken könne».[36] Auch von dieser Aktion sollten ausländische Juden betroffen sein. Ferenczy teilte sogar mit, daß der Transport am 28.9.1944 mit Lastkraftwagen begonnen habe und täglich 250–350 Juden abtransportiert würden.[37] Am 30. September mußte Ferenczy jedoch zugeben, daß es ihm bisher noch nicht gelungen war, «endlich einmal einen ersten Transport von Juden aus Budapest durchführen zu können und damit ... die Ernsthaftigkeit seiner Bestrebungen zu beweisen»[38]. Das Lager Tura war von der deutschen Wehrmacht für eine Offiziersschule beschlagnahmt worden. Auch andere geeignete Lager standen wegen der allgemeinen Unterbringung von Flüchtlingen oder der Nutzung durch die ungarische Armee nicht zur Verfügung. Man müsse, so hieß es in einer Aufzeichnung der deutschen Gesandtschaft, mithin prüfen, «inwieweit die deutschen Interessen, namentlich auch der deutschen Wehrmacht, überwiegend die Freimachung des Lagers für Zwecke der Juden-Evakuierung oder der Aufrechterhaltung der Inanspruchnahme für Wehrmachtszwecke verlangen.»[39] In den Augen des deutschen Gesandten schienen «in absehbarer Zeit» Unterkunftsmöglichkeiten in diesem Raum «nicht mehr zur Verfügung (zu) stehen», andererseits hätte es bei «weniger humanitären Bedenken hinsichtlich der Ausstattung der Lager ... doch gelingen müssen, ... einen Anfang mit der Evakuierung der Juden aus Budapest zu machen.»[40] Doch «maßgebende ungarische Kreise sind offensichtlich bestrebt, die politische und militärische Entwicklung abzuwarten, bevor sie sich in der Judenfrage weiter festlegen bzw. um sich in dieser Beziehung ein Alibi für einen künftigen Eventualfall zu verschaffen.»[41] Im Verbleib der Juden in Budapest sah Veesenmayer «eine unmittelbare Gefahr sowohl für die kämpfende Truppe als für das Hinterland».[42]

Ende September waren von den 4500 von ungarischen Behörden gebilligten Schutzpässen 2700 ausgegeben. Etwa ein Drittel der von der Behörde genannten Personenzahl durfte den Judenstern entfernen.

Die Befreiung der Internierten sei größtenteils der Initiative seiner Abteilung zu verdanken, meldete Wallenberg nach Stockholm. Er hatte auch erreicht, daß Schutzpaßinhaber, die in den Arbeitsdienst einberufen worden waren, nach Budapest zurückgeführt werden sollten.[43] Ende September schrieb er an die Mutter:

«Ich fühle mich hier recht wohl und bin sehr beschäftigt. Bis vor einer Woche hatten wir viel Bombenangriffe, sodaß man manchmal 3 und auch 4 Stunden im Luftschutzkeller sitzen mußte. Seit der letzten Woche sind wir von diesen Unannehmlichkeiten völlig befreit.

Trotzdem geht alles sehr schön weiter. Ich habe einige ganz nette Dinners zu Hause arrangiert, mit verschiedenen Beamten, die für meine Tätigkeit wichtig sind. Vor einigen Tagen hatte ich ein ganz interessantes hohes Tier eingeladen, nämlich den Repräsentanten von Himmler. Leider wurde er in der letzten Minute dienstlich verhindert und konnte nicht kommen. Er ist ein ganz netter Mensch, der sich lt. eigener Aussage in nächster Zeit erschießen wird.

Ich habe sonst leider keine Zeit gehabt, an irgend welchem Gesellschaftsleben teilzunehmen. Es gibt auch sehr wenig davon. Die meisten Leute sind auf dem Lande, und die allgemeine Stimmung ist nicht so, daß jemand viel Freude hat.

Bisher war unsere Tätigkeit sehr erfolgreich. Ich habe einen Stab von ungefähr 115 Personen, und die arbeiten sehr fleißig. Meine eigene Tätigkeit besteht hauptsächlich darin, daß ich tagsüber eine Menge von Leuten empfange, die hier arbeiten und verschiedene Instruktionen erhalten wollen. Weiter Leute, die mir Nachrichten geben und schließlich ein kleinerer Strom von besonders unangenehmen Leuten, meist in hoher Stellung, die sich durchkämpfen und manchmal mit Gewalt in mein Zimmer eindringen.

Weiter fahre ich sehr oft in meinem DKW herum und besuche verschiedene Beamten. Diese Verhandlungen machen mir sehr viel Spaß und sind oft höchst dramatisch.

Vor einer Woche ungefähr bin ich in dem Dienstwagen, einem Studebaker, den wir leihweise bekommen haben, nach einem Internierungslager an der österreichischen Grenze gefahren. Der Kommandant wollte mich zuerst nicht empfangen, später gestattete er mir 5 Minuten, und schließlich gelang es nach 4 stündiger Verhandlung, 80 Leute noch am selben Tage zu befreien und nach Budapest transportieren zu lassen. Es war ganz rührend, die Leute zu sehen.

Ich hätte gehofft, recht bald nach Hause zu kommen, nachdem es hieß, die Abteilung abzuwickeln. Leider scheint sich die

Rückreise sehr zu verspäten, weil auch die Abwicklung der Abteilung viel Zeit in Anspruch nimmt. Ich werde wenigstens versuchen, über Deutschland heimzureisen und nicht so lange zu bleiben, wie wenn die Reise über Moskau-Haiffa gehen würde ...«[44]

Auch an Lauer schrieb er über seine geplante Heimreise. Er wolle einige Tage vor dem russischen Einmarsch abreisen: «So lange noch keine Invasion gekommen ist, ist unsere Tätigkeit erwünscht und notwendig. Es ist sehr schwierig, sie einfach einzustellen.»[45]

Den deutschen Beobachtern in Budapest blieben die Hilfstätigkeiten der verschiedenen Gesandtschaften nicht verborgen. Wallenberg war sich bewußt, daß das Probleme mit sich bringen konnte: «Unserer Auffassung nach darf keine von unseren Maßnahmen in zu großem Stil verwendet werden, weil es dann zu viel auffällt. Die Deutschen würden in (diesem) Fall die Behörden eventuell zwingen, nicht weiter solches Entgegenkommen zu zeigen.»[46]

Am 15. September hieß es in einem Bericht Veesenmayers an das Auswärtige Amt, die «Aktivität ausländischer Stellen (nehme) zu, ungarische Juden durch Ausstellung von Schutzpässen oder Zuerkennung ausländischer Staatsangehörigkeiten in Schutz zu nehmen. Besonders auffällig ... ist Verhalten hiesiger schwedischer Gesandtschaft, die ... bereits Schutzpässe an rund 6000 ungarische Juden ausgestellt hat und für alle diese Juden Auswanderungsmöglichkeit fordert. Ungarische Kreise kritisieren auch, daß hiesiger schwedischer Gesandter sich auffällig in Gesellschaft seiner Schutzjuden öffentlich zeigt ...»[47]

Auch die Schweiz vergab in dieser Zeit Schutzbriefe an Juden, allerdings nur an diejenigen, die nicht ungarische Staatsbürger waren. Andererseits befürchtete der schweizerische Vizekonsul Lutz, daß durch die Vergabe der schwedischen Schutzpässe die legalen Schweizer Schutzbriefe in Mißkredit gerieten.[48] Erst später sollte er selbst Unmengen an Schutzpapieren verteilen.

In einem weiteren Bericht an das Auswärtige Amt in Berlin hieß es, über die schwedischen Schutzpaß-Aktivitäten «herrscht in ungarischen Regierungskreisen zurzeit große Empörung um so mehr, als die Schwedische Gesandtschaft in einer ziemlich anmaßenden Note besondere Schutzforderungen für diese Juden formell gestellt habe ... Man habe ungarischerseits den festen Eindruck, daß ... mit der Ausstellung dieser Schutzpässe und der Stellung von Schutzforderungen garnicht mehr die faktische Ausreise von Juden aus Ungarn» erreicht werden sollte. Schweden und Schweizer seien vielmehr bestrebt, «möglichst keine Juden in ihren Ländern aufzunehmen, sondern (täten) dies einzig und allein, um sich bei den Engländern und Amerikanern eine gute Zensur zu verschaffen.»[49]

Die Deutschen teilten diese Einschätzung. Sie vermuteten, daß die schwedische Regierung weniger als 400 Juden einreisen lassen wollte. Dadurch sei die schwedische Gesandtschaft in eine Zwangslage gekommen: «Es wäre zu prüfen, inwieweit mindestens im Falle der 400 Schwedenjuden und auch einer kleineren Gruppe von Palästinajuden unter schweizer Schutz die Ausreise dann unsererseits nicht geradezu gefordert werden soll, um diese Staaten zu zwingen, sich mit den entsprechenden Schwierigkeiten auseinanderzusetzen.»[50] Auch Wallenberg machte sich darüber Gedanken: «Es ist übrigens kein schwedisches Interesse, eine allzu große Zahl von Juden zu empfangen.»[51]

Der deutsche Gesandtschaftsrat Grell ließ Wallenberg wissen, man könne nach Verschärfung der Regeln seiner Meinung nach möglicherweise sogar von deutscher Seite aus damit rechnen, daß «Schutzpaßjuden» günstiger behandelt würden.[52]

Das mangelnde Interesse Schwedens, einer großen Anzahl von Juden die Einreise zu ermöglichen, war wohl bei den jüdischen Gemeinden besonders ausgeprägt. Wie Olsen dem Leiter des WRB mitteilte, «ist es nur zu wahr, daß die schwedischen Juden keine weiteren Juden in Schweden haben möchten.»[53] Ihnen ginge es gut, sie hätten keine Probleme mit einer antisemitischen Umwelt und befürchteten nur, daß ein «jüdisches Problem» in Schweden entstehen könnte. So sei auch die Rettung der dänischen Juden in das sichere Schweden allein den schwedischen Sozialbehörden zu verdanken, die schwedischen Juden seien dagegen sehr indolent gewesen. Sie wären auch den norwegischen Juden, weil diese den sozial Schwächeren angehörten, recht kühl begegnet. Als Beispiel führte Olsen an, daß 30 jüdische Waisenkinder, die vor längerer Zeit aus Zentraleuropa nach Schweden gekommen waren, in christlichen Heimen untergebracht wurden: «Die schwedischen Juden wollten nicht belästigt werden.» Auch als Olsen die Möglichkeit prüfte, ob finnische jüdische Kinder, weniger als 50, nach Schweden gelangen könnten, habe die örtliche jüdische Gemeinde erst Schritte unternommen, als die finanzielle amerikanische Unterstützung sichergestellt war. Aus Finnland ankommende Flüchtlinge seien auch nicht von Gemeindevertretern an der Pier empfangen worden. Neben den etwa 8000 dänischen und 900 norwegischen Juden fanden etwa 150 Juden aus Finnland Zuflucht in Schweden. An dieser Rettungsaktion war auch das WRB beteiligt.[54]

Auch später hatte Olsen das Gefühl, daß die jüdischen Organisationen in Schweden sich mehr in Machtkämpfe untereinander verstrickten, statt sich des Schicksals ihrer Glaubensbrüder in Europa anzunehmen. Sie seien kritisch gegenüber den Bemühungen anderer, «aber beanspruchen schnell eine teilhabende Ehre an den erfolgreicheren Bemühungen.»[55]

Für die Deutschen mochte die umfangreiche schwedische Rettungstätigkeit beispielgebend auf andere Länder wirken, anders läßt sich ihr Widerstand gegen die schwedischen Aktivitäten nicht deuten. So bemühte sich Schweden wiederholt um die Freigabe von einzelnen Juden, die aus Dänemark und Norwegen verschleppt worden waren. Es handelte sich überdies um ehemals schwedische Staatsangehörige. Das Deutsche Reich erkannte für Dänemark eine Neueinbürgerung jedoch nur an, wenn sie vor dem März 1943 erfolgt war. Dennoch ließ Schweden in seiner Bemühung um später Eingebürgerte nicht locker. In einer Verbalnote an das Auswärtige Amt in Berlin vom Januar 1944 zeigte Schweden Verständnis für den Unmut darüber, wenn «im Auslande wohnhafte Personen ohne Zusammengehörigkeit mit Schweden plötzlich zu schwedischen

Staatsangehörigen gemacht (würden). Die Schwedische Regierung ist aber bestrebt gewesen, nur solchen Personen die schwedische Staatsangehörigkeit zuzuerkennen, die mit Schweden eng verbunden waren. (Ihre) Zahl ... ist auch verhältnismäßig gering.»[56]

Im Oktober 1944, während Wallenberg aktiv in Ungarn wirkte, suchte der schwedische Legationsrat von Otter den Leiter des Judenreferats im Auswärtigen Amt, Eberhard von Thadden, auf. Von Otter bemühte sich um die Ausreise dänischer und norwegischer Juden, die zum Teil nach Theresienstadt gebracht worden waren. Von Thadden wies darauf hin, daß gegen eine Anerkennung der nachträglichen Einbürgerungen «grundsätzliche Bedenken beständen wegen der zu erwartenden Wiederholung.»[57] Es folgt ein indirekter Hinweis auf Wallenbergs Wirken: «In Budapest seien bereits über 4 000 Fälle bekannt geworden.» Deutschland konnte allerdings noch weitere Gründe für seine Haltung vorbringen. Es bestünde die Gefahr der «Verbreitung unwahrer Greuellügen». Die Schweden hätten die Möglichkeit gehabt, «sich in Theresienstadt von dem Wohlergehen dieser Juden zu überzeugen.»

Eine andere Beurteilung der schwedischen Rettungsbemühungen zeigte sich bei der Deutschen Gesandtschaft in Stockholm. Die schwedische Gesandtschaft in Budapest habe «eine bedeutende Tätigkeit ausgeübt, um den Juden in Ungarn, die nähere Beziehungen zu Schweden haben oder gehabt haben, in verschiedener Weise beizustehen ... Ausgestellte sogenannte Schutzpässe sind dabei in großem Umfang von Nutzen gewesen, auch wenn eine Freistellung von der Internierung nicht immer erwirkt werden konnte. ... Es besteht jedoch Anlaß zu hoffen, daß es den ungarischen Behörden möglich sein wird, weiteres Entgegenkommen zu zeigen, wie es bereits in Aussicht gestellt ist.»[58] In Berlin war man über diesen Bericht äußerst ungehalten. In einer hausinternen Notiz hieß es: «Es muß in Budapest z. B. sonderbar anmuten, wenn die Gesandtschaft dort strikteste Weisungen des Ministers in der Judenfrage erhält und dann die Deutsche Gesandtschaft in Stockholm ihrerseits berichtet, ‹es besteht jedoch Anlaß zu hoffen. . .›»[59]

Doch gab es auch ganz andere Befürchtungen. Aus einem Brief des WRB-Executive Olsen geht hervor, «daß das schwedische Außenministerium etwas unruhig über Wallenbergs Aktivitäten in Budapest ist und vielleicht empfindet, daß er mit zu großem Aplomb die Sache angefangen hat. Sie würden natürlich bevorzugen, sich dem Judenproblem in der besten Tradition der europäischen Diplomatie zu nähern, was nicht sehr hilfreich ist.»[60] Und Wallenbergs Kollege Anger war zwar einerseits auf die Bedeutung hingewiesen worden, die man der Unterstützung der Gesandtschaft für Wallenbergs «äußerst delikate» Tätigkeit beimaß. Andererseits solle er aber doch Wallenberg anweisen, «jedes Intermezzo mit den Behörden» zu vermeiden.[61]

Auch der Repräsentant des Jüdischen Weltkongresses in Stockholm war skeptisch. Masur fragte Lauer, ob Wallenberg überhaupt Möglichkeiten hätte, zu helfen. Anscheinend hielt Masur einen Transport der Juden nach Schweden für das einzige Mittel. So ließ Lauer den Gefährten in Budapest denn wissen: «Dankbarkeit für Deine Arbeit wirst Du hier wahrscheinlich nicht finden.»[62]

Im August sollte Wallenberg Kontakt zu Felix Szentirmay aufnehmen und ihm sagen, daß er durch einen Freund in Los Angeles von Eugene Bogdanffy erfahren habe. Er, Wallenberg, kenne Bogdanffy nicht. Um seine Anfrage zu verifizieren, sollte er bestimmte Gegenstände beschreiben: Bogdanffys Rubin-Manschettenknöpfe und Taschenuhr sowie Pelzmantel, Goldarmband und Brosche mit grünen Steinen aus dem Besitz seiner Frau. Offenbar reichte dies noch nicht aus. Wallenberg sollte sich auch nach Mikis Befinden erkundigen. Szentirmay war auszurichten, Bogdanffy erwarte, daß Szentirmay bald gebeten werde, in die Schweiz zu gehen, und er rate, sofort ein Visum zu beantragen. Wenn er in die Schweiz reise, solle er die Finanzpositionen aller Unternehmungen bei sich haben. Diese Botschaft müsse natürlich höchst vertraulich behandelt werden. Wallenberg solle Szentirmay nicht den Grund für die Reise nennen. Der Hintergrund dieser mysteriösen Aktion war folgender: Bogdanffy, ein Ungar, lebte in Los Angeles und war an verschiedenen großen Unternehmen beteiligt, deren Manager Szentirmay war. Eine Schweizer Bank wollte als Treuhänder Bogdanffys mit Szentirmay geschäftliche Probleme besprechen. Es galt, eine Quelle zu finden, um Pengö gegen den blockierten Francs oder aber Dollar zu bekommen. Zudem sollte sich Szentirmay der Mitarbeit einer in einem anderen Telegramm erwähnten Person versichern.[63] Es handelte sich um den in Budapest wohnenden Deutschen Otto Braun.[64] Eine «Nachricht dieser Natur» wollte man nicht über das schwedische Auswärtige Amt schicken. Anger, der sich gerade in Stockholm aufhielt, nahm sie auf seiner Rückreise für Wallenberg mit.[65]

Es gab gute Gründe dafür, daß Wallenberg auf diese sonderbare Weise an Szentirmay gelangen sollte. Als sich Veesenmayer bei einem Besuch Ungarns im November 1943 einen Überblick über die politische Lage verschafft hatte, nahm er an einem Treffen mit Jenö Ruszkay und dem ehemaligen Ministerpräsidenten Béla Imrédy teil, bei dem die Zusammenarbeit rechter Parteien besprochen werden sollte. Gastgeber des Treffens war Szentirmay.[66] Über ihn sollte nun auch der Kontakt zu dem deutschen Industriellen Braun hergestellt werden. Otto Braun war Direktor der *Transdanubia Handelsgesellschaft* gewesen, die ihren Sitz in Berlin hatte und über beste Verbindungen nach Ungarn verfügte. Zusammen mit dem politisch rechtsextremen András Mecsér verfaßte Braun 1940 einen Bericht für das Amt Ausland der NSDAP. Nach einem anonymen Bericht gehörte Braun zum Kreis der Mörder von Matthias Erzberger und war überdies in die Röhm-Affäre verwickelt. Gömbös habe ihm deshalb einige Zeit Unterschlupf gewährt. Braun soll rechtsextreme Kräfte in Ungarn unterstützt haben und hatte auch Kontakt zu Szálasi. Zwischenzeitlich soll Braun Angestellter der IG-Farben gewesen sein.[67] Das *War Refugee Board* glaubte im Juli 1944, daß Braun auch mit Verstecken für Flüchtige behilflich sein könnte.[68] Die Stockholmer Vertreter des WRB waren anscheinend der gleichen Meinung und informierten Wallenberg. Für Braun war im übrigen vor Wallenbergs Abreise aus Stockholm ein Code-Namen vergeben worden.

Die Situation verbesserte sich unterdessen zusehends. Erneut konnte Wallenberg am 12. Oktober vermelden, daß alle Internierten, mit Ausnahme der «Kriminellen», befreit worden waren. Der Rückruf von Arbeitsdienstlern, die Schutzpässe besaßen, dauerte an. Auch Juden, die nicht unter dem Schutz eines neutralen Staates standen, fühlten sich sicherer. Viele entfernten, ohne lange zu fragen, ihren Judenstern.

Die Arbeitslast erlaubte freilich nicht, an eine Auflösung von Wallenbergs Abteilung zu denken. In Zusammenarbeit mit dem Schwedischen Roten Kreuz plante er vielmehr die Eröffnung eines Krankenhauses. Er bildete überdies eine Einkaufsabteilung unter der Leitung des ehemaligen schwedischen Konsuls in Zagreb, Yngve Ekmark – ein gut gefülltes Versorgungslager konnte unschätzbar werden. So bat die schwedische Gesandtschaft das ungarische Außenministerium wiederholt um Zuweisung von Lebensmitteln für die Kinderheime, die man mit dem Schwedischen Roten Kreuz unterhielt. Außerdem gab es Pläne für die Einrichtung eines Altersheims und einer Volksküche. Und schließlich waren auch noch das Gesandtschaftspersonal und die Schützlinge zu versorgen.[69]

Das mit der Situation der Zwangsarbeiter beschäftigte Personal der Abteilung mußte verdreifacht werden. Aber trotz der Fülle dieser Aufgaben und der oft überwältigenden Probleme, die sie mit sich brachten, beschränkte Wallenberg seine Tätigkeit nicht allein auf Ungarn. So wollte er auch bereits verschleppten ungarischen Juden helfen. Anfang Juli 1944 waren mehrere tausend von ihnen aus den Sammellagern in Baja, Debrecen, Szeged und Szolnok nach Strasshof, einem Lager in der Nähe Wiens, gebracht worden. Nur etwa 30 Prozent von ihnen wurden als arbeitsfähig eingeschätzt. Sie sollten für «kriegswichtige Arbeiten der Stadt Wien» eingesetzt werden. Die «nichtarbeitsfähigen Frauen und Kinder dieser Juden, die sämtlich für eine Sonderaktion bereitgehalten und deshalb eines Tages wieder abgezogen werden», mußten auch tagsüber in dem Lager bleiben, so Kaltenbrunner an den Bürgermeister von Wien.[70] Hinter dem Begriff «Sonderaktion» verbarg sich der Plan, diese Juden gegebenenfalls als Tauschobjekte gegen kriegswichtige Waren zu benutzen. Für Eichmann waren diese Juden «auf Eis» gelegt.[71]

SS-Obersturmbannführer Krumey war für sie verantwortlich. Sein Sondereinsatzkommando für den Arbeitseinsatz ungarischer Juden in Nieder-Österreich hatte seinen Sitz in Wien. Krumey soll Juden, die gegen «Regeln» verstießen, nach Auschwitz deportiert haben.[72] Wallenberg wurde im Oktober 1944 darüber informiert, daß in der Nähe Wiens etwa 15–18 000 Juden im Arbeitsdienst waren. Ihm war zugetragen worden, daß die Insassen des betreffenden Lagers nur Sommerkleidung hatten, in ungeheizten und teilweise bombenbeschädigten Baracken untergebracht waren und mangelhaft verpflegt wurden. Die Lage dieser Menschen wurde noch durch den Umstand verschlimmert, daß die ungarische Gendarmerie die von ihnen mitgeführten Haushaltsgeräte sowie Decken und Kleidung beschlagnahmt hatte.[73] Krumey schien nicht in der Lage oder willens, die Menschen gegen die in den Wintermonaten drohenden Entbehrungen zu schützen. Da die Nachrichten «so genau» waren und «die Aussichten, ihnen helfen zu können, groß», erschien es Wallenberg unumgänglich, sich «der Sache ganz ernst (zu) widmen».[74] Er bestellte in Schweden Papierwesten bzw. gebrauchte Kleider im Wert von 35 000 sKr. Sein ganzes Wirken erschien ihm als Sisyphusarbeit: «Ich bin mir völlig bewußt, daß die Sache undurchführbar ist, aber sie muß versucht werden.» Nach seiner Auffassung würde «der Mangel an Kleidung in Südost-Europa während des Winters so groß werden, daß man in diesem Falle die Verantwortung für den Versand der Waren auf sich nehmen muß.»[75] Wallenbergs Kollege Ekmark wollte in Wien mit Krumey verhandeln. Ob das Gespräch zustande kam, ist nicht bekannt. Krumey dachte anscheinend doch auch selbst über die unzureichende Winterkleidung nach. So soll er Kasztner gefragt haben, ob jener «in dieser Hinsicht im Ausland nicht etwas unternehmen könnte».[76]

In Zusammenarbeit mit dem Schwedischen und dem Internationalen Roten Kreuz sowie der Zionistenorganisation und dem Judenrat plante Wallenberg außerdem die Verschickung von Liebesgabenpakete an ungarische Juden in den deutschen Lagern.

Die Vergabe von Schutzpapieren zog natürlich auch Leute an, die daran verdienen wollten. Wallenberg hatte bereits im September erfahren, daß Schacherer, die nicht zur Abteilung gehörten, den Verkauf von Schutzpässen vermittelten, unter ihnen auch jüdische Anwälte. Wallenberg zeigte sie an, und einer wurde verhaftet, mußte allerdings wieder freigelassen werden, weil kein Verstoß gegen ungarische Gesetze vorlag. Im Oktober sorgte ein anderer Fall für Schlagzeilen. Der *Pester Lloyd* meldete am 3. Oktober, daß ein berüchtigter Mörder erneut der Polizei in die Hände gefallen war: «Schreiber hat im April dieses Jahres das Zuchthaus verlassen, in dem er eine 13jährige Zuchthausstrafe abgebüßt hatte ...und hat sich ... mit dem Verkaufe von Dokumenten befaßt ... man (fand) in der Wohnung ... einen mit falschen Dokumenten gefüllten Koffer vor, in seiner Tasche drei schwedische Schutzscheine...»

Da die schwedischen Papiere schwer zu fälschen waren, konnte Wallenberg berichten, daß die 40 gefundenen Pässe «eher schlecht» gewesen seien. Die Pässe waren zu einem Preis von 3000 bis 4000 Pengö pro Stück verkauft worden.

Am 12. Oktober schrieb Wallenberg an seine Mutter: «Ich bin jetzt leider in einer großen Eile, da wir so viel zu tun haben und der Kurier in einigen Minuten abgeht, so daß ich Dir eigentlich nichts schreiben kann. Ich möchte nur sagen, daß hier bisher alles ganz gut geht. Wir leiden weder unter Mangel an Lebensmitteln noch etwas anderem. Und wir haben in der letzten Zeit keine Luftangriffe gehabt. Die Stadt beginnt durch die vielen Flüchtlinge und die ganz enormen Mengen von deutschem Militär ganz anders auszusehen. Es ist ganz unbestimmt, wie wir verfahren werden, im Falle von einem russischen Einmarsch. Ich habe ein Gefühl, daß es schwierig sein wird, wegzukommen, denn ich muß ja mit meiner Abteilung so lange bleiben, wie irgend möglich, wenn sich die Situation vor einem russischen Einmarsch nicht günstiger gestalten sollte. Wenn ich kann, werde ich rechtzeitig abfahren, wenn nicht, werde ich versuchen, nach dem Einmarsch sofort über Rußland nach Schweden zu kommen. Ich nehme an, daß eine derartige Reise sehr lange dauern würde.»[77]

Wenn Wallenberg auch an die Rückkehr dachte – er hielt sich zu diesem Zeitpunkt bereits über einen Monat länger in Budapest auf als ursprünglich geplant –, so gab es für ihn doch keine Zweifel, daß er so lange bleiben werde, wie es erforderlich war. In einem Brief an Lauer hieß es: «Wenn ich andererseits zu früh fahre, so könnte etwas in meiner Abwesenheit geschehen, wo ich hätte lieber zugegen sein sollen.»[78] Lauer bat Wallenberg dennoch, nach Hause zu kommen. Doch auf alle seine Argumente antwortete Wallenberg nur: «Ich kann nicht tausende Menschen ohne Hilfe zurücklassen.»[79]

Lauers Bitte mochte auch sehr pragmatische, nämlich ökonomische Gründe haben. Obwohl Wallenberg vor seiner Abreise erklärt hatte, er werde seine geschäftliche Tätigkeit während seiner Arbeit in Budapest ruhen lassen, vermutete unter anderen auch der britische Gesandte in Stockholm, daß zwar «die Schweden von den besten Motiven bei dieser Ernennung geleitet sind», aber es erscheine «andererseits doch so, daß Wallenbergs Firma in der Lage sein wird, dabei zu profitieren und ihre Geschäfte mit den Ungarn zu erleichtern.»[80]

Blieb Wallenberg neben seiner humanitären Arbeit Zeit für eine geschäftliche Tätigkeit, und hatte er überhaupt die Absicht? In seinen Briefen und Berichten ist davon nicht die Rede. Lauer führte die *Mellaneuropeiska* weiter. Am 9. September telegraphierte er Wallenberg, daß er für drei Monate die Leitung der *Banankompaniet* übernommen habe. Er bat Wallenberg, ihm sofort zu telegraphieren, wenn er seine Arbeit abgeschlossen habe.[81] Zwei Tage später erhielt Lauer ein Telegramm: «gratuliere stop komme schnellstens voraussichtlich 2 wochen nach hause stop».[82] Aus der Heimfahrt wurde jedoch nichts.

Unzweifelhaft zeigte Wallenberg auch in Budapest Interesse an den geschäftlichen Geschehnissen in der Heimat. So erfreute ihn die Nachricht, daß Lauer die Leitung der *Banankompaniet* übernommen hatte.[83] Am 12. Oktober bat er Lauer, ihm doch etwas über «den Stand der Sache bei *Banankompaniet*» zu sagen und ihn über bestimmte Zusammenhänge aufzuklären, «falls ich, sagen wir, in 3 Wochen nicht nach Hause komme.»[84] Lauer antwortete, die Geschäfte der *Banankompaniet* nähmen seine ganze Zeit in Anspruch, und es sei ihm beinahe unmöglich, die Arbeit für Meropa zu erledigen. Er wünschte sich alsbald den Freund als Mitarbeiter bei der *Banankompaniet*.[85] Nicht nur für den Verkauf von Bananen sah Lauer Chancen nach dem Krieg. Er dachte an eine Vertretung für Trockenfrüchte und fragte Wallenberg nach Mitarbeitern. Wenn er befähigte Leute finden sollte, müsse man die Einreisegenehmigungen für sie beschaffen. Rat könne sich Wallenberg bei Soor, einem Direktor der Manfred-Weiss-Werke, holen.[86]

Auch wenn Wallenberg sicherlich den Bitten Lauers nachgekommen ist, kann wohl von einer umfangreichen Geschäftstätigkeit nicht gesprochen werden. Den Kontakt mit verschiedenen Firmen und Geschäftsleuten mußte er schon allein wegen seiner Arbeit aufnehmen, um die Versorgung sicherzustellen und um an Geldmittel zu kommen. Zudem war eine der Begründungen für die Vergabe von Schutzpässen, der Betreffende müsse wirtschaftliche Beziehungen mit Schweden vorweisen. So kann es nicht verwundern, wenn Lauer und andere Wallenberg Namen von Personen aus der Wirtschaft nannten. Lauer hielt es etwa für seine Pflicht, dem Direktor einer Hanfspinnerei die Einreise nach Schweden zu ermöglichen, damit dieser dort ein Werk aufbauen konnte. Lauer brauchte für den Mann einen provisorischen Paß. Wallenberg sollte Kontakt zu ihm aufnehmen und ihn um Pläne für eine solche Fabrik bitten.[87]

In einem der Briefe Lauers findet sich dazu ein launiger Schlenker: «Nachdem Du Diplomat wurdest, hast Du völlig vergessen, was in der Handelswelt üblich ist, und ich sehe voraus, daß wir eine große Arbeit zu tun bekommen…, bevor wir Dir die diplomatischen Sitten abgewöhnt haben.»[88]

6. Der Pfeilkreuzler-Putsch und die Folgen

Der erlösende Tag schien gekommen. Am 15. Oktober 1944 sollte Horthy den Waffenstillstand mit den Alliierten bekanntgeben. Der Krieg schien zu Ende, die Gefahr für die Juden in Budapest gebannt. Sie entfernten voll Freude die Sterne von den Häusern und ihrer Kleidung. Doch rasch wich die Freude der Unsicherheit.

Horthy hatte die Absicht, sich allein mit den Westalliierten zu verständigen, angesichts der Frontlage rasch aufgeben müssen. Für ihn stand nur die Sowjetunion als Verhandlungspartner zur Verfügung. So schickte er eine dreiköpfige Geheimdelegation auf den Weg, die am 1. Oktober in Moskau eintraf. Die Verhandlungen zogen sich hin, doch Horthy wollte nicht länger auf das Ergebnis warten und besprach am 14. Oktober mit dem Kabinettschef Gyula Ambrózy den Ablauf des kommenden Tages: Um 10 Uhr wollte er dem Kronrat seinen Entschluß bekanntgeben, zwei Stunden später den deutschen Gesandten einbestellen. Über den Rundfunk sollte der Waffenstillstand dann mittags bekanntgegeben werden. Ambrózy stellte die Übertragung sicher, und abends gab Horthy General Károly Lázár den Befehl, die Verteidigung der königlichen Burg vorzubereiten. An sich wäre das die Aufgabe des Budapester Stadtkommandanten, Generaloberst Bakay gewesen, aber Bakay war einige Tage zuvor von den Deutschen entführt worden. Auch sein Nachfolger verschwand später. Es war unübersehbar, daß die Deutschen Horthys Pläne sabotieren wollten.

Am Morgen des 15. Oktober gab es den ersten schwerwiegenden Zwischenfall. Horthys Sohn Miklós ging zu einem Treffen mit angeblichen Abgesandten Titos. Da den Deutschen die politische Einstellung des Sohnes bekannt war, erwartete ihn statt Titos Leuten die SS. Veesenmayer war über Ungarns Verhandlungen mit der Sowjetunion informiert gewesen, und man hatte sogar die Absetzung Horthys geplant. Die Leibwache Horthys trat der SS zwar mit Waffengewalt entgegen (ein SS-Hauptsturmführer wurde tödlich verwundet), aber der junge Horthy wurde schließlich überwältigt und in einen Teppich gerollt abtransportiert.

Horthy erfuhr davon kurz vor der Kronratssitzung, beschloß aber, dennoch wie geplant vorzugehen. Mit einiger Verspätung trat der Kronrat zusammen. Man stimmte dem Waffenstillstand zu, aber die Sitzung wurde unterbrochen, als Veesenmayer eintraf. Horthy, voll Zorn über die Verschleppung seines Sohnes, teilte dem deutschen Gesandten mit, Ungarn werde einen Waffenstillstand mit den Alliierten schließen.

Gegen 12.40 Uhr wurde Horthys Erklärung im Radio verlesen. Die ungarische Armee wurde aufgerufen, ihrem Eid treu zu bleiben. Doch das Blatt hatte sich gewendet. Man gab bald darauf bekannt, Horthys Erklärung habe für die ungarische Armee keine Bedeutung, besondere Befehle würden folgen. Bis dahin werde weitergekämpft. Mittlerweile hatten die Pfeilkreuzler – die ungarischen Faschisten – die Kontrolle über die Rundfunkstation übernommen. Der Tag endete bedrückend.

Horthy verbrachte eine kurze Nacht. Schon um sechs Uhr morgens erschien Veesenmayer bei ihm und bat ihn, mitzukommen. Horthy wurde ins SS-Hauptquartier gebracht, mit ihm auch Ministerpräsident Lakatos und Oberstleutnant Tost. Horthy traf auf Ferenc Szálasi, den er – ultimativ – zum Ministerpräsidenten ernennen sollte. Horthy lehnte ab (und Tost beging kurz darauf Selbstmord). Gegen 18.00 Uhr wurde Horthy erlaubt, zur Burg zurückzukehren, um einige persönliche Dinge einzupacken. Lakatos und Veesenmayer kamen dazu. Horthy sollte eine Abdankungserklärung und die Ernennung Szálasis zum Ministerpräsidenten unterschreiben. Der Machtwechsel sollte nach außen legal wirken. Unter dem Versprechen Veesenmayers, daß sein Sohn unversehrt bliebe, beugte Horthy sich. Szálasi hatte bereits seine Minister vereidigt.

Ferenc Szálasi (links) auf dem Hof der Burg;
rechts Generaloberst Károly Beregfy.

Am 17. Oktober verließ Horthy mit seiner Familie Ungarn. Er wurde nach Deutschland gebracht und blieb unter Bewachung. Horthys Sohn war entgegen den Zusagen ins KZ Mauthausen eingeliefert worden. Später über Dachau nach Villa Bassa gebracht, erlebte er dort das Kriegsende.

Ferenc Szálasi, der Pfeilkreuzführer, war kein unbekannter Mann. Er hatte eine Militärlaufbahn absolviert, es bis zum Generalstabsoffizier gebracht und war auf eigenen Wunsch 1935 in den Ruhestand versetzt worden, um sich nur noch seiner politischen Arbeit widmen zu können. Er gründete die rechte «Partei des Willens der Nation» (NAP). Sein Ziel war die Machtergreifung in Ungarn. Dennoch war er Horthy gegenüber loyal. 1937 wurde die NAP verboten, Szálasi für kurze Zeit verhaftet. Die Partei ging in den Untergrund. Szálasi wurde wegen versuchten gewaltsamen Umsturzes der staatlichen und gesellschaftlichen Ordnung sowie wegen konfessioneller Aufhetzung zu drei Monaten Gefängnis verurteilt. Nach einem Revisionsantrag und erneuter Anklage verurteilte man ihn im Juli 1938 zu drei Jahren Zuchthaus. Im September 1940 wurde er aus der Haft entlassen.

Schon 1937 hatten sich unter Szálasis Führung verschiedene rechte Parteien zur MNSZP («Ungarische nationalsozialistische Partei») zusammengeschlossen. Diese Pfeilkreuzler-Partei wurde im Februar 1938 ebenfalls verboten. Doch der «Anschluß» Österreichs an das Deutsche Reich gab der Pfeilkreuzler-Bewegung Aufschwung. Die neu begründete «Pfeilkreuz-Partei» (NYKP) errang bei den Parlamentswahlen im Mai 1939 sogleich 31 von 260 Mandaten. Mit weiteren 18 Sitzen anderer Pfeilkreuzlergruppierungen entsprach dieses Ergebnis 25% der Wählerstimmen. Trotz dieses Anfangserfolgs sanken die Pfeilkreuzler wieder in die Bedeutungslosigkeit. Auch nach der deutschen Besetzung wurden zunächst keine Gespräche mit Szálasi geführt. Szálasis Zeit sollte erst im Oktober 1944 kommen. Für die Deutschen gab es keine Alternative, deshalb verhalfen sie ihm, wenn auch offenbar widerwillig, an die Macht. Um eine Verhaftung Szálasis und anderer führender Männer durch Horthy zu verhindern, wurden sie bis zum Putsch unter deutschen Schutz gestellt. An der Szálasi-Regierung waren auch andere Pfeilkreuzler-Parteien beteiligt, Szálasis Männer besetzten jedoch die wichtigsten Ämter. Da alle Parteien Ende August 1944 verboten worden waren, hob der neue Innenminister Gábor Vajna am 17. Oktober das Verbot der NYKP wieder auf. Alle anderen Parteien, auch die an der Regierung beteiligten, blieben verboten.

Die Pfeilkreuzler waren wegen ihrer Judenfeindschaft bekannt. In einer Rede vor dem Führerkorps der vereinigten Pfeilkreuzler-Parteien, die sich vor allem mit dem «Hungarismus» beschäftigte, äußerte Szálasi 1940: «Die ungarische völkische Initiative hat sich durch die Erfahrungen der Vergangenheit vergewissert, daß diese Ansteckung (die Juden) unbedingt den Tod des ungarischen Volkes verursachen, wenn hierin nicht endgültige Abhilfe geschaffen wird. Der Hungarismus steht ... auf der Basis des Asemitismus ... jüdische Heimat (darf) nicht innerhalb des Lebensraumes des ungarischen Volkes entstehen.»[1]

Szálasi war gleichwohl kein Befürworter der Deportationen. In Zeiten des Arbeitskräftemangels erschienen sie ihm unverantwortlich. Daher wurde nach dem Putsch erklärt, die Juden blieben in Ungarn und würden für den Arbeitsdienst eingesetzt. Aber nicht nur das: Der *Danziger Vorposten* meldete, daß «auch die 4000 Juden, die sich schwedische Pässe besorgt haben, ... den vorgeschriebenen Judenstern wieder an ihren Wohnungen und Kleidern anbringen (müssen).»[2] Veesenmayer berichtete am 17. Oktober dem Auswärtigen Amt, daß «auch bisherige Ausnahme-Juden wieder zum Stern-Tragen verpflichtet werden. Gleiches gilt unter Androhung Bestrafung für Juden, die nach Horthy-Proklamation selbständig Stern für ihre Person abgelegt bzw. an Judenhäusern entfernt hatten.»[3]

Wallenberg war von dem Machtwechsel nicht völlig überrascht worden. Danielsson hatte schon am 3. Oktober nach Schweden gemeldet, die Deutschen übten starken Druck auf die Ungarn aus, ihre Regierung umzubilden. Er erwähnte auch Szálasi als möglichen Nachfolger von Lakatos.[4]

Über die Folgen des Putsches berichtete Wallenberg am 22. Oktober: «In den ersten Tagen des Putsches gab es zahlreiche Einzel-Verhaftungen und viele Pogrome, bei denen 100–200 Personen getötet wurden. Die Pfeilkreuzler räumten einige Judenhäuser und brachten die Bewohner in Internierungslager. Die meisten wurden wieder freigelassen, aber einige hundert verschwanden.» Er wußte noch nicht, ob Schutzpaßinhaber getötet worden waren. Allerdings waren einige von ihnen angegriffen, und dabei Schutzpässe zerrissen worden. Zweimal drangen Leute ins Gebäude des Schwedischen Roten Kreuzes ein. Über die Lage seiner Rettungsorganisation schrieb Wallenberg: «Die Ereignisse des 17. Oktober hatten eine katastrophale Wirkung auf unsere Abteilung. Das gesamte Personal blieb der Arbeit fern, ein uns zur freien Verfügung stehender Kraftwagen und die Schlüssel zu einigen Räumen und Schränken verschwanden. Den ganzen ersten Tag war ich gezwungen, auf einem Frauenfahrrad auf den von Banditen belagerten Straßen zu fahren, um die Fäden wieder aufzunehmen. Der zweite

Tag verging mit dem Bemühen, das Personal, welches sich in Gefahr befand, einzusammeln, sie mit dem Auto in Sicherheit zu bringen und ihnen Essen aus einer Tasche zu geben. Bis heute fehlen nur etwa 10 Mitglieder meines Personals, und dreißig fanden sich noch nicht zur Arbeit ein. Die größeren Räume der Abteilung werden von der Gesandtschaft zur Unterbringung der Mitglieder der schwedischen Kolonie gebraucht. Das Außenministerium bat mich, mein ganzes Personal zusammen mit ihren Familien in speziellen Gebäuden unterzubringen.»[5]

Die gewalttätigen Pfeilkreuzler konnten nicht einmal strafrechtlich zur Verantwortung gezogen werden. Eine Verurteilung war zwar möglich, zum Vollzug war aber die Zustimmung Szálasis erforderlich.

Unklar bleibt, ob es eine mögliche Rettungsaktion von Wallenberg und dem Schweizer Vizekonsul Carl Lutz gegeben hat. So sollen nach dem Putsch mehrere hundert Juden in die Synagogen in der Dohány út und der Rumbach Sebestyen utca getrieben worden sein. Einem sei die Flucht gelungen, und Wallenberg habe benachrichtigt werden können. Wallenberg soll Lutz verständigt haben, gemeinsam seien sie zur Dohány út gegangen. Wallenberg habe in der Synagoge die Inhaber schwedischer Schutzpässe zusammengerufen. Gegenüber den Pfeilkreuzlern habe er die Freilassung dieser Personen erreicht. Ebenso soll Lutz vorgegangen sein. Nach weiteren Protesten seien später auch die übrigen Juden freigelassen worden. Ob diese Schilderung zutrifft, ist ungewiß. Es gibt keine Belege dafür, weder Lutz noch Wallenberg haben eine solche Rettungsaktion in ihren Berichten erwähnt.[6]

Die Einstellung der Regierung zu den Juden gab Innenminister Gábor Vajna am 18. Oktober bekannt: «In Verbindung mit der Judenfrage, die in den letzten Monaten so viel Aufregung bei den Juden sowie in einigen judenfreundlichen Kreisen auslöste, erkläre ich, daß wir die Judenfrage lösen werden. Diese Lösung, wenn sie auch erbarmungslos sein wird, wird so sein, wie sie das Judentum durch sein bisheriges und jetziges Verhalten verdient hat ... Ich erkenne keinerlei Schutzbriefe oder ausländische Pässe an, die Juden ungarischer Staatsbürgerschaft von irgendwo oder von irgend jemandem erhalten haben. Im Augenblick stehen die in Ungarn lebenden Juden unter Kontrolle und Leitung des ungarischen Staates, und in diese Frage hat niemand, weder vom In- noch vom Ausland, hineinzureden.»[7]

Waren die unkontrollierten Ausschreitungen der ersten Tage nach dem Putsch wohl eher vorübergehend, so erschien Vajnas Erklärung wie ein Angriff auf die Juden und auf Wallenberg und seine Verbündeten. Inzwischen war die schwedische Gesandtschaft von asylsuchenden Juden umlagert.

Einen Tag später folgte eine erste Anordnung: Alle Juden, auch die zuvor ausgenommenen, mußten noch am selben Tag bis 20.00 Uhr in ein mit dem gelben Stern bezeichnetes Haus ziehen. Die Übersiedlung sollte von den Hausmeistern und Luftschutzkommandanten überwacht werden. Sie waren für die Durchführung «unter Androhung der Internierung» verantwortlich. Ausgenommen waren nur die Juden, die sich in militärischen Arbeitskompanien befanden. Hilfswillige wurden bei Strafe der Internierung gewarnt, Juden bei sich aufzunehmen.[8]

Auf Protest Schwedens, der Schweiz, der Nuntiatur und des Roten Kreuzes wurde die Anordnung annulliert[9]: ein erster Erfolg der Neutralen. Raoul Wallenberg mußte nun noch der Erklärung Vajnas entgegenwirken. Er suchte am 21. Oktober den neuen Außenminister von Kemény auf. Sie vereinbarten zunächst, Wallenbergs jüdische Mitarbeiter vom Tragen des Judensterns zu befreien, ebenso vom Arbeitsdienst; sie mußten nicht in Judenhäusern wohnen, unterlagen nicht dem Ausgangsverbot, hatten eine Arbeitslegitimation der Schwedischen Gesandtschaft oder des Außen- oder Innenministeriums.[10]

Kemény sagte seinem Besucher überdies, daß «jüdische Inhaber von schwedischen schwarzen Pässen, provisorischen Pässen und Schutzpässen bis auf weiteres entsternt (!) und von den Bestimmungen des jüdischen Ausgehverbots befreit» seien.[11] Der ungarische Außenminister machte das alles freilich von der Beibehaltung der «normalen diplomatischen Verbindungen» abhängig[12] und erklärte Wallenberg sogar, daß 4500 geschützte Juden das Land verlassen dürften. Das schränkte die Deutsche Gesandtschaft sofort auf 400–500 Personen ein. Wallenberg aber wollte verhindern, daß die Ungarn sich die Haltung der deutschen Stellen zueigen machten. In einer Verbalnote der Schweden an das ungarische Außenministerium hieß es deshalb, daß «die Verbindungen der 4000 Personen mit Schweden ebenso stark sind, wie die Verbindungen der 400–500 Personen. ... Für die Lösung der ungarischen Judenfrage hat deshalb nicht die deutsche Durchreisebewilligung Bedeutung, sondern die Ausstellung von schwedischen Schutzpässen ... .»[13] Und es wurde auch darum gebeten, die Gültigkeit der Schutzpässe zu bestätigen und die Maßnahme über den Rundfunk zu melden. Das war aus technischen Gründen zunächst nicht möglich. Daher bat die Gesandtschaft um eine anderweitige Bekanntmachung. Ausdrücklich sollten die «bewaffneten Formationen von der Tatsache in Kenntnis gesetzt werden.»[14]

Kemény s weitreichende Zugeständnisse verdankten sich nicht allein Wallenbergs geschickter Verhandlung. Adolf Eichmann war am 17. Oktober nach Budapest zurückgekehrt. Er führte sogleich Verhandlungen mit dem ungarischen Innenminister über Deportationen nach Deutschland. Ein Transport nach Auschwitz war nicht mehr möglich. Andererseits brauchte Deutschland dringend Arbeitskräfte. Daher sollten zunächst 50000 Juden aus Budapest nach Deutschland marschieren. Das entsprach zwar nicht den von Szálasi abgegebenen Erklärungen, wonach die Juden nicht außer Landes gebracht werden sollten, aber man stimmte einer einmaligen «zeitweisen Überlassung» von Juden zu. Offiziell sollten sie an der Verstärkung des «Ostwalls» arbeiten. Eichmanns Einsatzkommando stand zur Beratung bereit, die Oberleitung lag auf ungarischer Seite beim Staatssekretär im Innenministerium István Láday. Oberstleutnant Ferenczy sollte die Durchführung mit Hilfe der Gendarmerie leiten. Am 23. Oktober stimmte Szálasi der Freigabe von 25000 Juden zur Arbeit in Deutschland zu. Veesenmayers Forderung nach 50000 Juden konnte er angesichts des Widerstands der ungarischen

Regierung nicht durchsetzen. Der kleineren Anzahl stimmte Szálasi aber sofort zu.[15] Während die Vorbereitungen für die Fußtrecks aufgenommen wurden, forderte Ribbentrop Veesenmayer auf, umgehend von Szálasi den Abtransport weiterer 25 000 Juden zu verlangen.[16]

Mit der bevorstehenden «Ausräumung des Stadtgebietes von Budapest» war die Erfüllung der Voraussetzungen der «Führerentscheidung» über die Auswanderung nahegerückt. Veesenmayer konnte Kemény etwas entgegenkommen. Er erklärte ihm, man sei bereit, die mit Sztójay geschlossenen Vereinbarungen bezüglich der «humanitäre(n) Maßnahmen, namentlich die Ausreise bzw. Auswanderung der bekannten Gruppen von Schutzjuden»[17], zu akzeptieren. Er ging sogar noch einen Schritt weiter und fügte hinzu, daß die Deutschen «auf Wunsch der ungarischen Regierung und zur Stärkung ihrer internationalen Position entsprechend den Bestrebungen verschiedener ausländischer Staaten und unter der Voraussetzung der Begrenzung auf eine billige Anzahl auch bereit seien, wegen der Ermöglichung der Ausreise weiterer Schutzjuden in Verhandlungen einzutreten.» Wenn man Veesenmayers Schilderungen Glauben schenken darf, kam er damit Kemény zuvor, der «auf Grund von verschiedenen ausländischen Vertretungen und internationalen Organisationen an ihn bereits herangetretener Wünsche gerade im Begriff gewesen sei, die gleiche Bitte an uns (Deutsche Gesandtschaft) zu richten.»

Mit der deutschen Rückendeckung fiel es Kemény nicht schwer, Wallenberg entgegenzukommen. Man setzte gewissermaßen die Politik gegenüber den geschützten Juden fort. Damit waren auch die Schutzpässe wieder anerkannt.

Der deutsche Gesandte könnte seine Zugeständnisse am nächsten Morgen bedauert haben, als er von Ribbentrop Weisung erhielt «den Ungarn bei Durchführung aller Maßnahmen, die sie in den Augen unserer Feinde kompromittieren, nicht hinderlich in die Arme zu fallen, sondern sie vielmehr hierbei in jeder Weise zu unterstützen», es liege «sehr in unserem Interesse, wenn die Ungarn jetzt auf das allerschärfste gegen die Juden vorgehen.»[18]

Der Gesandte hatte dem ungarischen Außenminister inzwischen eine «Aufzeichnung zur Judenfrage»[19] übergeben, die nochmals auf die Stellung der ausländischen Juden nach der deutschen Besetzung einging. Seitens aller beteiligten Stellen habe man dieser «besondere Aufmerksamkeit geschenkt, um in dieser Beziehung berechtigte Beschwerden ausländischer Staaten von vornherein auszuschalten.» Es mußte aber der Nachweis erbracht sein, daß der Erwerb der ausländischen Staatsbürgerschaft vor der Besetzung erfolgt war: «Der Erwerb einer ausländischen Staatsangehörigkeit durch ungarische Juden nach diesem Termin, der offensichtlich entgegen dem internationalen Recht und lediglich zum Mißbrauch erfolgte», solle nicht berücksichtigt werden. Verhandlungen mußten jedoch geführt werden, da «eine Reihe ausländischer Vertretungen in Ungarn ungeachtet dieses Standpunktes fortfuhr – zum Teil in erheblichem Maße und ohne jede stichhaltige Begründung – ungarische Juden ‹provisorisch› einzubürgern». So sei zugelassen worden, daß nach der Evakuierung der Budapester Juden «an etwa 400 ungarische Juden, die nach dem 19. März ... die schwedische Staatsangehörigkeit in Form der Erteilung sogenannter provisorischer oder Schutzpässe erhalten hatten», Durchreisesichtvermerke zur Ermöglichung der Ausreise nach Schweden erteilt werden sollten. Die Reichsregierung erkenne aber «in Anbetracht der bereits eingeleiteten Maßnahmen internationaler Organisationen und zur Vermeidung erneuter ausländischer Presseangriffe gegen Ungarn nach wie vor die ... Abmachungen» an. Zudem sei die Reichsregierung bereit, «soweit die schwedische Regierung diesetwegen die notwendigen Schritte ergreift», über die Ausreisemöglichkeit der über 4000 weiteren Inhaber schwedischer Schutzpässe in «erneute Verhandlungen einzutreten». Der Leiter der Inlandsabteilung des Auswärtigen Amtes schlug Ribbentrop vor, Konzessionen, die über die seinerzeit gemachten Zugeständnisse hinausgingen, abzulehnen. Nur wenn es politisch notwendig sei, wäre ein Entgegenkommen möglich.[20] Ribbentrop war einverstanden.

Von Ungarn und in einem bestimmten Umfang auch

von Deutschland war Wallenbergs Arbeit jedoch wieder legitimiert worden. Wallenberg konnte weitere Erfolge nach Schweden melden: «Der Widerruf der ... erwähnten Verordnungen dürfte zum guten Teil dem Konto der Abteilung gutgeschrieben werden. ... Zu Beginn des Putsches war eine Anzahl von 40 schwedischen Schützlingen zusammen mit 150 anderen in einer schwedischen Wartekompanie versammelt. Von diesen wurden 80 Mann herausgeholt. Die 40 stehen bis auf weiteres offiziell unter Befehl der Gesandtschaft und haben eine Beurlaubung bis zum 24. d.M.»[21]

Die unter schwedischem Schutz stehenden Arbeitsdienstler wurden in Sammelkompanien in Budapest untergebracht, wo sie bis zu ihrer Abreise nach Schweden bleiben sollten. Vor der Bereitstellung von Unterkünften beurlaubte die Gesandtschaft die Arbeitsdienstler zunächst bis zum 24. Oktober. Wallenberg fand ein Haus in der Szobi u. 5, in dem acht Zimmer frei waren. Der zuständige ungarische Regierungskommissar für Wohnungsangelegenheiten hatte die Unterkünfte noch nicht genehmigt, so daß die Beurlaubung um acht Tage verlängert werden mußte.

Die Gesandtschaft hatte vergeblich darum gebeten, daß die zuständigen Behörden und Personen davon unterrichtet würden, keine Schutzpaßinhaber mehr in den Arbeitsdienst einzuberufen. Allein aus dem jüdischen Waisenhaus in der Vilma Királyné út, in welchem 380 Kinder im Alter von 4–10 Jahren versorgt wurden, waren 37 Personen einberufen worden, einschließlich des Direktors Lederer.[22] Wallenberg schrieb einen beruhigenden Brief nach Hause: «Liebste Mutter, heute bekommst Du nur in aller Eile diese Zeilen. Ich kann Dich beruhigen, daß es mir gut geht. Die Zeiten sind außerordentlich aufregend und spannend. Aber wir arbeiten und kämpfen uns durch, das ist die Hauptsache. Augenblicklich sitzen wir bei Kerzenlicht und sind bemüht, die Kurierpost zu beenden. Es ist Kurzschluß, das fehlt uns noch zu dem großen Durcheinander. Wenn Du mich hier sehen könntest. Dutzende Leute stehen um mich herum, alle mit dringenden Fragen, so daß ich gar nicht weiß, wem zuerst Antwort und Rat zu geben. Ich hoffe, daß es Euch allen auch gut geht und verspreche Dir hoch und heilig, daß Du das nächste Mal einen viel ausführlicheren Bericht bekommen wirst. (...)»[23]

Kemény war froh, den Kampf gegen den Bolschewismus nun in seiner Stellung als Außenminister aufnehmen zu können. Nur eines war ihm noch verwehrt geblieben: die neue ungarische Regierung war von ausländischen Staaten noch nicht anerkannt worden. Kemény lag an einer raschen Anerkennung. Immerhin hatte er ein überzeugendes Druckmittel gegen die Gesandtschaften: die geschützten Juden. Am 27. Oktober richtete er ein Aide-Mémoire an die Gesandtschaften:

«Die mit schwedischen Schutzpässen /4.500/. mit Palästina-Einwanderungszertifikaten /700/[24], versehenen Juden, sowie 100 jüdische Angestellte des Internationalen Roten Kreuzes, werden zwecks Auswanderung den betreffenden Missionen zur Verfügung gestellt.

Die genannten Juden werden abgesondert und in Budapest oder Umgebung bis zu ihrer Abreise konzentriert.

Zu diesem Zwecke werden die betreffenden Missionen gebeten, die Listen der in Frage kommenden Personen, unter Angabe ihrer Wohnung, sowie ihrer Geburtsdaten in 3 Exemplaren dem Kgl. Ungarischen Ministerium des Äußern zur Verfügung zu stellen, weil die Absonderung der Juden auf Grund dieser Listen erfolgen wird.

Die Auswanderer dürfen 80 Kg Gepäck pro Person mit sich nehmen, und zwar 30 Kg als Handgepäck und 50 Kg im Packwagen. Sie dürfen die notwendigen und ihrer gesellschaftlichen Stellung entsprechenden Mobilien mit sich nehmen, aber nur 3 Paar Schuhe, 3 Anzüge bezw. Kleider, pro Person, sowie entsprechende Wäsche, Decken, Lebensmittel und andere Gebrauchsgegenstände. Sie dürfen weder Wertsachen, wie Geld, Aktien, Schmuck usw., noch Luxusgegenstände wie Pelz, Kunstgegenstände usw. mit sich nehmen.

Die betreffenden Missionen werden gebeten, zur Auswanderung dieser Juden die notwendigen Vorbereitungen zu treffen.

Die Deutsche Gesandtschaft in Budapest hat die Erteilung der notwendigen deutschen Durchreisesichtvermerke bereits in Aussicht gestellt ... Das Kgl. Ungarische Außenministerium wird die

Ausreise dieser Juden bewilligen. Die in Frage stehenden Juden müssen bis zum 15. November 1944 bereit sein, Ungarn zu verlassen. Die ungarische Regierung hegt die Hoffnung, daß die schwedische und schweizerische Regierungen bis zu diesem Zeitpunkt die ungarische Regierung anerkennen ... Nach dem 15. November 1944 würde die ungarische Regierung, zu ihrem größten Bedauern, gezwungen sein, alle, sich in Ungarn befindlichen Personen jüdischer Abstammung, einer einheitlichen Behandlung teilhaftig machen (!) zu lassen.»[25]

Wallenberg sah darin einen Schritt in die richtige Richtung. Die baldige Ausreise von Schützlingen schien möglich. Diese Lage wollte er ausnützen. Über Danielsson ließ er in Stockholm anfragen, ob man die ungarische Regierung um eine Erhöhung der Anzahl der Schutzpässe ersuchen solle. Bisher waren 4500 Schutzpässe ausgestellt worden, allein bei weiteren 1500 Personen bestünde eine Verbindung nach Schweden.[26] Die telegraphische Antwort kam am 2. November: «Sie sollen versuchen, die größtmögliche Erhöhung der Anzahl von Schutzpässen zu erwirken.»[27] Für die Ungarn war dies «zur Zeit» jedoch nicht möglich. Auch andere Gesandtschaften traten an sie heran. Eine positive Entscheidung wagte Ungarn nicht im Alleingang und bat um die Ansicht der deutschen Gesandtschaft. Die Anfrage ging bis zu Ribbentrop. Veesenmayer wurde angewiesen, «den Ungarn mündlich mitzuteilen, daß wir ihnen dringend davon abraten möchten, für ungarische Juden ... weitere Schutzpässe anzuerkennen, da hierdurch nur große Probleme entstehen würden und ein Entgegenkommen in der Frage der Anerkennung der ungarischen Regierung durch die neutralen Staaten doch kaum zu erwarten sei.»[28]

Szálasi hatte Veesenmayer bereits «eingehend über die Judenfrage und die laufenden, vom Nuntius, den Schweden und den Schweizern durchgeführten Interventionen» berichtet. Er hatte diese «nunmehr satt» und wollte bei «einer abschließenden Besprechung ... klar machen, daß er nicht geneigt sei, über die gewährten Konzessionen hinaus weiteres Entgegenkommen zu zeigen.»[29] Nachdem der deutsche Gesandte ihn über die Ablehnung der Anerkennung weiterer «Kontingente» von Schutzjuden in Kenntnis gesetzt hatte, wollte Szálasi jetzt die «Anerkennung ausländischer Schutzpässe für abgeschlossen» erklären. Es blieb bei den «4.500 Schwedenjuden».[30]

Nicht nur die ungarische Regierung suchte den Rat der Deutschen. Nachdem Szálasi portugiesische Schutzpässe nicht mehr anerkannte, wurde der portugiesische Gesandte in Berlin vorstellig. Staatssekretär Steengracht vom Auswärtigen Amt teilte ihm mit, «daß die Ungarische Regierung souverän sei und eine Einmischung unsererseits in ungarische Verhältnisse nicht vorkäme», aber die Ausgabe portugiesischer Pässe an ungarische Juden sei völkerrechtlich «nicht zu rechtfertigen».[31] Bis zu 100 Ausreisegenehmigungen wollte man den Portugiesen gleichwohl in Aussicht stellen. Eine Begrenzung der Zahl sei erforderlich, da «nach den bisherigen Erfahrungen, insbesondere mit Schweizern und Schweden, damit zu rechnen (ist), daß die Zahl der ausgegebenen Schutzpässe von Woche zu Woche sich progressiv vergrößert.»[32]

In Budapest kam es in der Zwischenzeit immer wieder zu Übergriffen gegen Juden. Eine Pfeilkreuzlerbande griff am 28. Oktober das Gebäude der «Grauen Schwestern» an. Sie hatten erfahren, daß sich dort Juden versteckten. Die Oberin informierte telefonisch Nuntius Rotta. Dieser kam sofort und vertrieb erfolgreich die Pfeilkreuzler, etwa 150 Juden waren gerettet.[33] Auch schwedische Schutzbefohlene waren betroffen. Daher wurde wiederholt Protest beim ungarischen Außenministerium erhoben. Einer der Noten liegt eine Notiz zu ihrer Beantwortung bei. Die Gesandtschaft hatte am 5. November von einem Überfall auf ihr Waisenhaus berichtet, bei dem vier Arbeitsdienstler verschleppt worden waren. Man hatte sie bei den Kindern untergebracht. In der Notiz hieß es zu den Einzelfestnahmen: «Seit je bestand Einverständnis darüber, daß der Schutzpaß nicht straffrei macht und jemanden, der ein Delikt begangen hat, nicht schützt.»

Entgegen den Abmachungen wurde hinsichtlich der geschützten Arbeitsdienstlern gesagt, die Gesandtschaft sei für die im bereits staatlich organisierten Arbeitsdienst befindlichen Personen nicht zuständig: «Man kann auch nicht einen im Heeresdienst stehenden Soldaten plötzlich durch Zuerkennung einer fremden Staatsangehörigkeit privilegieren. – Dies gilt namentlich auch für Arbeitsdienstler, die – in zugegeben und zweifellos illoyaler Weise – in Waisenhäusern oder ähnlichen Einrichtungen von der Schwedischen Gesandtschaft bewußt versteckt gehalten worden sind.» Nur beim geringsten Teil der geschilderten Fälle sei der Protest Schwedens berechtigt. Diese seien «bedauerliche Einzelfälle von Übergriffen». Auch eine Begründung dafür wurde gefunden. Bei der «nationalen ungarischen Bevölkerung» sei «durch die Terrorangriffe auf die Zivilbevölkerung und die von bolschewistischen Horden in ihrer Heimat angerichteten Verwüstungen (eine) besonders gestärkte Judengegnerschaft» zu finden.[34]

Wallenberg versuchte nicht nur auf direktem Weg, Kemény für seine Ziele zu gewinnen. In der Frau des Außenministers fand er eine Verbündete. Elisabeth Baronin von Kemény hatte ihren Mann vergeblich gedrängt, auf den Posten des Außenministers zu verzichten. Wie sie später erklärte, war sie mit seiner politischen Einstellung nicht einverstanden: Für Kemény war die Pfeilkreuzlerbewegung die letzte Bastion gegen den Kommunismus. Seine Frau hatte zunächst die Judenverfolgung nicht weiter beachtet, aber als vor ihrem Haus Kinder, ältere und kranke Menschen vorbeizogen, erschrak sie und erfuhr von dem Polizeibeamten, der ihr Haus überwachte, das seien Juden, die man zur Arbeit führe. Sie habe, so erzählte sie, sofort ihren Mann angerufen: «Ich habe mit eigenen Augen gesehen, daß es nicht Propaganda ist, was man sich erzählt, sondern Wirklichkeit. Da muß sofort was geschehen.»[35] Auf einem Empfang, den sie als Frau des Außenministers gab, lernte sie Wallenberg kennen. Auch sie selber wurde bei der Rettung von Juden aktiv. Wenn ihr Juden gültige Dokumente übergaben, fuhr sie mit dem Dienstfahrzeug ihres Mannes zu Veesenmayer. Dort verlangte sie, daß Einreisevisa in die Dokumente gestempelt wurden. Veesenmayer beschwerte sich wiederholt beim Außenminister über die Aktivitäten seiner Frau.

Am 29. Oktober 1944[36] rief Wallenberg bei Frau Kemény an. Er informierte sie über eine für den Abend einberufene Kabinettssitzung. Auf dieser solle die Ungültigkeit der Schutzpässe beschlossen werden. Wallenberg bat sie, sich bei ihrem Mann dafür einzusetzen, daß er den Beschluß verhindere. Nach Keménys Rückkehr sagte sie: «Wallenberg hat angerufen. Du bist der jüngste Minister, erster nach Szálasi. Du mußt dagegen sein, daß die Schutzpässe abgeschafft werden.» Er habe im Kabinett doch alle gegen sich, erwiderte ihr Mann. Nach weiterem Zureden drohte Frau Kemény, die schwanger war, sie werde ihn verlassen, zu ihrer Mutter gehen, und sein Kind werde er nie zu sehen bekommen. Wütend verließ der Minister daraufhin das Haus. Elisabeth Kemény wußte, daß das Ergebnis der Sitzung im Rundfunk gemeldet werden würde. Sie hörte in den Spätnachrichten: «Die ungarische Regierung macht die militärischen und Zivilbehörden, die nationalsozialistische Partei ... aufmerksam, daß sämtliche ausländischen Pässe, Schutzbriefe, Gebäude der ausländischen Gesandtschaften, sowie die unter dem Schutz des Internationalen Roten Kreuzes stehenden Institutionen und Gebäude von allen Bestimmungen, die bisher erlassen wurden, frei sind und ihre Exterritorialität anerkannt wird. Personen, die solche Schutzbriefe besitzen, sind arbeitsdienstfrei und, falls sie bereits eingezogen wurden, sofort zu entlassen.»[37] Die Meldung wurde mehrmals, auch am nächsten Morgen wiederholt.[38] Sie wurde auch in der Presse veröffentlicht. Frau Kemény hat mit ihrem Mann nie darüber gesprochen, wie er die Anerkennung hatte durchsetzen können. Ein oder zwei Tage später ließ Wallenberg ihr Blumen bringen. Als ihr Mann sie sah, sagte er: «Sicher von deinem Freund Wallenberg.»[39]

Der amerikanische Gesandte Johnson hatte Wallenbergs Berichte über die Lage nach dem Umsturz in Ungarn besorgt zur Kenntnis genommen. In einer Mitteilung an das US-Außenministerium sagte er, Wallenberg löse «seine Aufgabe ... bemerkenswert gut», und er halte eine offizielle Anerkennung durch das WRB doch für «sehr gerechtfertigt.»[40] So dankte WRB-Chef Pehle Wallenberg für seinen «sehr großen persönlichen Beitrag» am erzielten Erfolg und sprach ihm seine Anerkennung für die großartige Zusammenarbeit und für «die Kraft und Geschicklichkeit» aus, «die Sie in unsere gemeinsame humanitäre Unternehmung einbrachten».[41]

Die amerikanische Regierung wandte sich im Oktober an die ungarische Regierung.[42] Anlaß war die geplante «Beseitigung der Juden aus Budapest in Lager in der Provinz.» In einer Verbalnote hieß es, man müsse annehmen, «es handle sich bei diesem Vorhaben der Ungarischen Regierung um eine weitere Maßnahme der Massenvernichtung, welche entweder durch Methoden, wie sie in den Vernichtungslagern in Polen ihren Höhepunkt erreicht haben, erzielt werden soll, oder aber dadurch, daß eine große Anzahl von Leuten schwerer körperlicher Arbeit, Unterernährung und unhygienischen Lebensbedingungen in notdürftigen Lagern unterworfen wird.» Erinnert wurde zugleich an die Rede Roosevelts vom 24. März 1944, in der die Bestrafung derjenigen angekündigt worden war, «welche sich an diesen Grausamkeiten beteiligen».

In der ungarischen Antwort[43] auf die Note wurde erläutert, daß die «Konzentrierung (der Juden) überhaupt nicht ihre Vernichtung» bedeute. Vielmehr handele es sich um eine Inanspruchnahme der Arbeitskräfte im Rahmen einer «totalen Mobilmachung», die nicht nur Juden beträfe. Und weiter hieß es: «Die Lösung der Judenfrage in Ungarn erfolgt ausschließlich unter Berücksichtigung der Interessen der ungarischen Nation. Drohungen ausländischer Staaten gleich in welcher Form vermögen an diesem Grundsatz nichts zu ändern und müssen nachdrücklichst zurückgewiesen werden.» Es folgten Hinweise darauf, daß man beabsichtige, die Juden «gerecht und human» zu behandeln. Dies hänge aber von der Haltung der Juden ab und davon, «ob weiterhin feindliche Terrorangriffe auf die ungarische Zivilbevölkerung erfolgen, die geeignet sind, die Judengegnerschaft der ungarischen Bevölkerung zu verschärfen.» Zuletzt wurde darauf hingewiesen, daß u.a. die Schutzpässe wie zuvor anerkannt würden.

7. Ein Beispiel: Die Rettung des Ernö Szép

Am 20. Oktober 1944 spielten sich in Budapests Judenhäusern überall die gleichen Szenen ab. In der Frühe mußten die zwischen 16 und 60 Jahren alten Männer antreten. Die Altersgrenze wurde freilich sehr häufig nicht beachtet. Zunächst marschierten sie zu Sammelplätzen, anschließend weiter aus Budapest hinaus zur Zwangsarbeit. Wie es ihnen erging, läßt sich am Schicksal Ernö Széps zeigen. Er gehörte zu den zahllosen Menschen, die Wallenberg gerettet hat.

Um einen Schutzpaß zu erhalten, mußte Szép keine besondere Verbindung zu Schweden nachweisen. Sein Name genügte. Szép war ein beliebter und geachteter ungarischer Dichter, Dramatiker und Journalist. Er wurde am 30. Juni 1884 in Huszt im östlichen Ungarn geboren. Sein Vater war Lehrer. Bereits 1902 veröffentlichte er seinen ersten Gedichtband, mit 19 Jahren wurde er Journalist in Budapest. Seine Gedichte und Kurzgeschichten in Zeitschriften und Zeitungen fanden viele Leser. Er wurde bald populär, und Kenner sahen in ihm den bedeutendsten Vertreter des Impressionismus und der Dekadenz-Schule der ungarischen Literatur. Einige seiner Werke wurden in andere Sprachen übersetzt, auch ins Deutsche. Szép lebte in Budapest bis zum Pfeilkreuzler-Putsch relativ sicher, war aber wie andere Juden auch in seiner Lebensführung durch die antijüdischen Gesetze eingeschänkt.

Seine Wohnung hatte er bereits einen Tag nach der Besetzung aufgeben müssen. Er verließ sie nach dreiunddreißig Jahren, um einem deutschen Offizier Platz zu machen. Schlimmer traf ihn eine andere Anordnung: «Ich glaubte, als man uns im April die Sterne aufnähen ließ, daß ich daran sterben müßte, zu einem gezeichneten Tier oder einem Gegenstand degradiert zu werden. Nein, nein, man würde mich nicht mit dem Stern sehen.»[1]

Am 30. April wurde im *Pester Lloyd* eine Regierungsverordnung zur «Ausscheidung der schriftstellerischen Werke jüdischer Verfasser aus dem ungarischen geistlichen Leben» bekanntgegeben.[2] Vervielfältigung, Herausgabe und Verbreitung der Werke jüdischer Autoren wurden verboten. Verleger, Druckereien, Buchhändler und öffentliche Bibliotheken mußten Verzeichnisse über ihre Buchbestände anfertigen. Eine bestimmte Anzahl von Exemplaren waren dem Regierungskommissar für Pressewesen vorzulegen. Die «Ungarische Papierindustrie-Rohstoffbeschaffungs G.m.b.H.» forderte dann die Ablieferung der restlichen Exemplare und «vergütet(e) für die abgelieferten Werke den gesetzlich festgesetzten Preis für Abfallpapier und (trug) dafür Sorge, daß die abgelieferten Werke durch Einstampfen unverzüglich vernichtet» wurden. Nur Werke, die der Forschung dienten, waren ausgenommen. Unter den unerwünschten Autoren stand der Name Ernö Széps neben denen Sigmund Freuds, Lion Feuchtwangers und Stefan Zweigs.

Ende Juni 1944 mußte Szép wegen eines Wohnungstermins aus dem Haus gehen. Um ins Freie zu kommen, hatte ihm bisher ein Gang auf den Balkon genügen müssen, Besuche machte man sich innerhalb des Hauses. Mitte Juli richtete er ein Gesuch an Horthy, der verdiente Schriftsteller, Gelehrte und Künstler vom Tragen des Judensterns befreit hatte. Zur gleichen Zeit hatte er aber auch von den schwedischen Schutzbriefen gehört. Zwei seiner Nachbarn hatten Anträge gestellt: «Wir wissen, daß daraus eine solche Flut entstand, als wäre die Theiß über ihre Ufer getreten und durchbräche brüllend und tosend die Dämme. ... Wenige Tage später, nachdem wir zum ersten Mal von dem schwedischen Schutz gehört haben, lief schon das ganze Haus zur schwedischen Gesandtschaft, deren Schutz nun auch auf solche ausgedehnt worden war, die in Schweden gute Freunde oder Geschäftsfreunde hatten.»

Széps Nachbarn füllten Fragebögen aus, ließen Lichtbilder anfertigen und gingen zur schwedischen Gesandtschaft. Szép wollte zunächst abwarten, was aus seinem Gesuch an Horthy werden würde. Dann ließ er sich aber doch bewegen, zur schwedischen Gesandtschaft zu gehen: «Vor der

Eingang der schwedischen Gesandtschaft in Budapest.
Die Aufnahme entstand noch vor dem Eintreffen Wallenbergs in Budapest.

Villa der Gesandtschaft drängten sich etwa fünfhundert Personen, das Tor war geschlossen, man lärmte und stritt sich draußen, und jeder ließ irgendeinen Wisch in seiner Hand flattern. Hinter dem Eisengitter betrachtete der Portier mit gelangweilter Miene die Menge. Auch ein Polizeimann stand dort, er war auch schon ganz abgestumpft und erklärte mir, sowie anderen neu ankommenden, daß zu viele Leute drinnen seien, man dürfe die Klienten nur in Zehnergruppen einlassen.»

Er hatte unerwartetes Glück. Nach kurzer Zeit kam ein etwa 15jähriger Student aus der Gesandtschaft, der Sohn von Forgacs. Er erkannte den Dichter und führte ihn über eine Nachbarvilla in die Gesandtschaft zu seinem Vater. Forgacs versprach, ihm und seinen Geschwistern Schutzpässe zu beschaffen. Eine seiner Schwestern brachte die Lichtbilder zur Gesandtschaft. Als Szép im September immer noch keine Antwort auf sein Gesuch an Horthy hatte, zog er es zurück.

Er entging zunächst der Einberufung zum Arbeitsdienst, da ihm ein Amtsarzt bei einer Kontrolluntersuchung wohlwollend Herzschwäche attestiert hatte – das hieß für ihn drei Monate Aufschub. Doch nach dem Putsch war es mit der Schonfrist vorbei. Am 20. Oktober wurde er vom Wohnungskommandanten um sechs Uhr morgens geweckt. Alle Männer jüdischer Abstammung mußten im Hausflur antreten, Verpflegung für zwei Tage war mitzuführen. Die meisten der Männer, die sich da zusammenfanden, waren zwischen fünfzig und sechzig, die Ältesten über siebzig Jahre alt. Während Pfeilkreuzler die Stockwerke nach Verstecken durchsuchten, wurden die Wartenden bewacht. Am Tor stand ein etwa 17 Jahre alter Junge mit Revolvertasche und einem großen Gewehr mit Bajonett: «Er mag gar kein schlechtes Kind sein, nur der Revolver und das Bajonett machen ihn wild und am Ende auch die Idee», erinnerte sich Szép in seinem Bericht. Schließlich mußten sie sich in Doppelreihen aufstellen, eine Weile später dann in Dreierreihen. Das erinnerte Szép an seine Militärzeit: «So mußten wir einst auf dem Kasernenhof stehen und vergattert auf die Befehlsausgabe warten. Stehen und warten, stehen und warten, die teure Zeit vergeuden und vor Langeweile und Ungeduld fast toll werden. So präpariert das Militär die Menschen, so macht es aus Menschen gehorsame Kadaver. Es ist ein Glück, wenn sich einem eine Fliege auf die Hand setzt oder die Nase zu jucken beginnt, dann hat man etwas zu tun und kann sich zerstreuen.»

Um halb acht Uhr marschierte er mit seinen 53 Leidensgenossen aus dem Haus. Auf dem Kisok-Sportplatz warteten bereits tausende von Menschen. Erst gegen zwei Uhr nachmittags zog man weiter. Nach drei Stunden, sie hatten inzwischen die Vororte durchquert, wurde eine halbstündige Pause eingelegt. Gegen halb neun Uhr erreichten sie den Rennplatz von Káposztásmegyer. Um ihren Durst zu stillen, tranken sie Regenwasser. Sie übernachteten auf den Bänken der Tribüne. Szép fand nur schwer Schlaf. Um fünf Uhr wurden sie geweckt. Um sieben Uhr marschierten sie in Gruppen zu je hundert Leuten vom Platz. Nach fünfeinhalb Stunden gab es die erste halbstündige Rast, dann folgte wieder ein endloser Marsch. Ein siebzigjähriger, schwer zuckerkranker Mann brach zusammen; als er nicht mehr aus eigener Kraft aufstehen konnte, wurde er kurzerhand erschossen. «So verschwand jetzt ein Leben. Es gab keine Todesanzeige, keine bekränzte Glaskalesche, keine salbungsvolle Rede des Priesters, keine Familienangehörigen in Trauer und keine guten Freunde, die dem Sarg eine Erdscholle nachgeworfen hätten.»

Gegen halb acht Uhr bekamen sie bei einer Pause zu trinken. Um neun Uhr erreichten sie ihr Ziel, eine Ziegelei bei Erdövaros. Am nächsten Morgen erwachte Szép um acht Uhr. Der Tag verlief ruhig, die Arbeitsgeräte waren noch nicht eingetroffen. In der Nacht darauf starb wieder ein Mann.

Die Tage begannen um fünf Uhr, die Männer wurden in Kompanien und Züge eingeteilt, ihre Namen erfaßt. Zum Arbeitseinsatz mußten sie einige Kilometer marschieren. Ein Schanzgraben war auszuheben. Ein Architekt aus Széps Gruppe wurde erschossen – er hatte bei der Abgabe seiner Wertsachen siebzig Pengö zurückbehalten, zehn waren erlaubt. Um fünf Uhr abends ging es zurück in die Ziegelei. Für den erschossenen Kameraden hielten sie heimlich einen Trauergottesdienst. Die Ärzte der Kompanien wollten Szép einen organischen Herzfehler attestieren, damit er nicht mehr zur Arbeit geschickt werde, aber der Dichter lehnte ab. Die nächsten Tage verliefen nach dem gleichen Schema, das Arbeitsende war auf halb fünf Uhr vorverlegt worden. Auch ein sechzehnjähriger zuckerkranker Junge starb. Am sechsten Tag verletzte Szép sich bei der Arbeit die Hand, war während der nächsten Tage arbeitsunfähig und blieb in der Ziegelei.

Ende Oktober erfuhr er aus dem *Pesti Hirlap*, daß die Schutzpässe wieder anerkannt wurden. «Im Lande Israel herrschte darob große Freude», schrieb er, «zumal zwischen den Schweden, Schweizern und Portugiesen Israels.» Die Inhaber solcher Papiere erhofften nun ihre baldige Freilassung. Die Betreffenden wurden registriert. Szép hatte zwar seinen Schutzpaß nicht dabei, hatte sich aber die Nummer notiert. Tags darauf wurden auch Frauen und Mädchen zur Arbeit eingesetzt. Drei von ihnen, die fliehen wollten, wurden erschossen. An den folgenden Abenden wurden wieder Listen erstellt, einmal mit den Schweden, dann mit den Schweizern. Am 8. November erschien ein Offizier mit Soldaten, und nach dem Abendessen sonderte man die geschützten Personen aus, ihre Papiere wurden geprüft und Entlassungsscheine ausgestellt: «Auch ich ging als Schwede», liest man in Széps Bericht. Auch die über Sechzigjährigen wurden ebenfalls entlassen. Gegen sechs Uhr morgens fuhren sie zunächst mit dem Zug und dann mit der Straßenbahn zum Budapester Westbahnhof.

Ernö Szép blieb bis zur Befreiung in Budapest.

Über seine 19 Tage als Zwangsarbeiter hat er ein Buch geschrieben, das 1945 unter dem Titel «Emberszag» erschien. Die deutsche Übersetzung kam 1947 unter dem Titel «Drei Wochen in 1944« heraus. Unter dem kommunistischen Regime veröffentlichte er nur noch gelegentlich in Zeitschriften. Ernö Szép starb am 2. Oktober 1953.

Szép konnte nicht wissen, daß Wallenberg am 23. Oktober 1944, drei Tage nach seiner Verschleppung, das ungarische Außenministerium um Hilfe gebeten hatte, auf die «zuständigen Behörden im Interesse der sofortigen Befreiung (von) Inhaber(n) schwedischer Schutzpässe oder provisorischer Pässe» einzuwirken. Unter ihnen war Ernö Szép.[3] Er hatte die Schutzpaß-Nummer 3204.[4]

Dank Wallenbergs Protest und seiner vortrefflichen Organisation war es für Szép kein Verhängnis, daß er vergessen hatte, seinen Schutzpaß mitzunehmen.

8. *Hilfe im Schatten der Todesmärsche*

Wallenberg blieb die Hoffnung, daß am 15. November 1944 ein erster Zug mit 150 Schützlingen aus Budapest abfahren könnte. Wenn dieser «Probezug» Schweden erreicht hatte, sollte vom 22. November an alle zwei Tage ein Zug mit 300 Personen auf den Weg geschickt werden. Sollte eine Reise nach Schweden nicht möglich sein, so wollte man die Schweiz um die Aufnahme der Juden bitten.[1]

Am 7. November wurde Wallenberg durch den *Verband Ungarländischer Juden* von einer Weisung Ferenczys informiert. Alle Schutzpaßinhaber sollten in zugewiesene Häuser umgesiedelt werden. Bis zum 10. November sollte die Aktion beendet sein. Die bisherigen Bewohner mußten ihre Wohnungen verlassen, wenn sie keine Schutzpapiere besaßen. Polizisten kontrollierten die Papiere der Juden und wiesen sie gegebenenfalls aus den Häusern. Wallenberg beschwerte sich, daß zu wenig Wohnraum zur Verfügung gestellt und damit gegen vorherige Vereinbarungen verstoßen werde. Zudem sei die angesetzte Zeit viel zu knapp bemessen.[2]

Einer Denkschrift Szálasis ist zu entnehmen, daß die Frist verlängert wurde. Nach seinen Beschlüssen über «die endgültige Regelung der ungarländischen Judenfrage» unterteilte er die Juden am 17. November in 6 Kategorien: 1.Juden mit ausländischem Schutzpaß (die bis 20. November in den sogenannten Palatinus-Häusern unterzubringen seien).[3] 2. Die an die deutsche Regierung «ausgeliehenen» Juden, 3. Die in Ungarn vorläufig zurückbleibenden Juden, 4. Die mit Immunitätszeugnis versehenen Juden, 5. Kirchliche Personen und 6. Juden ausländischer Staatsangehörigkeit. Die Juden der dritten Kategorie sollten in ein Ghetto eingewiesen werden, das galt auch für die von der Nuntiatur geschützten Personen. Die mit Immunitätszeugnis versehenen Juden waren von den «rassenpolitischen und vermögensrechtlichen Bestimmungen» der übrigen Judengesetze etc. ausgenommen. Priester und Nonnen genossen «eine vollkommene Immunität», waren aber «in einem Ordenshaus abzusondern». Ausländische Juden waren verpflichtet, Ungarn bis zum 1. Dezember zu verlassen. Die Denkschrift wurde den Gesandten der neutralen Staaten auf einer Konferenz des Außenministers überreicht.

Unter den Budapester Juden herrschte große Aufregung. Während die einen zufrieden waren, in Schutzhäuser zu kommen, mußten andere ihre Wohnungen verlassen. Pfeilkreuzler nutzten die Gelegenheit und raubten viele Juden aus. Besonders die Schutzjuden waren betroffen, da die Pfeilkreuzler bei ihnen Wertgegenstände vermuteten. Die den Gesandtschaften zugewiesenen Schutzhäuser boten nicht genügend Platz für alle. Schweden und die Schweiz hatten weit mehr als die zugebilligte Zahl an Schutzpapieren ausgestellt. Um die Situation nicht noch mehr zu verschärfen, gab der Schweizer Vizekonsul Carl Lutz ab 8. November keine weiteren Schutzpapiere aus. Nach einem Protest wurden mehr Häuser zur Verfügung gestellt. Schweden bekam insgesamt 31, die Schweiz 76. Den unter schwedischem Schutz stehenden argentinischen und holländischen Staatsbürgern wurde ein Haus und ein Teil eines weiteren Hauses zugestanden.

Die ganze Aktion hatte eine Vorgeschichte: Schon Ende August war die schwedische Gesandtschaft angewiesen worden, zusammen mit dem Judenrat innerhalb von 72 Stunden die Umsiedlung von etwa 3500 Juden in gesonderte Häuser zu organisieren. Obwohl Wallenbergs Abteilung schon alles vorbereitet hatte, war diese Anordnung von den Behörden zurückgezogen worden, und die Umsiedlung war unterblieben. Jetzt, im November, war doch ein Schutzviertel entstanden. Es wurde als Internationales Ghetto oder Fremdenghetto bezeichnet.[4]

Um den Schützlingen das Leben in den beengten Räumen zu erleichtern, schuf Wallenberg eine Organisation, die sich der «Interessen der Schützlinge und (der) sozialen, gesundheitlichen, Verköstigungs- und Wohnungsangelegenheiten» annahm.[5] Für jedes Haus wurde ein Bewohner als Hauskommandanten bestellt, der für das jeweilige Haus und die Verbindung mit der Gesandtschaft verantwortlich war. Er war ermächtigt, Arbeiten zuzuteilen, und mußte jeden Tag schriftlich Meldung erstatten. In der Jókai u. und der Tátra u. wurden Informationsbüros unterhalten.

In jedem Haus war durch Ärzte die medizinische Versorgung sichergestellt. Krankenzimmer wurden eingerichtet, um das Krankenhaus zu entlasten, Schutzimpfungen wurden vorgenommen. In der Wahrmann u. 29 sollte ein Epidemiespital eingerichtet werden. Es war aber noch von päpstlichen und Schweizer Schützlingen bewohnt. Das Krankenhaus in der Tátra u. 14/16 stand 60 Patienten zur Verfügung. Zur Kontrolle der Schutzhäuser wurde für jeweils vier Häuser ein Verantwortlicher abgeordnet. Die Verköstigung von mittellosen Schützlingen übernahm eine gemeinsame Küche, die täglich für 1500 Personen drei Mahlzeiten ausgab. Schützlinge konnten gegen Abgabe der Lebensmittelkarten auch Nahrungsmittel bekommen.

Für Reparaturen und Renovierungen war eine technische Abteilung eingerichtet, auch an eine Schuh- und Kleiderreparatur-Werkstatt war gedacht worden. Für die Kinder wurden Tagesheime eröffnet, für ältere Schützlinge sorgten Pflegerinnen in einzelnen Stockwerken der Häuser. Die zentrale Leitung und eine Reihe weiterer Ämter hatte Wallenberg inne.

Die Vorbereitungen für die Züge nach Schweden waren durch die Umsiedlungsaktion in den Hintergrund getreten, auch die erforderlichen deutschen Genehmigungen fehlten. Als die schwedische Gesandtschaft beim Auswärtigen Amt in Berlin eine Erklärung forderte, teilte man ihr mit, daß die deutsche Gesandtschaft in Budapest «bereits seit längerer Zeit ermächtigt ist, eine(r) Gruppe bis zu 400 Juden mit schwedischen Pässen den Durchreisesichtvermerk von Ungarn nach Schweden durch Deutschland zu erteilen. Bisher sind lediglich 125 Pässe vorgelegt worden, die unverzüglich visiert wurden.»[6]

Der 15. November verging, ohne daß sich ein Zug in Richtung Schweden in Bewegung gesetzt hatte. Wallenberg zeigte sich dennoch zuversichtlich und bat um eine

Freistellung der betreffenden Arbeitsdienstler, damit sie ihre Formalitäten vor der Abreise erledigen konnten.[7] Nicht zu klären ist, ob Wallenberg ohne Bedenken auf die Transporte drängte. Einerseits bestand natürlich die Möglichkeit, Menschen zu retten, aber der Transport könnte die Juden auch gefährden. Würden die Deutschen die Züge passieren lassen? Es galt, zumindest der ungarischen Regierung zu zeigen, daß sich die Gesandtschaft um eine Ausreise bemühte. Am 1. Dezember wies sie darauf hin, daß sie bisher alles für eine Reise unternommen hatte; zuvor bat sie um eine Fristverlängerung bis zum 31. Januar 1945, um alle technischen Details zu regeln. Die Lösung eines anderen Problems erschien noch dringlicher.

Anfang November standen die mit der ungarischen Regierung vereinbarten Fußmärsche zur österreichischen Grenze bevor – sie wurden zu Todesmärschen. Am 1. November meldete der deutsche Gesandte, daß der erste Abtransport im Gange war und der ungarische Ministerpräsident seine Zusage zum Abtransport weiterer geforderter Juden gegeben habe.[8]

Die Märsche erfolgten auf zweierlei Weise. Juden, die sich bereits in Arbeitskompanien befanden, wurden in Marsch gesetzt. Eine größere Gruppe von «Ziviljuden» wurde zunächst aus ihren Häusern geholt und in eine Ziegelei in Buda, im Nordwesten von Budapest, gebracht. Sie wurden nach einigen Tagen in Gruppen unterteilt und mußten abmarschieren, unter ihnen waren auch Schutzpaßinhaber. Wallenberg fuhr mehrmals zur Ziegelei und versuchte, seine Schützlinge freizubekommen. Auch Carl Lutz protestierte beim Außenministerium. Während des Aufenthalts in der Ziegelei bekamen die Juden keine Verpflegung. Der Delegierte des Internationalen Komitees vom Roten Kreuz, Friedrich Born, organisierte daher die Verteilung von täglich bis zu 3000 Portionen Nahrung und schickte Ärzte ins Lager.

Die Märsche der «Ziviljuden» begannen offiziell am 8. November. Da die meisten Männer zum Arbeitsdienst eingezogen waren, zogen größtenteils Frauen und alte Männer die Landstraße entlang. Vor ihnen lag eine Strecke von etwa 240 km.

Wallenberg, Lutz und andere Vertreter von neutralen Staaten fanden sich nicht damit ab, daß Juden unter diesen Bedingungen abtransportiert wurden. Sie fuhren den Trecks nach und stellten Schutzpässe aus. Es gelang ihnen, einige hundert Juden aus den Marschkolonnen zu befreien und nach Budapest zurückzubringen. Deutsche Stellen erfuhren davon und erhoben energisch Protest. Deutlich wird das an einer Hilfsaktion der Schweizer Gesandtschaft. SS-Standartenführer Horst Wagner berichtete Ribbentrop am 9. November über eine Aktion der Schweizer während eines der Märsche: «Die weisungsgemäß in das Reich zu überführenden ungarischen Arbeitsjuden befanden sich wie vorgesehen auf dem Fußmarsch in Richtung slovakischer Grenze. Eine Delegation von Angehörigen der Schweizerischen Gesandtschaft fuhr der Kolonne nach und verteilte schweizerische Schutzpässe in größtem Ausmaß. Die die Kolonne begleitenden Honveds erkannten die Schutzpässe an und entließen die so ausgestatteten Juden aus der Marschkolonne. Binnen 24 Stunden soll das Gros der Marschkolonne als Inhaber schweizerischer Schutzpässe verschwunden gewesen sein. Da diese Meldung von der Transportkolonne stammt, liegt weder von der Gesandtschaft noch von den SD-Stellen aus Budapest bisher eine Bestätigung ihrer Richtigkeit vor.» Im übrigen würden «dem Reich Tausende von bereits in Marsch befindlichen Arbeitskräften vorenthalten werden», und das stelle «eine mit Neutralität nicht zu vereinbarende Einmischung in die deutsch-ungarischen Beziehungen dar.»[9]

Der deutsche Gesandte mußte unverzüglich Kontakt mit Szálasi aufnehmen und ihm klarmachen, «welche Folgen die Anerkennung der Schutzpässe hat und ihn (auffordern,) den Schweizern energisch zu erklären, daß über die seinerzeit genehmigte Zahl freizugebender Juden hinaus kein Schutzpaß Berücksichtigung finden könne.» Schließlich handle es sich da um eine «mit Neutralität nicht zu vereinbarende Sabotage an Kriegsanstrengungen Ungarns und Deutschlands.»[10] Und Veesenmayer meldete nach Berlin: «Ungarische Stellen haben für sofortige Abstellung Sorge getragen.»[11] Die Märsche gingen ungehindert weiter. Nach

Angaben Eichmanns waren bis zum 12. November etwa 27 000 Männer und Frauen in Marsch gesetzt. Er rechnete mit weiteren 40 000.[12]

Der Vertreter der Jewish Agency erklärte in einem Interview, «die schwedische Budapestgesandtschaft hat die Deportation von den mehr als 300 000 Juden gestoppt.» Der Einsatz habe einen Platz in der jüdischen Volksgeschichte. Besonders erstaunte ihn, daß die schwedische Hilfe einzig aus humanitären Gründen und ohne wirtschaftliche oder politische Hintergedanken geleistet wurde, was selten wäre. «Wenn die Rote Armee Budapest in den nächsten Tagen einnimmt, hat Schweden 300 000 von diesen gerettet.»[13] Die Rote Armee ließ sich jedoch Zeit. Die Todesmärsche gingen weiter, die Hilfsaktionen mußten fortgesetzt werden.

Am 15. November trafen sich die Vertreter der neutralen Staaten – Schweden, Schweiz, Spanien, Portugal – beim Nuntius und verfaßten eine zweite gemeinsame Protestnote an die ungarische Regierung, in der es hieß, ihr erster Protest sei hilfreich gewesen und habe vielen Tausenden das Leben gerettet – und nun erfahre man, «daß die Deportation aller Juden abermals beschlossen wurde und mit einer solchen grausamen Strenge durchgeführt wird, daß die ganze Welt die Unmenschlichkeit brandmarkt, die den Vollzug begleitet.» Die Behauptung, daß es sich um «Arbeitsdienst im Ausland» handele, verberge eine «grauenvolle Wirklichkeit». Man fordere daher den sofortigen Stopp der Deportation der Juden, beim «Arbeitsdienst in Konzentrationslagern ... eine entsprechende menschliche Behandlung» und Loyalität gegenüber den «Maßnahmen, die die ungarische Regierung im Interesse jener Juden getroffen hat, die unter dem Schutz der in Budapest akkreditierten Gesandtschaften stehen.» Und sie fügten warnend hinzu: «Die Regierung, die die Verantwortung für das Schicksal des ungarischen Volkes trägt, wird ihm zweifellos die Nachteile ersparen wollen, denen, falls die mit Ungarn im Krieg befindlichen Mächte zur Vergeltung schreiten, alle Ungarn im Ausland ausgesetzt wären, wenn die Deportation und Vernichtung der Juden fortgesetzt würde, um nicht zu sagen, daß bei einer Besetzung Ungarns die Besatzungsorgane dem ungarischen Volk gegenüber dieselben Methoden anwenden könnten. ... Wie die ungarische Regierung diesen Schritt aufnimmt und danach vorgeht, wird von großer Wirkung auf das Verhalten der neutralen Mächte dem ungarischen Volke gegenüber sein.»[14]

Zwei Tage später wies die schwedische Gesandtschaft das ungarische Außenministerium darauf hin, daß das «Verschwinden der noch in diesen Kolonnen verbliebenen Inhaber von schwedischen Dokumenten ... in Schweden das größte Erstaunen hervorrufen» würde.[15]

Szálasi ordnete nach den Protesten an, daß Frauen «im Hinblick auf hierbei aufgetretene Unzulänglichkeiten»[16] nur noch mit der Bahn abtransportiert werden dürften. Auch auf deutscher Seite gab es Zweifel am Erfolg der Aktion. Während Eichmann sie als Chance zur Evakuierung der Juden nutzte, stand für Deutschland die Ausbeutung der Arbeitskräfte im Vordergrund. Der Leiter des Judeneinsatzes im Niederdonau-Gebiet, der ehemalige Auschwitz-Kommandant Rudolf Höß, monierte den schlechten Zustand der ankommenden Juden. Er benötige «bestarbeitsfähige Männer, möglichst nicht über 40 Jahren, ... die die besonders schwere ... unter Tage auszuführende Arbeit auch auf längere Zeitdauer aushalten können».[17] Die Arbeitskräfte, die ihm bisher zur Verfügung gestellt worden seien, «stellten zurzeit schwerste Belastung seines Arbeitsbetriebes dar». Nur aus politischen Gründen hätte er davon abgesehen, die auf dem Marsch befindlichen ungeeigneten Kontingente zurückzuweisen.

Doch Ribbentrop bestand darauf, die Evakuierung der Budapester Juden, trotz der technischen Schwierigkeiten, energisch voranzutreiben. Die Juden seien eine Gefahr bei der Verteidigung von Budapest.[18] Szálasi willigte grundsätzlich ein, die männlichen Arbeitskräfte seien aber zum einen weitgehend erfaßt und die verbliebenen nichtarbeitsfähigen Juden zum anderen keine ernsthafte Gefahr mehr.[19]

Trotz Szálasis Anordnung war die Bedrohung noch nicht vorbei. In Wallenbergs Büro in der Üllöi út 4 fand am 22. November eine Besprechung der Schweden, Schweizer und Portugiesen statt, denen Polizeihauptmann Dr. Batizfalvy Bericht über die Deportationen erstattete, die er zuvor gesehen hatte. Nach seinen Informationen hatten bisher 7800 Juden die Grenze überschritten, 2000 wurden an diesem Tag den Deutschen übergeben und 13 000 befänden sich auf den Landstraßen. Insgesamt seien 10 000 Juden verschwunden, d. h. teilweise geflohen, teils ermordet. Batizfalvy berichtete weiter: «Charakteristisch für die Lage ist, daß nicht einmal die bewachenden Soldaten und Offiziere mehr den Anblick der gequälten Menschen und die Quälereien ertragen können, und die meisten sagen, sie möchten lieber an die Front gehen, als dieses Grauen weiter mitmachen oder mitansehen zu müssen.»[20]

Ferenczy hatte zunächst die Rückführung von Schutzpaßinhabern verboten. Er stellte dann aber vier Befehle aus, die an die einzelnen Gesandtschaften vergeben wurden. Auf Wallenbergs Bitte bot Batizfalvay seine Mithilfe bei der Verteilung von Lebensmitteln an die Marschierenden an. Über die näheren Umstände geben Berichte der jeweiligen Helfer Auskunft. In der Meldung der schwedischen Gesandtschaft heißt es:

«Das Schauspiel, das sich vor uns abspielte, rührte sogar den einen oder anderen martialischen, blutdürstigen Gendarmen. ... Die Ausgehungerten, Kranken, Unglücklichen (von 12jährigen Kindern bis zu 74jährigen alten Frauen) zogen ohne Ausrüstung, zerfetzt und schmutzig dahin. Vor der Selektierung in Hegyeshalom schliefen sie das letzte Mal auf ungarischem Boden in Magyaróvár im regnerischen, kalten Monat November in einem Arbeitsraum einer verlassenen, fensterlosen und natürlich ungeheizten Fabrik auf dem kahlen Boden. Mit Hilfe des dortigen menschlicheren Lagerkommandanten stellte Wallenberg eine kleine Hilfsstation mit Medikamenten auf. Auch die transportable Küche ließen wir mit den entsprechenden Lebensmitteln dort. Wallenberg mischte sich unter die unglücklichen Menschen, fragte sie aus, verteilte unter den Todesgeweihten Zigaretten, Rum und Eßwaren.

Auf unserem Rückweg sahen wir am Wegrand an vielen Stellen Leichen der zu Tode gehetzten und von den Pfeilkreuzlern ermordeten Menschen. Niemand dachte daran, sie zu begraben. Die meisten sogenannten Ruheplätze waren unter freiem Himmel, auf den Feldern, Dorfmarktplätzen usw. Im besten Fall lagerten die in die Deportation getriebenen Zehntausende hungernd im stürmischen, kalten Novemberregen, durchnäßt und frierend in einem Schuppen ohne Seitenwände ...»[21]

Wallenberg nannte in einem Bericht eine Zahl von 15000 Arbeitsdienstlern und 25000 Zivilisten, die an den Märschen teilnehmen mußten.[22] Batizfalvy, der sich jetzt so hilfsbereit zeigte, war 1941 als KEOKH-Beamter an den Planungen zur Deportation von Juden nach Kamenez-Podolski beteiligt gewesen.

Auch wenn Wallenberg einige Menschen noch in Hegyeshalom vor dem Weitertransport nach Deutschland bewahren konnte, gab es bei ihrer Rückführung nach Budapest Schwierigkeiten. So verließen am 23. November vier Waggons mit 153 Juden Hegyeshalom, um nach Budapest gebracht zu werden. Pfeilkreuzler holten sie in Komáron jedoch aus dem Zug und brachten sie in eine Burg. Sie wurden ausgeraubt und waren am 27. November, dem Zeitpunkt einer schwedischen Mitteilung an das ungarische Außenministerium, noch dort. Weitere 250 Juden sollten in den kommenden Tagen von Hegyeshalom nach Deutschland gebracht werden, unter ihnen «Inhaber schwedischer Reisedokumente, oder Personen, welche ihre Reisedokumente verloren haben».[23] Die schwedische Gesandtschaft stellte den Antrag, «daß diese Personen unverzüglich unter Begleitung und mit anständiger Verpflegung nach Budapest ... geführt werden.» Zudem beantragte sie «höflichst aber entschieden, daß die Juden, welche in Hegyeshalom ankommen und die dort schwedische Reisedokumente vorzeigen, oder behaupten, daß sie solche gehabt haben, ebenfalls nach vorangegangener Verpflegung» zurückgeführt werden. Statt der sonst gebräuchlichen Schlußformel hieß es nun lapidar: «Die Gesandtschaft gestattet sich, auf eine außertourliche und schnellste Erledigung dieser Angelegenheit zu hoffen und drückt schon im voraus ihren verbindlichsten Dank aus.»[24] Etwa 2000 Menschen konnten durch Interventionen vor der Deportation gerettet werden, davon 500 in Hegyeshalom. Mit Krankenwagen wurden etwa 200 Kranke aus Sammellagern zurück nach Budapest gebracht.

Józsefvárosi Bahnhof Ende November 1944. Wallenbergs Fotograf Thomas Veres hält eine Rettungsaktion fest. Im Bild ist Wallenberg von hinten (rechts mit verschränkten Händen) zu sehen.

An der Aussage einer Frau, die gerettet wurde, ist die Wirkung von Wallenbergs Erscheinen abzulesen: «Er gab mir wieder das Gefühl, ein Mensch zu sein. Zum ersten Mal schöpfte ich wieder Hoffnung. Ich glaube, jeder von uns fühlte sich anders nach seinem ersten Besuch. Er zeigte uns, daß wir keine Tiere waren, daß sich jemand um uns kümmerte. Die entscheidendste Erfahrung für uns war, daß er selbst kam, persönlich. Für uns blieb er stehen, für jeden einzelnen von uns ...»[25]

Es gelang auch, unterstützt von Honvéd-Offizieren, 15 000 Juden aus Arbeitsdienst und Deportationen zurück nach Budapest zu bringen. Diese Aktion erfolgte unabhängig von den Fußmärschen der Zivilisten. Diese kamen jedoch erneut in Gefahr, deportiert zu werden. Um den mit Deutschland geschlossenen Vereinbarungen nachzukommen, mußte man schließlich auch auf geschützte Juden zurückgreifen, jene nämlich, die zum Arbeitsdienst gepreßt worden waren.

Für diese Transporte standen Ende November Eisenbahnwaggons bereit. Die von verschiedenen Staaten geschützten Arbeitsdienstler wurden zum Józsefvárosi-Bahnhof in Budapest gebracht. Als Vertreter der neutralen Staaten war Raoul Wallenberg am Bahnhof, begleitet von seinem Fotografen Thomas Veres. Wallenberg war es gelungen, von Ferenczy eine Ausnahmeregelung für die schwedischen Schutzpaßinhaber und für die Juden mit Staatsbürgerschaftsbescheinigungen von El Salvador zu bekommen. Auf dem Bahnhof stellte er einen Tisch auf. Darauf lag ein Buch mit den Namen der Inhaber von Schutzpässen, und Wallenberg rief sie zu sich. Sie wurden von den übrigen getrennt und in die geschützten Häuser zurückgebracht. Ebenso verfuhr Wallenberg mit den «Staatsbürgern» von El Salvador. Etwa 17 000 Juden wurden mit Zügen in Richtung Deutschland deportiert.

Zu ihnen gehörte auch der 20jährige jüdische Zwangsarbeiter Erwin Fenyö, der am 27. November, in einen Waggon mit 49 anderen Menschen gepfercht, nach Sopron gebracht wurde. Von dort mußten sie etwa 10 km marschieren. Die Juden wurden zur Arbeit eingesetzt. Ein deutscher Bewacher riet Fenyö, zu fliehen, da sie demnächst in ein KZ in Österreich gebracht werden sollten. Fenyö gelang die Flucht, und er konnte mit Hilfe falscher Papiere als ungarischer Hitlerjunge nach Budapest gelangen. Dort wurde er erneut aufgegriffen und in die Hadik-Kaserne gebracht. Er gab an, schwedischer Bürger zu sein, obwohl er nicht einmal einen Schutzpaß hatte. Telefonisch wurde bei der schwedischen Gesandtschaft nachgefragt. Der Zufall wollte es, daß zuvor seine Mutter bei der Gesandtschaft einen Schutzpaß für ihren Sohn beantragt und bereits ein Foto abgegeben hatte. Wallenberg machte einen Schutzpaß fertig und fuhr zur Kaserne. Zwar konnte er seinen neuen Schützling nicht gleich mitnehmen, aber er versprach ihm: «Ich werde Sie retten».[26] Fenyö wurde in eine andere Kaserne gebracht, aus der er fliehen konnte. Er ging zu Wallenberg und berichtete ihm über die Einzelheiten des Transportes vom 27. November. Der Schutzpaß war Fenyö auch nach der Befreiung hilfreich, als ihn sowjetische Soldaten zu einer Arbeit verpflichten wollten. Sie respektierten das Dokument und ließen ihn gehen.

Obwohl Schweden die Szálasi-Regierung nicht anerkannt hatte, wurden die schwedischen Schutzpässe respektiert, und Wallenberg konnte, etwa bei den Todesmärschen, helfen. Er hätte noch anders auftreten können, wenn Schweden dem Drängen der Ungarn nach Anerkennung nachgegeben hätte. Danielsson wies seine Regierung wiederholt darauf hin und ließ wissen, der bis dahin einzige Kontakt zur neuen Regierung sei unter der Hand durch Wallenberg zustandegekommen. Die Fortsetzung der diplomatischen Beziehungen dürfte entscheidend für die Respektierung der Hilfsaktionen sein.[27] Unter diesen Umständen schien es geraten, in Verbalnoten zumindest auf die «Reziprozität zu verweisen, die zwischen den beiden Staaten besteht».[28]

In der Nacht zum 9. November 1944 wurden ein paar hundert schwedische Schutzjuden festgenommen. Danielsson wurde aus Schweden angewiesen, mit Nachdruck auf der Fortsetzung des Schutzes zu bestehen. Er könne mitteilen, die Gesandtschaft bestehe auch unter der neuen Regierung weiter.[29] Die Meldung über die Festnahmeaktion erreichte auch den Stockholmer Oberrabbiner, sowie die britische und die amerikanische Gesandtschaft in Stockholm.[30]

Doch der Empfang eines Szálasi-Vertreters in Stockholm wurde weiterhin strikt abgelehnt. Danielsson solle versuchen, die Frage dilatorisch zu behandeln. Aber auch sein Hinweis auf die Handhabung der Anerkennung von spanischer Seite half nichts. Kemény beklagte sich bei einem Angestellten Wallenbergs. Aufgebracht habe er da geäußert, er werde den Gesandten einbestellen. Erfolge die Anerkennung nicht innerhalb einer bestimmten Frist, «werden alle unter schwedischem Schutz stehenden Juden in der Donau ertränkt».[31] Die Drohung war durchaus ernstzunehmen, wie sich später auf schreckliche Weise zeigte. Danielsson wollte zumindest die Befugnis seiner Regierung bekommen, zu sagen, der Umstand, daß man die Gesandtschaft nicht zurückgerufen habe, lasse es doch zu, vom faktischen Bestehen einer Beziehung beider Länder zu sprechen. «Ein gewisses Entgegenkommen von der schwedischen Seite in der Anerkennungsfrage würde sicherlich die Rettung einer äußerst großen Anzahl von Juden bedeuten.» Schließlich bat er, Olsen davon zu unterrichten.

Am 23. November suchte Danielsson den Außenminister auf. Wiederum beklagte sich Kemény über die Geringschätzung durch die schwedischen Behörden und die Presse. Die neue ungarische Regierung würde vom Päpstlichen Stuhl, Spanien und der Türkei anerkannt. Auch mit der Schweiz habe es eine Vereinbarung gegeben, was Danielsson von der Schweizer Gesandtschaft bestätigt wurde. Kemény erschien die Haltung Schwedens besonders unverständlich, weil man ja das Naziregime auch anerkannt habe. Ungarn sei unter Szálasi ein völlig souveräner Staat. Schließlich drohte er mit Maßnahmen gegen die geschützten Juden.[32]

Nach Keménys Drohung wies Danielsson sein Außenministerium erneut auf das Verhalten Spaniens, der Türkei und des Päpstlichen Stuhls hin. Ihnen sei es gelungen, ohne daß eine wirkliche rechtliche Anerkennung erfolgte, bei der Szálasi-Regierung die Vorstellung zu erwecken, sie sei von diesen Ländern anerkannt: «Wenn Schweden seine ungarischen Juden wirklich retten will, könnte sich die schwedische Regierung dann nicht zu einer ähnlichen Verfahrensweise bereitfinden, welche keine Konsequenzen mit sich bringen dürfte, da die ungarische Nazi-Regierung wahrscheinlich bald am Ende ist?»[33] Doch Schweden blieb bei seiner Haltung. Wenn der Abbruch der diplomatischen Beziehungen angedroht werde, könnte Danielsson Ungarn darauf hinweisen, daß Schweden die ungarischen Interessen in elf Ländern vertrete, darunter in den USA, Großbritannien, Rumänien und Argentinien.[34]

Schweden hatte sich der Sorge entledigt, die Kontaktaufnahme der schwedischen Gesandtschaft zur neuen ungarischen Regierung könnte das Mißfallen der Alliierten erregen. Aus London war zu hören, «daß wir die Gründe für diesen Kontakt mit den de facto Behörden völlig verstehen und diesen Versuch, jüdische Leben zu retten, sehr schätzen.»[35] Die US-Regierung lobte ausdrücklich «die Geschicklichkeit und den Mut, den Herr Wallenberg bei der Hilfeleistung für die verfolgten Juden gezeigt hat.»[36]

9. Wallenberg gibt nicht auf

Die verschärfte Lage in Budapest bedurfte neuer Initiativen. Wallenberg schickte Mitarbeiter zu Einzelpersonen und Institutionen, um Gelder zu verteilen. Eine Gruppe junger Männer zog sich deutsche oder ungarische Uniformen an und befreite Juden aus Gefängnissen und Lagern. Sie schmuggelten Schutzpässe ein und forderten die Freilassung derer, die sie erhalten hatten. Außerdem stand Wallenberg in Verbindung mit verschiedenen jüdischen Untergrundgruppen. Er war dauernd unterwegs. Anfang November war er mit Ferenc Kálmánffy und Lajos Gidófalvy von der militärischen Hilfskompanie 13/1 zusammengetroffen und brachte den Widerstandskämpfern Waffen, Munition und 40 000 Pengö. Zeitweilig wachte die Gruppe über geschützte Kinderheime. Seinen letzten Brief an die Mutter schrieb er am 8. Dezember 1944:

«Liebste Mutter,
Ich weiß wirklich nicht, wann ich schon meine Schuld abbüssen werde. Heute geht wieder ein Kurier und wieder bekommst Du nur in aller Eile einige Zeilen von mir.

Die Lage ist aufregend und abenteuerlich, meine Arbeitsüberlastung fast unmenschlich. Banditen lungern in der Stadt herum, prügeln, foltern und erschießen Leute. Unter meinem Personal habe ich allein 40 Fälle von Abführungen und Mißhandlungen gehabt. Im großen ganzen sind wir aber guter Laune und freuen uns des Kampfes. ... Wir hören hier das Kanonen-Donnern der sich nähernden Russen Tag und Nacht. Die diplomatische Tätigkeit ist seit Ankunft von Szálasi sehr lebhaft geworden. Ich vertrete fast allein die Gesandtschaft bei den Regierungsstellen. Ich war bis jetzt ungefähr 10 x beim Außenminister, 2 x beim Stellvertretenden Ministerpräsidenten, 2 x beim Innenminister, 1 x beim Versorgungsminister, 1 x beim Finanzminister etc.

Mit der Frau vom Außenminister war ich ziemlich gut befreundet. Leider ist sie jetzt weggereist nach Meran. Die Lebensmittel-Not in Budapest ist sehr groß. Aber wir haben uns rechtzeitig mit einem schönen Lager versehen. ... Heute kann man sich wirklich keine Pläne machen. Ich glaubte bestimmt zu Weihnachten bei Euch zu sein. So muß ich Euch auf diesem Wege meine Weihnachtsgrüße und gleichzeitig auch meine Wünsche für das Neue Jahr senden. Hoffentlich ist der ersehnte Friede nun nicht mehr so weit entfernt. ...»[1]

Wallenbergs Arbeitsbelastung war zu der Zeit so groß, daß er sich mit Einzelschicksalen nicht mehr beschäftigen konnte. An Lauer schrieb er: «Ich habe 340 Angestellte und weitere Hilfskräfte. In meinem Büro wohnen über 700 Personen. Die Arbeit ist unerhört interessant.»[2]

Er hatte einen großen Vorrat an Lebensmitteln angelegt, die er an verschiedenen Stellen, sowohl auf der Budaseite als auch in Pest, deponierte. Eine genaue Aufstellung der Vorräte wurden zum 1. Dezember angefertigt.[3] Die Humanitäre Aktion hatte Nahrungsmittel im Wert von 1,3 Mio. Pengö gelagert. Der Lagerbestand reichte einen Monat für rund 1500 Menschen. Wallenberg versorgte nicht nur seine Schützlinge in den Schutzhäusern, er lieferte auch Lebensmittel in das Allgemeine Ghetto.[4] Die Errichtung des Ghettos war am 29. November bekanntgegeben worden. Waren es anfangs etwa 33000, so stieg die Bewohnerzahl bald auf über 60000 Menschen an. Anfang Dezember kaufte Wallenberg Medikamente im Wert von etwa 320000 Pengö, um auch die medizinische Grundversorgung zu sichern.

Der ungarischen Regierung war nicht verborgen geblieben, daß vor allem viele gefälschte Schweizer Schutzpapiere im Umlauf und in den Schutzhäusern zu viele Juden untergebracht waren. Seit dem 21. November kontrollierte die Polizei gezielt Häuser. Der Schweizer Vizekonsul Lutz und seine Frau beobachteten die Razzien und waren gezwungen, bei der Überprüfung der Papiere zu helfen. Wie Veesenmayer nach Berlin meldete, waren bei der ersten Kontrolle Schweizer Schutzpässe im «Sonderghetto» mindestens 30%, «in einem Arbeitsdienstlager sogar 1100 von 1500 Fällen – Fälschungen und Verfälschungen festgestellt

«Liebste Mutter, anbei sende ich Dir noch 2 Fotos, welche ganz neu angefertigt sind. Du siehst mich da im Kreise meiner Mitarbeiter und Angestellten an meinem Schreibtisch.» (Brief Wallenbergs vom 8. Dezember 1944)

worden, die (die) Schweizer Gesandtschaft mit katastrophalen Zuständen in ihren von jüdischen Angestellten geführten Auswanderungsbüros entschuldigt.»[5]

Manche Pfeilkreuzler respektierten Lutz' Diplomatenstatus nicht und bedrohten ihn mit der Waffe. Tausende Juden wurden aus den Schweizer und vatikanischen Schutzhäusern in das Allgemeine Ghetto abgeführt. Vom 10. Dezember an war das Ghetto nur noch durch vier Tore zu erreichen.

Nach Wallenbergs Angaben war die Lage in den schwedischen Schutzhäusern noch relativ am besten. Aber auch dort begann sich eine Ruhr-Epidemie auszubreiten, an der bis zum 8. Dezember fünf schwedische Schützlinge starben. «Bisher sind die Schutzpaßjuden von allen Schützlingen ausländischer Mächte verhältnismäßig am besten durchgekommen. Nur 8–10 dürften bis jetzt in Budapest und Umgebung erschossen worden sein», berichtete er nach Stockholm.[6] Er vereinbarte mit Polizeirat Bejey, die Echtheit der Schutzpässe gemeinsam zu überprüfen. In jedem Falle hatten die Ungarn eine Bestätigung der Gesandtschaft zu akzeptieren, auch wenn die betroffene Person nur behauptete, einen Schutzpaß besessen zu haben, und der Name auf keiner Liste auftauchte. Doch der Polizeirat Székely hielt sich nicht an die Abmachung und respektierte nur die Personen, die einen Schutzpaß vorweisen konnten. Es trat die absurde Situation ein, daß er nicht einmal die Inhaber von provisorischen Pässen akzeptierte. Ebensowenig erkannte er beglaubigte Fotokopien an. Eine weitere Revision der Häuser fand Mitte Dezember statt.

Die Kontrollen waren vielleicht der Grund, warum Wallenberg erneut versuchte, die Zahl der von Ungarn anerkannten 4500 schwedischen Schutzpässe zu erhöhen. Es gibt eine handschriftliche Aufzeichnung von ihm, die vermutlich als Grundlage für eine Note oder ein Gespräch mit dem ungarischen Außenministerium diente. Seine in deutscher Sprache abgefaßten Notizen geben einen guten Einblick in seine damalige Lage und seine Bemühungen, der ungarischen Regierung weitere Zugeständnisse abzuringen:

«Erhöhung des schwedischen Schutzpaßkontingents mit circa 2500 Stück

Begründung

Da jetzt die Abtransportierung der ersten 4500[7] Juden beginnt, wäre es wünschenswert, auch die etwas entfernteren Familienmitglieder von diesen mitzunehmen. Ferner wäre es aus Gerechtigkeitsgründen wünschenswert, daß die weiteren Juden, welche in genau derselben Verwandtschaft oder Beziehung zu Schweden stehen, auch mitgenommen werden. Da diese weiteren 2,500 Juden in Schweden bekannt sind, so würde eine etwaige schlechte oder nachteilige Behandlung dieser Juden in Schweden oder sonstwo viel mehr Aufsehen und Trauer[8] erregen als eine entsprechende Behandlung von irgendwelchen anderen Gruppen von Juden, welche nicht diese Verbindungen besitzen. Es wird unterstrichen, daß jetzt in Berlin Verhandlungen gepflegt werden mit dem Ziel, die deutsche Durchreise für diese erhöhte Zahl auch zu ermöglichen. Sollten diese nicht zum Erfolg führen, so bedeutet dies wenig, da ja eine ablehnende Antwort nur auf die gegenwärtige Lage zurückzuführen ist, welche sich wohl in die eine oder andere Richtung ändern wird. Es würde gewiß in der Welt Erstaunen erregen, falls man in Ungarn dieses Angebot nicht annehmen würde. Es wird besonders in diesem Zusammenhang darauf hingewiesen, daß die Schwedische Gesandtschaft bisher in loyalster Weise versucht hat, die Verordnungen durchzuführen.»[9]

Da die Aufzeichnung kein Datum hat, ist der genaue Zeitpunkt der Niederschrift nicht bekannt, läßt sich aber ungefähr aus der Fortsetzung der Notiz auf dem zweiten Blatt erschließen. Der Text geht auf die Genehmigung und Anerkennung der Schutzbriefe des Schwedischen Roten Kreuzes ein. Die Inhaber dieser Schutzbriefe befanden sich demnach seit zwei oder drei Tagen im Internationalen Ghetto und sollten nun in das «lokale Ghetto» umgesiedelt werden. (Das Allgemeine Ghetto gab es, wie erwähnt, erst seit etwa Anfang Dezember.) Wallenberg führte weiter aus, daß diese Juden eventuell auch schwedische Einreisedokumente erhalten könnten. Es handelte sich um etwa 1500 Personen. In einem weiteren, allerdings durchgestrichenen Abschnitt wird die Anerkennung der schwedischen Rotkreuz-Kinderheime und Altersheime behandelt.[10]

Am 28. November hatte Wallenberg an Lauer telegraphiert, daß die «gruppen abreise noch unbestimmt» sei.[11] Während der darauffolgenden Tage gab es erste Anzeichen. So schickte Wallenberg am 2. Dezember folgendes Telegramm an das Schwedische Rote Kreuz in Stockholm: «in rahmen der repatriierung von ungarischen nichtarischen personen nach schweden abfahren gruppenweise versehen mit schwedischen schutz provisor und schwarzen paessen und deutschen durchreisevisa stop fahrtroute wien berlin daenischer hafen stop benoetigen ab wien begleiter und schutz schwedischen roten kreuzes fuer gruppen stop gebet disposition vertretung wien respektive berlin stop einvernehmet euch schwedische gesandtschaft berlin kehrdrahtet antwort ueber erledigtes stop danken im voraus».[12] Die Aufzeichnung ist also Anfang Dezember geschrieben worden, Wallenberg ging bei Absendung des Telegramms vom Beginn der Transporte nach Schweden aus. Diese kamen jedoch nicht zustande.

Nach seinem Plan sollten insgesamt 7000 Schutzpässe von Ungarn anerkannt werden. Aus einer Auflistung der bisherigen Vereinbarung ergibt sich überdies, daß dabei aus Wallenbergs Sicht seine Mitarbeiter und deren Familienmitglieder nicht eingeschlossen waren. Auch die Kinder unter sechs Jahren waren bei 4500 anerkannten Schutzpässe nicht mitgezählt.

Interessant ist Wallenbergs Argumentation in bezug auf die zu erwartende Ablehnung aus Deutschland. Dies bedeute wenig, weil es sich nur auf die gegenwärtige Lage zurückführen lasse, die sich «in die eine oder andere Richtung ändern wird.» Er verband das mit dem Hinweis auf ein Angebot, dessen Zurückweisung sicher nicht nur in Schweden, sondern in der Welt Aufsehen erregen würde: Ungarn sollte wissen, wer bald zu den Siegern gehören würde und wer nicht. Die Alliierten würden durchaus zur Kenntnis nehmen, ob sich Ungarn bis zuletzt in Nibelungentreue an Deutschland orientiere. Ersichtlich wird auch die mißliche Lage Wallenbergs bei seiner Rettungstätigkeit. Er konnte gegenüber den Verfolgern nicht beanspruchen, sich aller Verfolgten annehmen zu dürfen. Um zu erreichen, daß ein Teil besser behandelt wurde, mußte hingenommen werden, daß einem anderen Teil dieser Vorzug versagt blieb. So kann man aus Wallenbergs Aufzeichnung auch die Einschätzung herauslesen, daß es in Schweden oder sonstwo keine Aufregung darüber geben werde, wenn «irgendwelche anderen Gruppen von Juden» benachteiligt seien – es war gar nicht zu vermeiden, daß viele Menschen der Verfolgung preisgegeben blieben. Ihm war bewußt, daß die schwedische Gesandtschaft durch die Bemühungen um eine Ausreise und die Ausstellung von Schutzpässen gewissermaßen «zur Lösung der ungarischen Judenfrage»[13] beitrug. Wallenberg konnte aber andererseits durch die Unterstützung mit Geldern und Lebensmitteln auch über den Rahmen seiner Schützlingspolitik hinaus wirken.

Ungarn war einer Erhöhung der Schutzpaßzahl nicht grundsätzlich abgeneigt. In einem Gespräch zwischen der schwedischen Gesandtschaft und dem ungarischen Außenministerium wurde ersichtlich, daß die Anzahl erhöht werden könnte, wenn «Uoczkondy Zech als Vertreter für die neue Regierung» anerkannt würde.[14] Doch es blieb dabei: der Empfang eines Szálasi-Vertreters in Stockholm kam nicht in Betracht. Als die schwedische Gesandtschaft in Bern um Mitteilung bat, wie sie auf Anfragen einzelner Personen nach Schutz für jüdische Verwandte in Ungarn reagieren sollte, antwortete das schwedische Außenministerium, die Budapester Gesandtschaft könne leider nicht entsprechend angewiesen werden, da die ungarische Regierung über die ausgefertigte Anzahl von 4500 hinaus keine weiteren Schutzpässe anerkenne.[15] Als das WRB plante, den schwedischen Gesandtschaften in verschiedenen Ländern Listen von Personen, die enge Verwandte in den Vereinigten Staaten hatten, für deren jeweilige Regierung zu übergeben, lehnte Schweden ab. Mit der Budapester Gesandtschaft gäbe es Probleme der Übermittlung, da innerhalb der nächsten Zeit keine Kuriermöglichkeit bestünde. Auch wünsche man nicht, die bisherige Arbeit der Budapester Gesandtschaft bei der Hilfe für Juden zu gefährden. Im übrigen bringe die Überreichung von Listen keinen Nutzen, «da die schwedische Gesandtschaft in Budapest bereit steht, allen anfragenden Juden zu helfen.»[16] Mochte das in den Augen der Amerikaner für Ungarn durchaus begreiflich sein, so galt es gleichwohl kaum für die anderen von Deutschland besetzten Gebiete: «Keine Möglichkeit, Leben zu retten, sollte übersehen werden.» [17]

Selbst denen, die durch Wallenberg oder andere geschützt waren, drohten Übergriffe und Mißhandlungen. Wallenbergs Protestnoten an das ungarische Außenministerium zeigen, gegen welche Unmenschlichkeit er anzukämpfen hatte. Von den vielen Fällen sei einer wiedergegeben:

«V.G., Frau V. G., Dr. É.G. und ihre Köchin, F. G. wurden am 15. November von ihrer Wohnung Margit körut 51 von Pfeilkreuzlern in die Radetzky Kaserne abgeführt. Hier wurden sie in einer fast unbeschreiblichen Art mißhandelt und insultiert. Nicht nur, daß sie während der ganzen Nacht geprügelt und gequält wurden, sondern sie mußten die unmenschlichsten Erniedrigungen erleiden. Unter anderem mußten sie verschiedene schmutzige Räume aufwaschen, während welcher Arbeit sie mit einer schmutzigen Lache abgeschüttet wurden; V. G. wollte man zwingen – unter Bedrohung der sofortigen Hinrichtung – die W. C. Schalen mit der Zunge zu reinigen. Inzwischen hat man in seine Schriften falsche schweizerische Schutzpässe eingeschmuggelt und wollte ihn zwingen, in einem Protokoll zu erklären, er habe falsche Pässe bei sich gehabt. Diese Erklärung konnte man von ihm trotz der fürchterlichsten Mißhandlungen nicht erzwingen. – Dies alles ist bloß ein Bruchteil jener Sachen, die obige Personen in der Radetzky Kaserne zu erleiden hatten, für die Beschreibung des ganzen Tatbestandes ist eine seitens der Kgl. Schwedischen Gesandtschaft an das Kgl. ungarische Außenministerium gesandte Note nicht der geeignete Platz. – Genannten wurden von der Radetzky Kaserne zur Oberstadthauptmannschaft überführt, wo man sie freiließ.»[18]

In anderen Verbalnoten wurden Namen und Einzelheiten zu abgeführten Personen genannt. Zum Teil waren ganze Familien betroffen. Ergänzend fand sich am Ende der Verbalnote vom 1. Dezember der Satz: «Verschiedene Inhaber von Schutzpässen sind entgegen der Vereinbarung zwischen der Ungarischen Regierung und der Königl. Gesandtschaft auch in den letzten Tagen von Budapest abgeführt worden.»[19]

Die Lage verschlechterte sich im Dezember. Die Rote Armee bereitete sich auf die Einkesselung Budapests vor. Ungarns Regierung begann sich auf die Verlegung des Regierungssitzes nach Sopron einzurichten. Szálasi brach am 3. Dezember mit Kemény und anderen nach Berlin auf. Tags darauf trafen sie Hitler. Auf diese Begegnung hatte Szálasi lange gewartet. Veesenmayer hatte er zuvor gesagt, daß ein «Empfang durch den Führer für ihn der größte Tag seines Lebens sein werde».[20] Nach dem Treffen zog Szálasi es vor, sich nicht in Budapest aufzuhalten, sondern in Szombathely eine Niederschrift über den Hungarismus anzufertigen.

Die Angriffe auf Gebäude der neutralen Staaten häuften sich. Am Abend des 1. Dezember drangen etwa zwanzig bewaffnete Pfeilkreuzler in Büros des Delegierten des Internationalen Komitees des Roten Kreuzes ein. Vier Tage später wurde ein Lager in der Columbus-utca gestürmt, etwa 3000 Menschen wurden verschleppt. Auch dieses Lager stand unter dem Schutz des Internationalen Roten Kreuzes. Die Juden sollten deportiert werden, und Wallenberg hoffte, auf der Station in Ác intervenieren zu können. Dort hielt der Zug jedoch nicht, aber er sah andere Waggons voller Menschen. Nach einer Diskussion mit Deutschen nahm Wallenberg kurzerhand drei der Gefangenen in sein Auto und fuhr nach Budapest zurück. Für mehr Leute war kein Platz.

Spuren eines Sprengstoffattentats führten in das jüdische Auswanderungsamt der schwedischen Gesandtschaft. Im Gebäude durften offiziell 120 jüdische Angestellte wohnen. Die Polizei hatte festgestellt, «daß eine sehr viel größere Anzahl von Juden unrechtmäßigerweise dort untergekommen» sei. Das Gebäude wurde abgesperrt. Die exterritorialen Rechte wurden aber respektiert, und das ungarische Außenministerium verhandelte mit der Gesandtschaft wegen einer Durchsuchung.[21]

Am 9. Dezember forderte Kemény die neutralen Vertretungen auf, ihre Tätigkeit nach Sopron zu verlegen. Dies wäre das Ende der Hilfsaktionen gewesen. Danielsson beschloß daher, die Gesandtschaft in Budapest zu belassen. Da Schweden die Szálasi-Regierung nicht anerkannt hatte, verschärften sich die Beziehungen zu Ungarn. Auch über die Tätigkeit des Schwedischen Roten Kreuzes waren die Pfeilkreuzler erzürnt. Kemény verlangte von Langlet zunächst eine Übersicht über die Arbeit. Am 11. Dezember versuchte Langlet, Kemény zu beruhigen, aber vier Tage später wurde die Arbeit des Schwedischen Roten Kreuzes verboten.[22]

Auch die Schweizer Gesandtschaft geriet in Bedrängnis. Am 12. Dezember war ihr Geschäftsträger Kilchmann überraschend in die Schweiz aufgebrochen. Seine Aufgaben übernahm Harald Feller. Zwei Tage später wurden 24 Inhaber schweizerischer Schutzbriefe von den Pfeilkreuzlern ermordet. Wallenberg mußte sich verstärkt für seine Schützlinge einsetzen: «Die Gesandtschaft kann die ihr zugekommenen Aufgaben kaum lösen, weil die Bewegungsfreiheit des Personals und der Betrauten stark erschwert wird. In unzähligen Fällen können dieselben ihren Aufgaben nicht entsprechen, weil sie unterwegs in Schutzhaft genommen werden, in welchen Fällen die Gesandtschaft sich dann mit ihrer Befreiung befassen muß ... Die praktische Durchführung unzähliger Verfügungen wird infolge neuerer behördlicher Vorschriften unmöglich. Nichtsdestoweniger bietet die Gesandtschaft alles auf, um die behördlichen Verfügungen einzuhalten und die Interessen der Schützlinge zu wahren.»[23]

Innenminister Vajna sprach unterdessen mit Himmler. Nach Vajnas Angaben befanden sich zu diesem Zeitpunkt etwa 120000 Juden im Ghetto von Budapest – was um einiges zu hoch angesetzt ist. Im «Sonderghetto» sollen sich 18000 Schutzjuden befunden haben. Laut Vajna befanden sich 78 Arbeitskolonnen mit jeweils etwa 200 Personen auf dem Weg ins Reich. Über das Gespräch berichtete Vajna: «Himmler interessierte sich sehr für die Schutzjuden. Er fragte auch nach unseren zukünftigen Plänen bezüglich der

Judenfrage. Ich antwortete, daß wir seinerzeit mit der Deutschen Gesandtschaft ein Abkommen trafen, wonach alle Juden leihweise zur Arbeit ins Reich überführt werden ... von nun ab (werden) alle Juden seitens des Reiches übernommen.» Und er schließt mit dem Satz: «Glaube an den sicheren Sieg. Der Krieg müsse bis Ende 1945 beendet sein – siegreich –.»[24] Mit einem dermaßen realitätsfernen Innenminister mußte Wallenberg nun zurechtkommen.

Als Wallenberg eines Abends nach Hause kam, erwarteten ihn Eichmann und einer seiner Gehilfen. Wallenberg hatte vergessen, daß er sie zu einem Essen eingeladen hatte. Er rief bei seinem Kollegen Lars Berg an. Dieser ließ schnell etwas zubereiten, und so fand das Treffen bei Berg statt. Er hat in seinen Erinnerungen davon erzählt: «Wallenberg ... begann ... völlig gelassen eine Diskussion über die NS-Lehre und die zu erwartende Entwicklung des Krieges. In furchtlosen, klaren und logischen Sätzen zerriß Raoul die Nazi-Lehre in Stücke und sagte allen Nazis eine sehr schnelle und vollständige Zerstörung voraus. ... Eichmann erwiderte schließlich: ‹Ich stimme zu, daß Sie recht haben, Herr Wallenberg. ... Für mich wird es keine Rettung geben, aber wenn ich meinen Befehlen aus Berlin nachkomme und meine Macht hier in Budapest weiterhin rücksichtslos ausübe, werde ich in der Lage sein, meine Tage der Gunst zu verlängern. Ich warne Sie deshalb, Herr Legationssekretär, ich werde mein Äußerstes geben, um Sie zu bekämpfen und Ihr schwedischer Diplomatenpaß wird Ihnen nicht helfen, wenn ich es für notwendig erachte, Sie zu beseitigen. Selbst einem neutralen Diplomaten könnte ein Unglück zustoßen.›»[25]

Eichmann wiederholte seine Morddrohung vor Mitarbeitern des Schwedischen Roten Kreuzes. Nun sah sich die schwedische Gesandtschaft veranlaßt, etwas zu unternehmen. Am 15. Dezember informierte Danielsson seine Vorgesetzten in Stockholm, die Gesandtschaft in Berlin wurde sofort informiert. Am 17. Dezember protestierte der Gesandte Richert bei von Erdmannsdorff vom Auswärtigen Amt, der meinte nur: «Hunde, die bellen, beißen nicht».

Erdmannsdorff richtete aber ein Telegramm an die deutsche Gesandtschaft in Budapest, in dem es heißt: «Der Chef des SS-Kommandos für die Lösung der Judenfragen in Budapest habe angeblich durch einen Herrn Eichmann einem Angestellten des Schwedischen Roten Kreuzes in Budapest mitgeteilt, daß er die Absicht habe, den sogenannten Judenhund Wallenberg zu erschießen ... Äußerungen ähnlicher Art (gibt es vom) Stellvertreter des SS-Kommandochefs ... Ich habe dem Schwedischen Gesandten gesagt, daß wir seine Mitteilungen nachprüfen würden, daß aber die von ihm erwähnten Äußerungen, falls sie wirklich gefallen seien, sicher nicht ernst gemeint gewesen seien. Der Gesandte ... verwies aber darauf, daß ... die in Budapest ... herrschende Stimmung zu ernsten Zwischenfällen führen könnte...»[26]

Der schwedische Gesandte Richert erreichte auch, daß Schellenberg – Chef des Amtes VI (Auslands-SD) im RSHA – über den Vorfall informiert wurde, der sogleich ein Blitztelegramm nach Budapest geschickt haben soll. Schellenberg habe zudem Himmler in dieser Sache informiert.[27]

Wenige Tage später rechtfertigte Veesenmayer Eichmanns Verhalten. Es entspreche den Tatsachen, daß es «des öfteren in letzter Zeit berechtigten Anlaß zu Kritik gegen Angehörige des Judenbüros Budapester schwedischer Gesandtschaft» gegeben habe. Wallenberg habe «sich in durchaus unüblicher Weise für ungarische Juden eingesetzt ..., die zum Grenzarbeitsdienst eingezogen waren. Es feststeht auch, daß dabei mit absolut illegalen Mitteln versucht wurde, diese unter Schutzpaßverteilung der gesetzlich verankerten Arbeitsverpflichtung zu entziehen. Aus dieser Stimmung heraus sind berichtete Äußerungen möglicherweise gefallen, jedoch nicht als ernsthafte Drohung, sondern vielmehr um auf weitere derartige Manipulationen abschreckend zu wirken.»[28] Eine Stellungnahme Eichmanns erfolgte nicht mehr. Er floh am 23. Dezember vor den anrückenden Russen aus Budapest.

Danielsson erfuhr von einem Dienstmann des Außenministeriums, daß die Angriffe auf das Schwedische Rote

Kreuz nur der Anfang gewesen wären. Geplant waren Maßnahmen gegen Juden, die sich illegal in schwedischen Schutzhäusern aufhielten. Die danach noch übriggebliebenen schwedischen Schutzjuden sollten anscheinend nach Komárom gebracht werden. Als Motiv wurden die schmachvolle Behandlung von ungarischen Diplomaten in Stockholm und die in der schwedischen Presse aufgetauchte Behauptung, daß Szálasi wahnsinnig sei, genannt.[29]

Inzwischen schien man sich im ungarischen Außenministerium damit abgefunden zu haben, daß Schweden das Land nicht offiziell anerkennen würde. In erster Linie galt es nun, die schwedische Gesandtschaft dazu zu bringen, nach Sopron umzuziehen. Zwei Tage vor Weihnachten brachte der amtierende Außenminister Vöczköndy das bei einer Unterredung mit Wallenberg und Anger wieder zur Sprache. Im Gegensatz zu Kemény war Vöczköndy für Wallenbergs Vorstellungen nicht empfänglich. Er war früher Militärattaché in Stockholm gewesen und wegen seines Bekenntnisses zu den Pfeilkreuzlern des Landes verwiesen worden. Das gleiche Schicksal drohte er nun den schwedischen Diplomaten an. Wie er den Abbruch der diplomatischen Beziehungen erwirken wollte, zeigte sich am 24. Dezember. Bewaffnete Pfeilkreuzler drangen in verschiedene schwedische Gesandtschaftsgebäude ein und verschleppten Berg, Carlsson, Ekmark, Margareta Bauer und Asta Nilsson. Die Aktion war dennoch ein Mißerfolg, denn Danielsson hatte zunächst in der Nuntiatur und anschließend in einem Schweizer Gebäude bei Feller Zuflucht gefunden. Auch Wallenberg und Anger waren dem Angriff entkommen. Berg entledigte sich seiner Bewacher mit Hilfe eines deutschen Auftrags. Er nutzte den Umstand, daß die Deutschen beim Verlassen der Gesandtschaft ihre Räumlichkeiten unter seine Aufsicht gestellt hatten. Ekmark und Carlsson entkamen den Pfeilkreuzlern durch Tricks. Während sich Ekmark krank gestellt hatte, machte Carlsson seine Bewacher betrunken. Bauer und Nilsson waren ins Allgemeine Ghetto gebracht worden. Dem Delegierten des IKRK, Born, gelang es, beide zu befreien.

Anschließend berieten die wiedervereinten Gesandtschaftsmitglieder über die weitere Vorgehensweise.

Danielsson blieb mit drei anderen bei Feller. Berg und von Mezey gingen zurück in die Gesandtschaftsgebäude, die nun bewacht wurden. Wie von Mezey angibt, war er zweimal von Pfeilkreuzlern «verhaftet und mit der Mündung eines geladenen Gewehrs an meinen Rücken gedrückt zu Pfeilkreuzlernestern eskortiert» worden, und dies «ausdrücklich deshalb, weil die Schwedische Gesandtschaft Juden unter ihren Schutz nahm».[30] Wallenberg drängte es wieder nach Pest zu seinen Schützlingen.

Die Pfeilkreuzler-Banden schreckten in diesen Tagen vor nichts mehr zurück. Die Angriffe galten zunehmend auch Kindern. Waisenhäuser wurden geräumt und die Kinder in das Allgemeine Ghetto gebracht. Wallenberg richtete am 22. Dezember eine ausführliche Note an das ungarische Außenministerium. Unter anderem bat er darum, das Kinderheim und das Säuglingsheim, die unter schwedischem Schutz standen, zu erhalten: «Die Kinder sind in der Mehrheit so jung, daß sie nicht einmal laufen können. Ihr Umzug würde geschlossene Autos oder Wagen erfordern, und diese sind nicht erhältlich.»[31] Am selben Tag kamen die Vertreter der neutralen Staaten zusammen. Es wurde eine letzte gemeinsame Note verfaßt, in der man vor allem für die Kinder eintrat: «Warum denn diese unschuldigen Wesen dazu zwingen, daß sie an einem Orte leben, der in vielem einem Gefängnis ähnelt; wo die armen Kleinen nichts anderes als Elend, Leiden und die Verzweiflung der Greise und Frauen sehen werden, die nur wegen ihrer rassischen Abstammung verfolgt werden?» Man erwarte, «daß *alle Kinder* (samt ihren Müttern, wenn es sich um Säuglinge handelt) außerhalb des Ghettos, auf den von diplomatischen Gesandtschaften eingerichteten Schutzstellen, oder in den verschiedenen Anstalten des Roten Kreuzes bleiben.»[32]

Da Ungarn die Maßnahmen gegen das Schwedische Rote Kreuz nicht zurücknahm, setzte die schwedische Gesandtschaft den ungarischen Behörden eine Frist von fünf

Tagen. Gäbe es keine befriedigende Lösung, auch im Hinblick auf die fortgesetzten Übergriffe, werde die Gesandtschaft wohl zurückgerufen. Danielsson war sich nicht sicher, ob er die Sache auf die Spitze treiben sollte, denn nach der Abreise der Gesandtschaft wären ihre Schützlinge unweigerlich verloren gewesen. Daher erbat er Instruktionen vom schwedischen Außenministerium.[33] Er solle, hieß es, wenn möglich vermeiden, die Sache zu überspitzen.[34] Der schwedische Gesandte in Berlin bat die deutschen Stellen, dafür einzutreten, daß Ungarn die nötige Rücksicht auf die schwedische Tätigkeit walten lasse. In diesem Zusammenhang könne man darauf verweisen, daß sich die schwedische Gesandtschaft in Budapest auf Bitte der Deutschen um die verlassenen deutschen Gesandtschaftsräume und Wohnungen der Gesandtschaftsmitarbeiter kümmere.

Am 24. Dezember drangen Pfeilkreuzler in zwei Kinderheime ein, die durch Schweden und das Internationale Komitee des Roten Kreuzes geschützt waren. Der Verwalter des einen Heims telefonierte mit Otto Roboz, dem Direktor des Knabenwaisenhauses. Roboz versuchte, Wallenberg zu erreichen, da er der einzige war, der helfen konnte. Unter seiner Geheimnummer bekam er keine Verbindung, konnte aber schließlich mit einer Sekretärin Wallenbergs sprechen, die ihn informierte. Wallenberg intervenierte sofort. Mittlerweise verschärfte sich die Lage im Kinderheim in der Munkácsy Mihály utca: Ein eineinhalbjähriger Säugling, ein Dreijähriger und ein 15jähriger wurden erschossen. Man ermordete zwei alte Frauen und eine Mitarbeiterin. Die restlichen Bewohner wurden in die Radetzky-Kaserne verschleppt. Wallenberg erreichte, daß die Kinder ohne weiteres Blutvergießen in das Allgemeine Ghetto gebracht wurden. Fünf Kinder aus dem anderen Kinderheim wurden an verschiedenen Orten umgebracht.[35]

Trotz der unheilvollen Lage im Dezember überlegten sich Mitarbeiter und Schützlinge Wallenbergs, wie sie ihm zu Weihnachten eine Freude machen könnten. Fünf seiner Mitarbeiter malten und zeichneten insgesamt 18 Bilder, die den «Schutzpaß in der Kunstgeschichte» zeigen. Sulner

Aus dem Album «Der Schutzpass in der Kunstgeschichte».

schrieb ein «wissenschaftliches Vorwort», und Dr. Peter Sugár verfaßte eine «Weihnachtselegie», die sich im Anhang dieses Buches findet. Die Zeichnungen und die gesamte Gestaltung zeigen die tiefe Verbundenheit mit Wallenberg. Die Reproduktionssammlung «erschien» im «Schutzpaßverlag 1944« in einem Exemplar und mit dem Hinweis «Nachdruck verboten».[36]

Auch die Zeichnungen sind erhalten geblieben. Sie zeigen z. B. die Reproduktion eines griechischen Vasengemäldes mit «Pfeilschützen, die erschrockenen und flehenden Griechen Schutzpässe zerreißen.» Auf einem anderen wird ein Mosaikboden «der bisantinischen Gesandtschaft in Skoppelje» dargestellt, auf dem Wallenberg («Wallenbergon Hagios») und seine engsten Mitarbeiter abgebildet sind. Mal wird gezeigt, wie Jonas dem Walfisch durch Vorlage eines Schutzpasses entkommt, dann Don Quijotes trauriger und kampfloser Rückzug von einer geschützten Mühle.

Auch die «Rue de Minerva mit der Gesandtschaft und auf Schutzpässe wartenden Leuten» wurde nicht vergessen. Aus dem «Meisterbuche von Sans Hachs» ist eine Reproduktion einer Schutzpaßwerkstatt entnommen. Als letztes Buch wird «R. Wallenberg: Eine humanitäre Mission im Lande der Wilden. 1946. Stockholm» in einem «Quellenverzeichnis» angeführt.

Am 23. Dezember konnte die schwedische Gesandtschaft in Budapest über die Gesandtschaft in Berlin und das schwedische Außenministerium Wallenbergs Mutter ausrichten lassen, daß es ihrem Sohn gutgehe und er ihnen frohe Weihnachten wünsche. Drei Tage später kam es gegen Mitternacht zu einer wichtigen Begegnung. Der Pfeilkreuzler Pál Szalai nahm Verbindung mit Wallenberg auf. Szalai war zwischen 1936 und 1942 Mitglied der Pfeilkreuzler gewesen, dann aber ausgetreten. Er hatte erkannt, daß die Pfeilkreuzler eine terroristische Bewegung waren. Nach ihrem Putsch hatten sie versucht, ehemalige Mitglieder für sich zu gewinnen. Szalai wurde zunächst Sekretär einer Pfeilkreuzlergruppe in Budapest. Er hoffte, auf diese Weise den Verfolgten helfen zu können. Bald darauf wurde er zum

Verbindungsmann zwischen den Pfeilkreuzlern und dem Polizeihauptquartier. Der Pfeilkreuzler Károly Szabó, Inhaber eines Schreibmaschinengeschäfts, stellte die Verbindung zu Wallenberg her. Szalai gewann Wallenbergs Vertrauen und bot seine Hilfe an. In der nächsten Zeit trafen sich beide oft mehrmals täglich. Szalai beeindruckte vor allem, daß Wallenberg nicht nur den schwedischen Schützlingen helfen wollte, sondern allen Verfolgten. Wallenberg schickte die Helfer anderer Länder, etwa Giorgio Perlasca und den Schweizer Peter Zürcher, zu Szalai. Auch den Kontakt zu den neuen Judenratsvorsitzenden Miksa Domonkos und Lajos Stöckler stellte er her. Eines Tages fuhr er mit Szalai im Auto zur Harmincad-utca. In einem Bankgebäude gingen beide in den Keller. Dort fand sich ein großer Tresorraum, die Tür stand offen. Szalai sah Menschen in diesem Raum auf Strohmatratzen liegen. Diese Leute, sagte Wallenberg, seien wertvoller als Geld – unter ihnen seien berühmte Schriftsteller und bekannte Bankiers.[37]

Szalais Beistand war dringend erforderlich. Die Pfeilkreuzlerbanden hatten den Einmarsch der Russen vor Augen und lebten ihre Macht noch einmal aus. Am 29. Dezember verschleppten sie den Schweizer Geschäftsträger Feller zusammen mit Baronin Perényi. Sie vernahmen ihn stundenlang in Gegenwart des berüchtigten Paters András Kun. Nach sechs Stunden war der Spuk vorbei, und die beiden durften wieder gehen. Zwei Tage später wurde das Glashaus in der Vadász utca 29 überfallen, in dem sich die Schweizer Auswanderungsabteilung befand und hunderte Juden Zuflucht gefunden hatten. Die Pfeilkreuzler warfen eine Handgranate und schossen in das Gebäude. Drei Todesopfer waren zu beklagen. Hunderte Juden wurden auf die Straße getrieben. Die beiden Schweizer Zürcher und Vonrufs, die sich seit Lutz' Aufenthalt auf der Budaer Seite der Schweizer Schützlinge angenommen hatten, konnten Schlimmeres verhüten.

Am 30. Dezember kam es zu mehreren schwerwiegenden Übergriffen. Aus dem schwedischen Schutzhaus in der Katona József utca 21 wurden 170 Personen verschleppt, die meisten wurden ermordet. Wallenberg konnte nicht mehr eingreifen. Auch 40 Schützlinge aus dem Haus Légrády Károly utca 48 wurden umgebracht.

Mit dem Schrecken kamen die Schützlinge in der Révay utca 16 am 1. Januar 1945 davon. Wallenberg konnte zusammen mit Szabó die 80 Bewohner retten. Auch der Nuntius soll daran beteiligt gewesen sein. Aus der Légrády Károly utca 39 wurden 25 schweizerische und 21 schwedische Schutzpaßinhaber an die Donau getrieben und dort erschossen. Schon seit geraumer Zeit hatte es solche Mordaktionen an der Donau gegeben. Man fesselte immer drei Menschen zusammen und erschoß den Mittleren, worauf alle drei in den eisigen Fluß stürzten. Eine Mitarbeiterin Wallenbergs, Agnes Adachi, erinnert sich, daß Wallenberg Ende Dezember von gerade stattfindenden Mordaktionen hörte. Zusammen mit anderen ging er in die Nähe des Ortes. Unmittelbar einzugreifen war unmöglich, auch er wäre – trotz seines Diplomatenstatus – erschossen worden. Wenn geschossen wurde, sprangen vier von Wallenbergs Leuten ins Wasser, schwammen zu den Opfern und zogen sie heraus. Die Geretteten wurden zu wartenden Lastwagen gebracht und in Wallenbergs Krankenhaus gefahren. Nach Adachis Erinnerung konnten bei dieser Rettungsaktion zwischen fünfzig und sechzig Menschen vor dem Tod bewahrt werden.[38]

Jetzt geriet auch das Internationale Ghetto, der Bereich der Schutzhäuser, in Gefahr. Der Parteibeauftragte für die Verteidigung Budapests, Ernö Vajna, ordnete am 1. Januar 1945 an, alle Juden seien in das Allgemeine Ghetto zu überführen. Da das Ghetto überfüllt und die Versorgungslage bedrohlich war, versuchten Wallenberg und seine Schweizer Kollegen, das Vorhaben zu verhindern. In den nächsten drei Tagen sollen etwa 5000 Juden aus den geschützten Häusern in das Allgemeine Ghetto gebracht worden sein.[39] Daraufhin wandte sich Wallenberg an die höchste deutsche Militärbehörde: «Dieser Plan muß von allen menschlichen Gesichtspunkten aus als vollkommen wahnsinnig und bestialisch bezeichnet werden. Der Königlichen Gesandtschaft ist nicht bekannt, daß ein solcher Plan jemals von einer Regierung eines zivilisierten Staates durchgeführt wurde.»[40]

Wallenberg kam zu Ohren, daß am 4. Januar auch schwedische Schutzhäuser geräumt werden sollten. Aus einer handschriftlichen Notiz an seinen Mitarbeiter Elemér Milkó geht hervor, daß seine ersten Bemühungen keinen Erfolg hatten:

«*Milko*

1) Änderung des Befehls leider unmöglich

2) Sie möchten die Polizisten bitten, keinesfalls mehr als den gerechten Anteil von Schweden in die *erste* Umsiedlung mitzunehmen

3) Während der Nacht sind die kleinen Lebensmittelvorräte an die Häuser zu verteilen (eingefügt: «wenn unmöglich dann soll diese Verteilung vorbereitet werden in Tatra-u 6 so daß Hausportionen fertig sind») und in den Häusern an die Einwohner. Die Leute sollen nicht Papierpakete machen sondern in Kleiderstücke die Sachen einrollen

4) Es soll mitgeteilt werden an alle im Fremdenghetto, daß die Gesandtschaft keinen weiteren Schutz bieten kann und daß das Ghetto eingemauert wird. In die Schutzhäuser werden wahrscheinlich verschiedene Flüchtlinge sofort einziehen. Es wird eine Begrenzung der mitzunehmenden Sachen vorgeschrieben aber jeder soll sich vorbereiten, das mögliche mitzunehmen. Bestes Glück!»[41]

Milkó verlor die Hoffnung und beging Selbstmord. Noch am 4. Januar wurden die ersten schwedischen Schützlinge umgesiedelt. Wallenberg setzte jedoch seine Anstrengungen fort. Am 5. Januar verhandelte er mit Ernö Vajna. Man kam überein, daß 3700 schwedische Schützlinge in den Schutzhäusern bleiben durften, ebenso das schwedische Krankenhaus. Wallenberg hielt in einem Brief an Vajna zudem fest, daß «eine sehr große Anzahl» von Schützlingen bereits ins Allgemeine Ghetto gebracht worden waren. Wallenberg war Vajna offenbar entgegengekommen. Er versprach, Lebensmittel an die Polizei zu übergeben.[42]

Wallenbergs Bemühungen werden auch in einem Protokoll Zürchers von der Schweizer Gesandtschaft erwähnt, der am 6. Januar die Information erhalten hatte, daß am selben Vormittag Schweizer Schützlinge abtransportiert werden sollten. Wallenberg habe «Verhandlungen mit dem momentanen Führer der Nyilas-Partei, Hidassy, geführt ..., mit dem Resultate, daß eine gleiche Aktion gegen die Juden in den sogenannten Schwedenhäusern für 24 Stunden gestoppt werden konnte.»[43]

Von Wallenbergs Pfeilkreuzler-Verbündeten Szalai erhielt Zürcher die Mitteilung, daß Wallenberg auch mit Ernö Vajna verhandelt hatte. Der billigte einen Aufschub von 48 Stunden zu, nahm ihn aber später wieder zurück. Er begründete das mit der Behauptung, in der Nacht sei aus einem schwedischen Schutzhaus in der Katona Jószef utca mit einer Maschinenpistole auf eine Patrouille geschossen worden. Am 7. Januar sprachen die Schweizer Zürcher und Ernst Vonrufs erneut mit Szalai, dem es bislang nicht gelungen war, Vajna umzustimmen. Der Vertreter der ungarischen Regierung im Außenministerium, der radikale Pfeilkreuzler Csiky, hatte offenbar einen zu starken Einfluß auf Vajna. Aus Sicht der Partei könnten wegen des «Attentats-Zwischenfalls» aus dem schwedischen Schutzhaus keine Erleichterungen mehr gewährt werden. Zudem könne man die Exterritorialität der gesandtschaftlichen Gebäude nicht weiter garantieren, da die Gesandtschaften der Aufforderung, Budapest zu verlassen, nicht gefolgt seien. Szalai teilte den Schweizern mit, Vajna erwarte sie im Außenministerium. Er riet ihnen, «sich auf keinen Fall dorthin zu begeben, da zufolge der Einquartierung von Terroristen im Gebäude des Außenministeriums für die persönliche Sicherheit nicht mehr garantiert werden könne.»[44] Wie Zürcher in seinem Protokoll festhielt, hatte Szalai auch Wallenberg den Rat gegeben, «am besten für die nächste Zeit» zu verschwinden.[45]

In der Oberstadthauptmannschaft konnten Zürcher und Vonrufs am 8. Januar tatsächlich mit Vajna sprechen. Vajna hielt eine Räumung der Schutzhäuser aus militärischen Gründen für erforderlich. Man einigte sich dann jedoch darauf, daß die verbliebenen Juden, die gültige Schutzpässe besaßen, im Internationalen Ghetto bleiben durften. Ob Wallenberg an diesem Tag ebenfalls mit Vajna verhandelt hat, ist ungewiß. Dafür spricht, daß von schwedischer Seite eine Liste von Schutzpaßinhabern für Vajna hergestellt wurde.[46] Jedenfalls wurde erreicht, daß seit dem Abtransport vom 4. Januar keine weiteren schwedischen Schützlinge ins andere Ghetto wechseln mußten. Auch Zürcher und Vonrufs hatten für ihre Schützlinge das gleiche erreicht.

Andererseits war damit die Gefahr nicht gebannt. Den schwersten Angriff auf ein schwedisches Schutzhaus gab es am 8. Januar. Wenige Tage vor der Befreiung wurden 180 Juden aus der Jókai utca 1 verschleppt und in den nächsten Tagen an der Donau oder in den Straßen erschossen. Weitere 100 Personen aus dem Haus blieben am Leben. Ein weiterer Angriff galt dem schwedischen Haus in der Üllöi út, wo 156 Juden untergebracht waren. Wallenbergs Verbündete Szalai und Szabó konnten alle retten, darunter auch Lajos Stöckler.

10. Letzte Hilfe und Zukunftspläne

Wallenberg war spätestens nach Szálasis Machtübernahme klar, daß eine baldige Heimreise über Deutschland nicht mehr in Betracht kam. Mitte Oktober sah er, daß er über Rußland fahren müßte. Am 8. Dezember hatte er seiner Mutter geschrieben, er rechne nicht damit, vor Ostern zurückzukehren: «Ich bleibe wahrscheinlich in jedem Fall noch sehr lange hier.» Offener äußerte er sich am gleichen Tag in einem Brief an Lauer. Der Brief ist zugleich der erste Hinweis auf Wallenbergs wirkliche Pläne für die Zeit nach der Befreiung: «Ich habe den Plan, nach Besatzung durch die Russen, da ich sowieso nicht nach Hause kommen kann, eine Interessenten-Vereinigung für die Wiedergewinnung der Vermögens-Gegenstände der Juden zu starten.»[1]

Ungewiß ist, ob die von Wallenberg geplante Interessenten-Vereinigung zunächst nur für den von ihm genannten Bereich vorgesehen war. Daraus entwickelte sich ein umfangreiches Projekt. Mehrere seiner Mitarbeiter widmeten sich in den folgenden Wochen diesen Plänen. Wallenberg schrieb dazu schließlich einen Aufruf nieder. Der erste Satz lautete: «Ich bitte um Entschuldigung, daß ich mich in dieser unbescheiden klingenden Weise zum ersten und zum letztenmal in erster Person an die Öffentlichkeit wende.» Das war eine Anspielung darauf, daß er sonst im Verborgenen gearbeitet hatte. Weiter heißt es: «Ich bin Schwede, Sohn eines neutralen Landes. Mein Land und ich haben die Neutralität niemals als eine bequeme passive Aufgabe aufgefaßt. Im Gegenteil. Meine Landsleute sind gegen die Leiden der Menschheit viel weniger abgestumpft als die Leidenden selbst. Es werden in Schweden für die Unglücklichen der ganzen Welt Tränen vergossen, für die schwindenden kulturellen und zivilisatorischen Güter getrauert und das ganze Land ist von Hilfsbereitschaft erfüllt

(...) eine dieser Aktionen (war) die sogenannte humanitäre Aktion der Gesandtschaft in Ungarn (...)Ich habe nun seit vielen Monaten die Leiden des ungarischen Volkes gesehen und – ich darf es wohl sagen – seelisch mitgemacht, als wären diese meine eigenen. Ich sehe nun alle Gebiete klar, wo eine dringende Hilfe notwendig ist.»[2]

Der Text ist mehr als nur ein Rückblick auf sein Handeln, das Wallenberg in der Tradition seines Landes sah. Wichtiger ist sein persönliches Bekenntnis. Er hat diese Tradition gleichsam außerhalb der nationalen Grenzen verwirklicht. Denn in Budapest war er nicht einfach Beobachter oder jemand, der einen Auftrag ausführte. Er sprach nicht nur von den Leiden der Juden, sondern von denen des ungarischen Volkes. Die Ausgrenzung sollte zu Ende sein.[3] Den Ungarn, die passiv geblieben waren, sollte gezeigt werden, daß ein Zusammenleben dennoch möglich sei.

Die von Wallenberg geplante Institution sollte – von der Gesandtschaft unabhängig – beweglich, umfassend wirksam und rasch reagierend, auf private Initiative gegründet sein, von der schwedischen Regierung und humanitären Institutionen in der ganzen Welt unterstützt. Um effizienter wirken zu können, sollte die Organisation wirtschaftlich orientiert sein. Wallenbergs Kollegen wünschten, daß die Organisation den Namen *Wallenberg-Institut für Rettung und Rehabilitation* tragen sollte. Die Verwaltung und die Mitarbeiter sollten Wallenberg unterstellt sein. Für die Auswahl der Mitarbeiter waren – sehr typisch für die Einstellung ihres Initiators – menschliche Sympathie, Aufrichtigkeit und Leistungsfähigkeit entscheidend. Seine eigenen Mitarbeiter hatten in diesen Zeiten für ihn Maßstäbe gesetzt.

Zu den wichtigsten Gebieten der Organisation sollten die Suche nach vermißten Angehörigen, medizinische Versorgung und Speisung von Gemeinden, Wiederherstellung von geschäftlichen Beziehungen, sowie speziell für die Juden die Wiederherstellung der Existenzgrundlage gehören.[4]

Die Organisation sollte nicht vom Ausland finanziert, sondern durch die einbezogenen Personen sichergestellt werden. Jeder, der sich um Hilfe an die Organisation wende, sollte Mitglied werden. Eine Benutzungsgebühr für gewerbliche, planerische oder die Bank betreffende Dienste sollte vorgesehen werden. Spenden sollten weder angenommen noch vergeben werden, um unabhängig zu sein. Wallenberg beabsichtigte sein persönliches Vermögen zunächst als Anleihe zur Verfügung zu stellen.

Die Inhalte der Organisation erinnern an den Marshallplan. Wallenberg nannte sein Vorhaben «Nansen-Plan» – und erinnerte damit an Fridtjof Nansen, der für staatenlose Flüchtlinge den *Nansenpaß* angeregt hatte. Zur Durchführung des Planes war zunächst eine Kontaktaufnahme mit dem zuständigen General der Roten Armee und der neuen Provisorischen ungarischen Regierung geplant. Beide befanden sich in Debrecen. Die Befreiung Budapests mußte abgewartet werden.

Gegen Ende Dezember 1944 sah man in Schweden das Schicksal der Gesandtschaftsmitglieder in Budapest mit zunehmender Sorge. Am 28. Dezember erreichte das Schwedische Konsulat in Wien aus Stockholm die Anfrage: «Seit 23. Dezember fehlen alle Nachrichten aus unserer Gesandtschaft in Budapest. Die Möglichkeit besteht, daß sie nach West-Ungarn evakuiert worden ist. Bitte Auskunft betreffend Verbleib und Befinden der Gesandtschaft zu ermitteln. Cabinet.»[5]

Richert meldete am 29. Dezember telefonisch aus Berlin, das Auswärtige Amt sei informiert, daß «Gesandter Danielsson ... sich an unbekanntem Ort in Budapest verborgen und Legationssekretär Wallenberg ... sich unter den Schutz der deutschen Truppen gestellt» habe.[6]

Da Schweden die Interessen der Sowjetunion in Ungarn vertrat und mithin auch Schutzmacht der sowjetischen Kriegsgefangenen in Ungarn war, lag es nahe, nun bei der Sowjetunion um Schutz für die Budapester Gesandtschaft zu bitten. Dem schwedischen Botschafter in Moskau, Staffan Söderblom, wurde am 30. Dezember ein Verzeichnis der Gesandtschaftsmitglieder zur Weitergabe an das sowjetische Außenministerium übermittelt. Auf der Liste stand auch Legationssekretär Wallenberg. Söderblom bat darum, die sowjetischen Militärbehörden zu veranlassen, den Mitgliedern der Budapester Gesandtschaft nach der Befreiung beizustehen. Die Mission bleibe in Budapest, um ihren Verpflichtungen gegenüber der Sowjetunion nachkommen zu können. Zudem befänden sich etwa 15 000 Juden unter dem Schutz der Gesandtschaft.[7]

Das vermutlich letzte Treffen zwischen Wallenberg und Danielsson fand in Anwesenheit von Anger und Feller in Buda statt. Von dem ungarischen Polizeibeamten im Außenministerium, Svaszta, war Feller informiert worden, der Pfeilkreuzler Csiky wolle Wallenberg zu einer Besprechung bitten und ihn erschießen lassen. Feller hatte daraufhin Danielsson verständigt, der Wallenberg kommen ließ.[8] Wallenberg sah keinen Grund, seine Tätigkeit einzustellen. Er fuhr vielmehr mit seinem Chauffeur Vilmos Langfelder, dem Fotografen Veres und anderen auf die Burghöhe, um sich einen Überblick über die militärische Lage zu verschaffen.

Am 10. Januar 1945 verlegte Wallenberg sein Büro in die Benczur-utca 16, wo sich eine Abteilung des Internationalen Roten Kreuzes befand. An diesem Tag machte sich Anger in Begleitung Wallenbergs auf den Weg zum ungarischen General Hindy, um den Schutz für die Gesandtschaft und deren Mitarbeiter sicherzustellen.[9] Nach dem Treffen verabschiedete sich Anger von Wallenberg, nachdem er zuvor gefragt hatte, ob Wallenberg nicht bei den anderen Gesandtschaftsmitgliedern bleiben wolle. Wallenbergs Antwort: «Für mich gibt es keine andere Wahl. Ich habe diese Aufgabe übernommen, und ich könnte nie nach Stockholm zurückkehren, wenn ich nicht die Gewißheit hätte, daß ich alles in menschlicher Macht Stehende getan habe, um so viele Juden wie möglich zu retten.»[10]

Am 13. Januar erreichten erste sowjetische Soldaten das Gebäude in der Benczur-utca 16. Wallenberg ging auf sie zu und stellte sich als schwedischer Staatsbürger und Bevollmächtigter Schwedens – der Schutzmacht für die russischen Kriegsgefangenen – vor.[11] Er bat den sowjetischen Sergeanten, mit einem höheren Offizier sprechen zu dürfen. Der kam kurze Zeit später mit einem Offizier zurück. Wallenberg erklärte ihm auf Deutsch seine Wünsche. Sein diplomatischer Status wurde anerkannt. Zur Bewachung des Hauses wurden Major Dimitrij Demtschinko sowie ein Leutnant und zwei Soldaten abgestellt. Wallenberg und sein Chauffeur Langfelder fuhren daraufhin mit dem Offizier zum russischen Kommando in Pest. Wallenberg war darauf vorbereitet, die Nacht über festgehalten zu werden, und hatte Schlafsachen und Toilettenartikel mitgenommen. Die erste Mitteilung über Wallenberg erhielt das sowjetische Außenministerium wohl am 14. Januar. Zwei Tage später wurde der schwedische Botschafter in Moskau durch den sowjetischen Vizeaußenminister Wladimir Dekanossow darüber informiert, daß Raoul Wallenberg in der Benczur-utca angetroffen und unter den Schutz der Sowjettruppen gestellt worden sei. Die Militärbehörden versprachen, alles für den Schutz Wallenbergs und seines Eigentums zu tun.[12]

Am 14. Januar wurde Wallenberg von Mitarbeitern im Ghetto gesehen. Dort sprach er mit sowjetischen Offizieren. Ob es eine zufällige Begegnung war oder ob sie Wallenberg begleitet hatten, ist nicht sicher. Jakow Walach, ein Offizier der Politabteilung einer sowjetischen Division, dolmetschte bei einer Besprechung zwischen Wallenberg und Mitgliedern des Divisionsstabs der 151. Schützendivision. Auf die Frage, warum Wallenberg sich nicht irgendwo in einem Keller versteckt hätte, sagte Wallenberg, seine Mission, Menschen zu retten, sei noch nicht beendet. Ein Oberst befahl Walach, mit niemandem über Wallenberg zu sprechen.[13]

Am 17. Januar sollte Wallenberg zu Marschall Malinowskij ins russische Hauptquartier nach Debrecen fahren, um sein Projekt vorzustellen. Dort befand sich auch die Provisorische ungarische Regierung, die Wallenberg ebenfalls aufsuchen wollte. Einen Tag zuvor hatte sich Wallenberg unter anderem mit Dr. György Gergely vom Roten Kreuz getroffen. Dieser wollte eigentlich mit Wallenberg gemeinsam zu Malinowskij, das wurde ihm aber nicht gestattet.

Vilmos Langfelder, Wallenbergs Mitarbeiter und Leidensgenosse

Am gleichen Tag kam Wallenberg zusammen mit Langfelder und drei Funktionären der politischen Polizei Malinowskijs zur Benczúr-utca zurück. Er verabschiedete sich von seinen Mitarbeitern und erklärte, daß er zu Marschall Malinowskijs Stab bei Debrecen reisen werde. Als er László Petö sah, bat er ihn mitzukommen. Wallenbergs Gepäck wurde verladen, und man fuhr zu einem anderen Büro Wallenbergs in der Tátra utca 6. Sie wurden von einem NKWD-Funktionär und zwei politischen Polizisten auf dem Motorrad begleitet. Wallenberg ging in das Büro im ersten Stock, Petö suchte in einem anderen Haus Bekannte auf. Die russischen Bewacher warteten vor dem Haus. Wallenberg sprach mit dem Kanzleichef Reszö Müller und dem Buchhalter Eugen Biró und erkundigte sich nach seinen Schützlingen. Er übergab Biró 100 000 Pengö. Etwa eine

Million Pengö behielt Wallenberg vermutlich zurück. Er erinnerte Müller daran, daß in einem Safe in der Hazai Bank Diamanten und andere Wertgegenstände versteckt seien. Er, Wallenberg, stünde unter russischer Bewachung und verbringe jede Nacht in einem anderen Haus. Wiederum sagte er, daß er zu Malinowskij reise. Er wisse aber nicht, ob als Gast oder Gefangener. Schließlich fuhr Wallenberg mit Petö weiter. Das Auto rammte unterwegs einen russischen Laster, und ein Mann von Wallenbergs Eskorte konnte die sowjetische Mannschaft daran hindern, Langfelder zu erschießen. Petö war schließlich doch zu dem Entschluß gekommen, in Budapest zu bleiben, da seine Eltern in Buda wohnten. An der Kreuzung Arená út/Benczúr utca stieg Petö aus und verabschiedete sich von Wallenberg.

Am 17. Januar verschwanden Raoul Wallenberg und sein Chauffeur Langfelder, der ihm bei vielen Rettungsaktionen geholfen hatte. Es ist der Anfang eines beispiellosen staatlichen Versteckspiels und einer Serie von wahrheitswidrigen offiziellen Erklärungen. Lange ist spekuliert worden, wer die Verantwortung dafür hatte, daß Wallenberg in die Sowjetunion verschleppt worden ist. Nach der Öffnung von Archiven in Moskau konnte erst in den letzten Jahren das entscheidende Dokument gefunden werden. An eben diesem 17. Januar hatte der stellvertretende Verteidigungsminister der Sowjetunion, Nikolaj Bulganin, nach Ungarn telegraphiert, Wallenberg sei nach Moskau zu bringen. Warum das geschah, wurde nie zweifelsfrei geklärt.

Am 16. Januar hatten Soldaten der Roten Armee die Juden im Internationalen Ghetto befreit. Zu dieser Zeit bestand für das Allgemeine Ghetto große Gefahr. Seit Mitte Dezember hatte es Gerüchte gegeben, wonach das Allgemeine Ghetto gestürmt und die über 70000 Bewohner liquidiert werden sollten. Nach der Ermordung von Juden im Ghetto durch einzelne Pfeilkreuzler hatte Ernö Vajna angeordnet, daß es nur noch zwei Eingänge für das Ghetto geben sollte, für die Einlaßscheine erforderlich seien.

Wallenberg hatte daraufhin mit seinem Verbündeten Szalai, dessen Mitarbeiter Ferenc Perjéssy sowie den Vorsitzenden des Judenrates Stöckler und Domonkos beraten, auf welche Weise das Ghetto geschützt werden könnte. Wallenberg schlug vor, bewaffnete Wachen aufzustellen.[14] Szalai sorgte dann dafür, daß unter Perjéssys Befehl 100 Polizisten das Ghetto bewachten.

Zwei Tage vor der Befreiung des Ghettos informierte Perjéssy Szalai, daß etwa 500 deutsche Soldaten, 200 Polizisten und 22 Pfeilkreuzler einen Massenmord im Ghetto planten. Szalai überlegte zusammen mit Karoly Szabó, was dagegen unternommen werden könne. Szalai ging schließlich zu Ernö Vajna. Dieser wußte von den Plänen. Szalai fragte ihn, ob er nicht tätig werden wolle. Sollten die Ghettobewohner getötet werden, sei dies eine Schande für Ungarn. Vajna lehnte jede Hilfe ab. Die letzte Hoffnung war der deutsche Generalmajor Gerhard Schmidhuber.[15] Er war Kommandeur der 13. Panzer-Division, die zu den deutschen Kräften der «Festung Budapest» gehörte. Irrtümlich gab Szalai später an, Schmidhuber sei General der Waffen-SS und Kommandeur der Division «Feldherrnhalle» gewesen.[16] Szalai gelang es, mit ihm zu sprechen. Zunächst unterrichtete er Schmidhuber über die Aktion, auch darüber, daß einige seiner Soldaten daran beteiligt sein sollten. Szalai erinnerte sich an Wallenbergs Erlaubnis, notfalls in seinem Namen zu sprechen, wenn er nicht erreichbar sei. Daher drohte Szalai, Wallenberg werde dafür sorgen, daß Schmidhuber als Mörder oder Kriegsverbrecher[17] zur Rechenschaft gezogen würde, wenn er das Ghetto nicht vor der Zerstörung bewahrte.

Wallenbergs Name war Schmidhuber vertraut. Wallenberg hatte ihn wiederholt aufgesucht und bei der Gelegenheit den Kriegsverlauf auf einer Karte bei Schmidhuber verfolgt. Schmidhuber, der sich nach Angaben Szalais von den «politischen Generälen» ferngehalten habe[18], zeigte sich empört über die geplante Aktion. Er befahl die zuständigen Personen zu sich, wies Vajna und den Polizeikommandanten Kubissy an, das Verbrechen zu verhindern und ließ Verhaftungen vornehmen.[19]

Szalai stellte sich nach der Befreiung dem Volksgericht. Aufgrund der Aussagen von Mitgliedern des Judenrats und anderen Geretteten wurde er freigesprochen.

Gerhard Schmidhuber (1894–1945)

Diese Schilderung der Rettung des Allgemeinen Ghettos beruht auf den Aussagen von Szalai und Perjéssy.[20] Perjéssy hatte Szalai nicht nur von der Gefährdung des Ghettos informiert. Beide hatten auch nach dem Gespräch Szalais mit Schmidhuber miteinander gesprochen.

Behauptungen, Wallenberg habe Schmidhuber selbst aufgesucht,[21] oder Szabó eine Mitteilung mitgegeben[22], entbehren jeglicher Grundlage. Von anderer Seite werden dem General der Waffen-SS Karl Pfeffer von Wildenbruch[23], General Hindy[24] oder den Schweizern Zürcher und Vonrufs[25] die Rettung zugeschrieben. Gerhard Schmidhuber konnte nicht mehr befragt werden, wie sich die Rettungsaktion abgespielt hat. Am 11. Februar 1945 versuchten deutsche Truppen um 20 Uhr einen Ausbruch aus Budapest nach Westen. Kurz nach Beginn dieses Unternehmens ist Gerhard Schmidhuber in Budapest gefallen.

Pest war am 18. Januar, Buda am 13. Februar eingenommen worden. Für über 119 000 Juden war das eine Befreiung, während großen Teilen der Bevölkerung die weitere Zukunft Angst machte. Die Rote Armee kam nicht als Befreier, sondern als Eroberer, und das zeigte sich rasch auch im Verhalten der russischen Soldaten gegenüber den Juden. Einen schweren Stand hatten auch die Gesandtschaften, deren Rechte kaum gewahrt wurden. Was der schwedische Attaché Berg befürchtet hatte, trat ein. Durch die Vergabe tausender Schutzpässe zweifelten die Russen alle Gesandtschaftsdokumente an. Zudem standen so viele Gebäude unter schwedischem Schutz, daß die Russen sichtlich überfordert waren. Es nützte nicht viel, daß die schwedische Gesandtschaft die Interessen der Sowjetunion während des Krieges vertreten hatte.

Ein weiterer Nachteil war, daß Berg keine Dokumente in russischer Sprache vorweisen konnte. Trotz seiner und Per Angers Bitten hatte es das schwedische Außenministerium nicht für nötig gehalten, solche Papiere auszustellen. Wallenbergs leitende Mitarbeiter Wohl, Forgacs und Hegedüs wollten den Juden weiter Hilfe leisten. Berg machte ihnen deutlich, daß dies nicht mehr unter dem Namen der Gesandtschaft erfolgen konnte. Um das Ende der Hilfsaktion bekanntzumachen, gab Berg eine Erklärung an die Presse, in der es hieß, «daß sämtliche ... vor dem 1. Februar ausgestellten Arbeitsbescheinigungen, Schutzpässe, Schutzbriefe, Schutztafeln und andere Schutzpapiere ungültig sind ...»[26] Auch Anfragen anderer Konsulate über die Gültigkeit der Schutzpässe beschied das schwedische Außenministerium im Sinne von Bergs Ansicht und verneinte.[27]

Zusammen mit Hegedüs ging Berg zur Hazai Bank, in der Wallenberg eines seiner Büros hatte. Trotz Plünderung fanden sie ein Paket, das Wallenbergs Namen trug. Darin befanden sich 870 000 Pengö, ein Goldring und das Album «Der Schutzpaß in der Kunstgeschichte». Während das Geld für humanitäre Arbeit in Budapest verwendet wurde, nahm Berg die anderen Gegenstände später mit nach Schweden und übergab sie Wallenbergs Mutter. Berg konnte zunächst die Gesandtschaft auf der Pester Seite weiterführen. Mitte Februar zeigte die Sowjetunion großes Interesse an seiner und Wallenbergs vorheriger Arbeit. Mitarbeiter Wallenbergs und Bergs wurden verhört. Nicht zuletzt wollte man wissen, wer die deutsche Spionagetätigkeit gegen die Russen gelenkt hatte, Wallenberg oder Berg. Schließlich wurde auch Berg zum NKWD zitiert. Auch er mußte Angaben über Wallenberg machen. Zwei Tage später kamen Danielsson, Anger und Ekmark zu Berg. Sie waren zuvor außerhalb von Budapest interniert gewesen. Wenig später, am 20. März, verließen alle schwedischen Diplomaten Budapest, jedoch ohne Wallenberg und das Ehepaar Langlet. Die Reise führte zunächst mit dem Bus nach Bukarest, dann mit dem Zug über Odessa nach Moskau und weiter nach Schweden. In Bukarest gab es die erste Gelegenheit, ein Telegramm nach Stockholm abzusetzen. In Moskau trafen sie den schwedischen Botschafter Söderblom. Er riet Anger, bei der Ankunft in Schweden solle man keine Kritik an den Russen üben. Am 18. April erreichte die Gruppe Stockholm. Das einzige, was Danielsson über Wallenberg sagen konnte, bezog sich auf dessen Arbeit und die Tatsache, daß Wallenberg sich in den letzten Wochen vor der Befreiung «jede Nacht in einem anderen Haus verstecken mußte, er wurde von den ungarischen Faschisten und den Deutschen so scharf gejagt.»[28] Die Amerikaner lobten die schwedische Hilfe, die den Weg zur Rettung von vielleicht 100 000 Juden geebnet hätte. Durch den beständigen und anwachsenden Druck auf die ungarische Regierung im Namen der Juden hätten Wallenberg und seine Helfer ihre eigene Sicherheit aufs Spiel gesetzt. Es sei ein Beispiel gegeben worden, dem die Schweizer, Portugiesen und das Internationale Rote Kreuz gefolgt seien.

In Ungarn mußten sich die Hauptverantwortlichen den Kriegsverbrecherprozessen stellen. Lászlo Baky, László Bárdossy, László Endre, László Ferenczy, Béla Imrédy, Gábor Kemény, Ferenc Szálasi, Döme Sztójay und Gábor Vajna wurden zum Tode verurteilt und 1946 hingerichtet. Vor anderen Gerichten wurden deutsche Verbrecher verurteilt.

General Feketehalmy-Czeydner, der Hauptverantwortliche für Massenerschießungen von Juden bei Kamenez-Podolski, war nach dem Pfeilkreuzlerputsch stellvertretender Verteidigungsminister geworden. Nach einem Verfahren in Ungarn wurde er an Jugoslawien ausgeliefert. Dort wurde er 1946 zum Tode verurteilt und hingerichtet.

Adolf Eichmann wurde 1960 in Argentinien aufgespürt, 1961 in Israel zum Tode verurteilt und ein Jahr später hingerichtet. Beim Gerichtsverfahren kam auch Wallenbergs Rettungsaktion zur Sprache. Horst Grell, 1944 mehrere Monate als Gesandtschaftsrat und Leiter des Rechtsreferates bei der Deutschen Gesandtschaft in Budapest tätig, sagte am 14. Juni 1961 in «nichtöffentlicher Sitzung des Amtsgerichts – Rechtshilfegerichts – Berchtesgaden» aus. Eichmann habe gegen die Schutzpässe Bedenken gehabt, «weil mit den Schutzpässen Mißbrauch getrieben wurde – was der Wahrheit entspricht – und weil er befürchtete, seiner Aufgabe nicht gerecht werden zu können, nämlich alle arbeits- und einsatzfähigen Juden nach Deutschland zum Arbeitseinsatz zu bringen.»[29] Und da auch von Eichmanns Drohung gegenüber dem «Judenhund Wallenberg» die Rede war, sagte Grell, Eichmann habe ihn gar nicht gekannt, habe auch «über Wallenberg in meiner Gegenwart nicht geschimpft. Ich kann mich überhaupt nicht erinnern, daß Eichmann den Namen Wallenberg in meiner Gegenwart genannt hat.»[30]

Arié Breslauer, der Aktionen Wallenbergs in Budapest erlebt hatte, wurde im Eichmann-Verfahren in Jerusalem als Zeuge gehört. Er sagte über Wallenberg, daß dieser vielleicht der Mann war, der den größten Einfluß in Budapest hatte: «Seine Rettungsoperationen waren von größtem Maßstab. Es gab viele Rettungsarbeiten, aber er gab Mut und zeigte ein persönliches Beispiel. Er war im vollständigen Kontrast zu dem, was in Budapest damals passierte … er suchte die gefährlichsten Stellen auf. Er hatte gute Beziehungen, er hatte Einfluß, er war respektiert.»[31]

Edmund Veesenmayer wurde im Wilhelmstraßenprozeß in Nürnberg zu zwanzig Jahren Gefängnis verurteilt. Bereits im Dezember 1952 wurde er durch Verfügung des amerikanischen Hochkommissars McCloy freigelassen.

11. *Andere Helfer neutraler Staaten*

Raoul Wallenberg war nicht der einzige, der den verfolgten Juden in Budapest geholfen hat. Wie bereits erwähnt, gab es schon vor Wallenbergs Eintreffen in Budapest Rettungsversuche der schwedischen Gesandtschaft und des Schwedischen Roten Kreuzes. Wallenberg war aber der erste Gesandtschaftsangehörige in Budapest, der sich ausschließlich für die Rettung einsetzte. Er schuf einen neuen Schutzstatus und eine Organisation, die Schutzpässe verteilte. Erst später entschlossen sich andere neutrale Staaten zu ähnlichen Schutzpapieren.[1] Erst nach Wallenbergs Eintreffen kam es zu gemeinsamem Handeln der neutralen Gesandtschaften in Form von Protestnoten. Wallenberg war nicht durch andere Pflichten belastet und konnte mehr als alle anderen direkten Kontakt zu seinen Schützlingen halten.

Im Gedenken an die Rettung der Budapester Juden nannte man Wallenberg den «Retter von 100 000 Juden».[2] Das verstand nicht jeder, am wenigsten die, die Carl Lutz und andere in den Hintergrund gedrängt sahen.[3] Nach dem Krieg richtete man die Aufmerksamkeit überwiegend auf Wallenberg. Erst in den letzten Jahren erschienen Bücher über Lutz' oder Perlascas Wirken.

In keiner anderen Stadt im besetzten Europa konnten so viele Juden überleben wie in Budapest. Es liegen Zahlen vor, wieviele Personen in den verschiedenen Schutzhäusern unmittelbar nach der Befreiung lebten, die Mehrzahl der Überlebenden aber befand sich im Allgemeinen Ghetto.[4] Zudem hatten viele Juden Schutzpapiere von verschiedenen Stellen. Das Leben der Verfolgten war unausgesetzt in Gefahr. Einige, die bei einer Aktion gerettet worden waren, fielen einer späteren Mordaktion zum Opfer.

Wallenberg hatte sich nicht allein der Juden mit schwedischen Schutzpässen angenommen, er hatte auch Lebensmittel ins Ghetto bringen lassen, die Berufung auf ihn war am Ende vermutlich auch Ursache dafür, daß die Liquidierung des Ghettos verhindert werden konnte. Es ist nicht das Verdienst eines Einzelnen, daß Eichmann seinen Plan zur Auslöschung der ungarischen Juden am Ende doch nicht vollständig ausführen konnte. Das Einschreiten von Diplomaten, die Arbeit zionistischer Untergrundgruppen, die Hilfe von kirchlicher Seite oder auch von Einzelnen in der ungarischen Bevölkerung wirkten zusammen. Die wichtigsten anderen Retter verschiedener Nationalität sollten ins Gedächtnis zurückgerufen werden.

Carl Lutz hatte bei der schweizerischen Gesandtschaft in Washington und seit 1935 in Palästina gearbeitet. Nach Beginn des Zweiten Weltkriegs vertrat er dort für kurze Zeit auch die deutschen Interessen. Das war ihm später in Budapest von Nutzen. Im Januar 1942 wurde er Leiter der Schutzmachtabteilung an der schweizerischen Gesandtschaft in Budapest. Die Auswanderung von Juden nach Palästina gehörte jetzt zu seinem Aufgabengebiet, weil er auch die britischen Interessen vertrat. Nach seiner Rückkehr in die Schweiz im Mai 1945 erntete Lutz keinen Dank für sein Wirken, man warf ihm vielmehr vor, seine Kompetenzen überschritten zu haben. Erst 1958 kam es zu so etwas wie einer Rehabilitierung. Kurz vor seiner Pensionierung wurde er 1961 zum Ehrenkonsul ernannt. Lutz starb am 13. Februar 1975 in Bern. 16 Jahre später wurde ihm in Budapest ein Denkmal gesetzt.

Angelo Rotta war seit Mai 1930 Nuntius und Doyen des Diplomatischen Korps in Budapest. Er suchte 1943 verschiedene Internierungslager und Flüchtlingslager in Ungarn und Polen auf und verteilte Liebesgaben an internierte Juden. Auf Weisung des Vatikans protestierte Rotta in der folgenden Zeit mehrfach gegen die erbarmungslose Unterdrückung der Juden. Der Papst erkenne, so Rotta, «daß auch Ungarn, das immer so stolz darauf war, daß es zu den christlichen Nationen zählt, einen Weg einschlug, der es mit der Lehre des Evangeliums in Konflikt bringt.»[5] In einer Protestnote erklärte er am 15. Mai 1944, die ganze Welt wisse, was die Deportationen in Wirklichkeit bedeuteten.[6] Rotta verteilte Schutzpapiere und stellte Häuser unter seinen Schutz, in denen etwa 3000 Juden Unterkunft fanden. Seine Mitarbeiter waren bei der Hilfeleistung während der Todesmärsche aktiv. Im April 1945 verließ Rotta auf Anweisung der Russen Ungarn. Er starb am 1. Februar 1965 in Rom.

Jean de Bavier war erster Delegierter des IKRK in Budapest. Seine Wirkungsmöglichkeiten waren durch die Weisungen der Genfer Rotkreuz-Zentrale äußerst eingeschränkt. Er sah früh die Gefahr, «wenn das Land von den Deutschen besetzt wird. Ich meine, was mit den 800 000 in Ungarn lebenden Juden geschehen könnte. Angesichts der Ereignisse in Deutschland und in den besetzten Gebieten muß ich von Ihnen dringend wissen, welcher Schutz diesen Leuten zu gewähren ist, um sie vor dem drohenden Unheil zu retten.»[7] Das IKRK war nach seinen Regeln für ungarische Juden in Ungarn nicht zuständig, da die Politik ihnen gegenüber eine innere Landesangelegenheit war. De Bavier schlug dem Präsidenten des IKRK Max Huber am 27. März vor, direkten Kontakt mit Hitler aufzunehmen, um wegen der ungarischen Juden zu intervenieren. Drei Tage später erhielt de Bavier die Anweisung, keine Schritte zu unternehmen und sich zurückzuhalten. Die Idee mit der Intervention bei Hitler solle er völlig fallenlassen. Offenkundig war man in Genf über die Hilfswilligkeit des Delegierten irritiert. Man teilte ihm mit, er werde nach Genf zurückberufen. Neuer Delegierter wurde *Friedrich Born*. Er kannte Budapest bereits von seiner Handelstätigkeit. Auch Born drängte es, Hilfe zu leisten: «Ich kann hier nicht ruhig sitzen, während Juden Tag für Tag in ihren Tod geschickt werden – bitte tun Sie etwas, um sie zu retten. Ich möchte retten, ich möchte intervenieren.» Am 10. Juni beklagte er in einem Brief an Huber, er brauche mehr autonome Entscheidungsfreiheit: «Der Gedanke, diesen traurigsten Vorkommnissen hilflos und unvermögend gegenüberzustehen, ist wiederum fast untragbar.»[8] Born wurde schließlich ermächtigt, den Juden Hilfe zu gewähren. Er unterstützte den Aufbau von Spitälern, Waisenhäusern und Volksküchen und stellte Schutzpapiere an Juden aus. Nach der Befreiung Budapests mußte Born Ungarn verlassen. Bis zum 9. September 1945 blieb er beim IKRK. Er starb 1963, ohne seinen Kindern von seiner Rettungstätigkeit erzählt zu haben.

Gábor Sztehlo war von 1932 an zunächst Vikar in Budapest und Hatvan, dann 1935 Pfarrer in Nagytarcsa. Im Oktober 1942 wurde in Budapest eine Vereinigung von Juden gegründet, die zum Protestantismus übergetreten waren. Geleitet wurde das «Gute Hirte-Komitee» zunächst von József Éliás. In der zweiten Hälfte des Jahres 1944 wurde mit dem Internationalen Roten Kreuz versucht, den obdachlosen jüdischen Kindern zu helfen. Aber auch junge jüdische Zwangsarbeiter, die aus Arbeitsbataillonen desertiert waren, fanden Schutz. Gábor Sztehlo übernahm 1944 die tragende Rolle für die Obhut der Kinder. Der Judenrat unterstützte die Vereinigung. Sztehlo verteilte Schutzpässe der neutralen Gesandtschaften. Éliás gab an, daß das «Gute-Hirte-Komitee» 1500 schwedische Pässe von Wallenberg bekommen habe.[9] Unter der Regierung Szálasi wurden die Anstrengungen verstärkt. Bald boten 32 Kinderheime etwa 1500 jüdischen Kindern Schutz. Die Versorgung wurde durch eine Spezialabteilung des Internationalen Komitees vom Roten Kreuz gewährleistet, deren Leitung man Sztehlo übertragen hatte. Nachdem Éliás sich vor den Pfeilkreuzlern verstecken mußte, oblag Sztehlo allein der Schutz der Kinder. Er erfüllte seine Aufgabe mit Mut und Geschicklichkeit. Selbst wenn Pfeilkreuzler oder Polizisten in die Heime eindrangen, blieben die Kinder verschont. Eines der Heime hatte keinen Keller und bot keinen Schutz gegen Bombenangriffe. Mit Hilfe deutscher Soldaten wurden etwa 30 Kinder und deren Pflegerinnen aus diesem Heim zu Sztehlos Wohnung gebracht. Während einige von ihnen nach wenigen Tagen anderweitig untergebracht werden konnten, blieb eine große Anzahl die letzten Wochen bis zur Befreiung im Keller von Sztehlos Haus. Sztehlo kümmerte sich auch nach der Befreiung um die Kinder, bis sie bei jüdischen Organisationen oder Familien unterkommen konnten. Er leitete bis 1950 ein großes Heim. Zwei Jahre vor seinem Tod wurde er 1972 von Yad Vashem geehrt.

Einen ungewöhnlichen Mitstreiter gewann Wallenberg mit dem Italiener *Giorgio Perlasca*. Seit Oktober 1942 vertrat er eine Firma in Ungarn, und nach dem italienischen Waffenstillstand mußte er untertauchen. Im April 1944 stellte er sich den ungarischen Behörden und wurde in Kékes interniert. Nach seiner Flucht tauchte er am 15. Oktober in Budapest unter und bot dann dem spanischen Geschäftsträger Angel Sanz Briz seine Mithilfe an. Perlasca versorgte spanische Schutzhäuser, in denen ein paar hundert Menschen lebten. Nach Sanz Briz Abreise ernannte Perlasca sich eigenmächtig zu dessen Stellvertreter und trat seitdem als Bevollmächtigter der spanischen Botschaft auf. Mitunter arbeitete er direkt mit Wallenberg zusammen. Nach der Befreiung kehrte Perlasca nach Italien zurück. Seine Rolle bei der Rettung von Juden durch die Spanische Gesandtschaft wurde zunächst wenig wahrgenommen. Man hob vor allem Sanz Briz' Wirken hervor.[10] Erst vierzig Jahre später erkannte die Öffentlichkeit Perlascas Wirken an und würdigte sie. Er starb zweiundachtzigjährig im August 1992.

Georges Mandel-Mantello wirkte nicht in Budapest selbst, sondern von Genf aus. Er wurde in Genf Erster Sekretär an der Gesandtschaft von El Salvador. Dies ermöglichte ihm die Ausstellung von Staatsbürgerschaftsbescheinigungen an seine verfolgten Glaubensbrüder. Seine große Sorge galt 1944 den ungarischen Juden. Im Juni erhielt er eine Kopie des Auschwitz-Berichtes, der von zwei entflohenen Gefangenen angefertigt worden war. Mandel-Mantello sorgte maßgeblich für die Verbreitung dieses Berichtes. Carl Lutz und Wallenberg übernahmen in den folgenden Monaten den Schutz der salvadorianischen Schützlinge. Der große Unterschied zu den Schutzpapieren anderer südamerikanischer Länder war, daß Mandel-Mantello seine Bescheinigungen kostenlos ausgab. Mandel-Mantello starb im April 1992 in Rom.

Zweiter Teil
CHRONIK EINER SUCHE

1. Ungewißheit

Wallenbergs und Langfelders Schicksale ließen sich zunächst nur mit Hilfe von Aussagen ehemaliger Kriegsgefangener rekonstruieren. Die Zeugen konnten sich relativ gut an die beiden Männer erinnern. Ein Diplomat eines neutralen Landes war etwas Besonderes in einem russischen Gefängnis. Bei einigen Zeugen handelte es sich um ehemalige Mitglieder der deutschen Gesandtschaft in Bukarest. Und unter den in den fünfziger Jahren freigelassenen Gefangenen waren auch Heimkehrer, die etwas über Wallenberg und dessen Weggefährten Langfelder sagen konnten.

Gustav Richter und Hans Loyda waren eine Zeitlang mit Wallenberg in einer Zelle inhaftiert. Andere trafen auf Langfelder. Wallenberg und Langfelder waren von Budapest mit der Eisenbahn über Rumänien nach Moskau gebracht worden. Weitere Einzelheiten hierzu sind Ernst Huber zu verdanken. Huber war Telegraphist bei der Abwehr der deutschen Wehrmacht in Rumänien, als man ihn im August 1944 gefangennahm. Im März 1945 wurde er in die Sowjetunion gebracht. Im Lefortowo-Gefängnis in Moskau kam er in eine Zelle mit Langfelder. Er berichtet, was er dort von Wallenbergs Chauffeur erfuhr: «Nachdem die sowjetrussischen Truppen Budapest besetzt hatten, war es Wallenbergs Wunsch, in Kontakt mit dem sowjetrussischen Oberkommandanten zu kommen, um Schutz für die Juden zu erwirken. Wallenberg und Langfelder sind allein in einem Auto abgefahren. Das Schießen war noch immer auf den Straßen im vollen Gange, sie konnten nur langsam vorwärts kommen und haben sich hier und da in verschiedenen Häusern verstecken müssen. Später sind sie von einigen sowjetrussischen Soldaten angehalten worden, die sie gezwungen hatten, aus dem Auto auszusteigen. Sogar die Reifen des Autos wurden zerschnitten. Wallenberg hatte sich legitimiert und verlangt, zum Oberkommandanten geführt zu werden. Sie wurden statt dessen der NKWD überliefert und waren eine kürzere Zeit in einem provisorischen NKWD-Gefängnis in Budapest eingesperrt. Danach wurden sie unter der Bewachung eines russischen Offiziers und vier Soldaten mit der Bahn durch Rumänien nach Moskau gebracht. Sie haben u. a. während des Aufenthalts des Zuges im Bahnhof von Jasi aus dem Zug für kurze Zeit aussteigen und das Restaurant Luther besuchen dürfen. Sowohl in Budapest als auch in Moskau hatte man ihnen erklärt, daß sie sich nicht als Gefangene betrachten müßten, sondern daß sie nur in Schutzhaft genommen worden wären. In Moskau hatte man ihnen u. a. die Untergrundbahn gezeigt und zu Fuß den Weg in das Lubjanka-Gefängnis zurückgelegt. Dort hat man Wallenberg und Langfelder getrennt. Seitdem hatte Langfelder Wallenberg nicht mehr gesehen.»[1]

Auch Wallenberg konnte mit einem Gefangenen sprechen. Gustav Richter war Polizeiattaché an der deutschen Gesandtschaft in Bukarest, wurde im August 1944 verhaftet und nach kurzer Internierung am 7. September mit einem Flugzeug nach Moskau gebracht. Zunächst kam er ins Gefängnis Lefortowo. Am 17. Januar 1945 wurde er ins Lubjanka-Gefängnis in eine Zelle mit Oberleutnant Scheuer gebracht. Wallenberg sei am 31. Januar zu ihnen gekommen. Er erzählte ihnen von seiner Hilfsaktion für Juden. Mit der Gestapo habe Wallenberg «große Schwierigkeiten» gehabt.[2] Vor ihrer Verschleppung seien Langfelder und er in Ungarn von einer sowjetischen Instanz zur anderen geschickt worden. Dann habe man sie festgenommen und nach Moskau gebracht: «Wallenberg und ich wurden sehr bald Freunde. Während des Monats Februar 1945, den wir zusammen im Lubjanka-Gefängnis verbrachten, war er guten Mutes und sehr guter Laune.» Wallenberg habe es bedrückt, «daß er in eine solche Lage und in solche Umständen geraten sei. Er sagte mehrmals, was werden nun meine Angehörigen, meine Mutter, meine Verwandten sagen, wenn sie erfahren, daß ich in einem Gefängnis in Rußland sitze.»[3] Sie tauschten ihre Adressen aus. Wallenberg schrieb seinen Namen auf einen Zettel und nannte das Außenministerium in Stockholm als Anschrift. Der Zettel wurde Richter später allerdings bei einer Durchsuchung abgenommen. Wallenberg habe sich nicht mit seiner Gefangennahme abgefunden und Anfang Februar ein Schreiben an den Gefängnisdirektor gerichtet, worin er laut Richter «als schwedischer Staatsangehöriger gegen die Behandlung und seine Verhaftung protestierte.»[4] In seiner Eigenschaft als Diplomat verlangte er zudem, mit der schwedischen Gesandtschaft in Moskau in Verbindung treten zu dürfen. Wallenberg übergab das Schreiben an den diensthabenden Feldwebel. In der Zeit, in der Wallenberg mit Richter die Zelle teilte, wurde er einmal eine bis anderthalb Stunden verhört. Der verhörende Kommissar sagte zu Wallenberg: «Sie sind uns ja bekannt. Sie gehören einer hochkapitalistischen Familie in Schweden an».[5] Wallenberg habe angeblich Spionage betrieben. Als Richter am 1. März die Zelle 123 verließ, blieb Wallenberg mit dem Zellengenossen Scheuer zurück.

Ein anderer deutscher Kriegsgefangener, Erhard Hille (von dem später noch ausführlicher die Rede sein wird), sagte aus, Wallenberg und Langfelder seien, soweit er sich erinnern könne, am 6. Februar 1945 in das Lubjanka-Gefängnis gekommen. Hille erfuhr das von Langfelder, als sie vom 22. März bis zum 6. April 1945 in einer Zelle im Lefortowo-Gefängnis saßen. Hille sagte: «Wallenberg war ein sehr guter Kamerad und bat den sowjetischen Tagesoffizier, seine Zigaretten an Langfelder zu übergeben.»[6] Langfelder befand sich nach seiner Ankunft in Moskau und der Trennung von Wallenberg zunächst in einer Zelle mit Loyda und Roedel im Lubjanka-Gefängnis. Am 18. März wurde Langfelder in das Lefortowo-Gefängnis überstellt. Wallenberg sei daraufhin in Langfelders ehemalige Zelle gekommen, wo sich Loyda und Roedel noch befanden. Hilles Erinnerung war erstaunlich gut. Wie sich heute nachweisen läßt, war Wallenberg tatsächlich am 6. Februar 1945 ins

Lubjanka-Gefängnis gekommen. Richter hatte sich nur um einige Tage geirrt. Seine Angabe, daß Wallenberg bis zum 1. März nur einmal verhört worden war, trifft aber zu. Das Verhör fand am 8. Februar statt. Weitere Verhöre folgten am 28. April und am 29. Mai 1945.

Im Mai wurden auch Wallenberg und Roedel nach Lefortowo gebracht. Ankunftsdatum war der 29. Mai 1945. Der italienische Gefangene Claudio de Mohr nahm Klopf-Kontakt mit den neuen Gefangenen auf. Er ließ sich mehrfach bestätigen, daß Wallenberg schwedischer Diplomat war. Zusammen mit de Mohr befanden sich Karl Supprian und der italienische Diplomat Ronchi in einer Zelle. Supprian konnte de Mohrs Angaben bestätigen. Auch Heinz-Helmut von Hinckeldey unterhielt sich mittels Klopfzeichen mit Wallenberg und seinem Mitgefangenen Roedel. Wallenberg nannte ihm die Adresse der Familienbank in Stockholm und berichtete über seine wiederholten Proteste gegen seine Gefangennahme. Die letzte Nachricht, die Hinckeldey von ihm bekam, war: «Wir kommen weg.»[7]

Von einem weiteren Protest Wallenbergs konnte Ernst Wallenstein berichten. Ende 1945 saß Wallenberg in einer Zelle über ihm. Wallenberg wollte an Stalin schreiben. Wallenstein schlug als Anrede «Monsieur le Président»[8] vor. Über einen Wachmann wurde der Protest weitergegeben. Bei Wallenberg und Roedel handelte es sich um begeisterte «Klopfer», berichtete Bernhard Rensinghoff, Zellenkamerad von Wallenstein. Täglich wurden Nachrichten ausgetauscht. Auch er beteiligte sich an der Diskussion über den Brief an Stalin. Demnach «berief sich Wallenberg auf seine diplomatische Stellung und stellte anheim, ob er nicht verhört werden könnte.»[9] Nach einiger Zeit wurde Wallenberg die Absendung des Schreibens bestätigt.

Wallenberg wurde tatsächlich erneut verhört. Rensinghoff berichtet, der Kommissar habe Wallenberg mitgeteilt, «daß sein Fall ganz eindeutig klar wäre und daß er ‚ein politischer Fall' sei. Wenn er sich als unschuldig betrachte, wäre es seine Sache, dies zu beweisen. Der beste Beweis dafür, daß Wallenberg schuldig wäre, läge in der Tatsache, daß die Schwedische Gesandtschaft in Moskau und die schwedische Regierung sich nicht für seine Sache eingesetzt hätten.»[10] Als Wallenberg daraufhin bat, mit der Gesandtschaft oder dem Roten Kreuz in Verbindung gebracht zu werden, habe der Kommissar dies abgelehnt, da «kein Mensch sich um Sie kümmere. Wenn die schwedische Regierung oder deren Gesandtschaft irgendein Interesse an (Ihnen) gehabt hätten, so hätten sie sich schon längst in Verbindung mit Ihnen gesetzt.»[11] Rensinghoff erinnerte sich noch an einen weiteren Fall, als Wallenberg einen «Vernehmungsoffizier» gefragt hatte, «ob er verurteilt werden würde oder nicht.» Die Antwort sei gewesen: «Sie werden aus politischen Gründen nie verurteilt werden.»[12] Willy Bergemann gab an, daß Wallenberg wiederholt vom Kommissar verlangte, etwas über sein Schicksal zu erfahren: «Man hätte Wallenberg u. a. dabei mit einem Hinweis auf die Konferenz vertröstet, die im März 1947 in Moskau abgehalten und bei welcher das Schicksal der Gefangenen entschieden werden sollte.»[13]

Im Lefortowo-Gefängnis wurde Wallenberg zweimal verhört, am 17. Juli und am 30. August 1946. Er soll dabei unter Berufung auf seinen Diplomatenstatus die Aussagen verweigert haben.[14] Am 24. Februar 1947 erging die Anordnung, Wallenberg und Roedel zurück ins Lubjanka-Gefängnis zu verlegen. Dort sollten sie in Zelle Nr. 7 untergebracht werden und waren in die «Verpflegungsliste für kriegsgefangene Offiziere» aufzunehmen. Wallenberg wurde dort am 11. März verhört.

Zunächst machte sich die schwedische Regierung noch keine Gedanken, da eine Mitteilung von Dekanossow vom 16. Januar 1945 vorlag, wonach Wallenberg unter sowjetischem Schutz stehe. Botschafter Söderblom hatte das am 17. Januar mitgeteilt. Die Sowjetunion war also der Bitte aus Stockholm gefolgt, sich der Legationsmitglieder anzunehmen. Am 17. Februar teilte das schwedische Außenministerium dem schwedischen Konsulat in Wien mit: «Wallenberg in Sicherheit seit einem Monat. Betreffend die Übrigen fehlt noch jede Nachricht.»[15] Man mußte sich anscheinend mehr Sorgen über die anderen Mitglieder der schwedischen Gesandtschaft von Budapest machen. Da keine weiteren Meldungen über Wallenberg eingingen, suchte Wallenbergs Mutter, Maj von Dardel, die sowjetische Botschafterin in Stockholm, Alexandra Kollontaj, im Februar 1945 auf. Es bestünde kein Anlaß zur Sorge, erfuhr sie von ihr. Wallenberg sei in Rußland in Sicherheit. In gleicher Weise äußerte sich Kollontaj auch gegenüber der Frau des schwedischen Außenministers Günther. Bei dieser Gelegenheit fügte sie hinzu, es wäre besser für Wallenberg, wenn die schwedische Regierung in dieser Angelegenheit keinen Wirbel machen würde.

Am 8. März 1945 schickte das schwedische Außenministerium ein Telegramm an die Gesandtschaft in Moskau. Man wünsche Wallenberg wiederzusehen und erführe gern den Zeitpunkt seiner Rückkehr. Am selben Tag wurde abends in Radio Kossuth über Angaben Langlets zu früheren Deportationen berichtet. Es hieß dann weiter: «Einer der Leiter der Roten Kreuz Arbeit in Budapest während der deutschen Besetzung war Raoul Wallenberg, der am 17. Januar spurlos verschwand. Alle Zeichen weisen darauf hin, daß Gestapo-Agenten ihn ermordeten.»[16]

Diese Meldung kam dem schwedischen Außenministerium am 15. März zur Kenntnis. Drei Tage zuvor hatte Söderblom über ein Telegramm der schwedischen Gesandtschaft in Bukarest vom 7. März berichtet, wonach Wallenberg am 17. Januar 1945 verschwunden sei, nachdem er mit einem Auto habe wegfahren wollen. Am 17. März wurde Söderblom aufgefordert, sich beim russischen Außenministerium energisch nach Danielsson, Anger und Wallenberg zu erkundigen. Söderblom suchte die inzwischen nach Moskau zurückberufene Kollontaj auf. Am 21. März berichtete er, sie habe versprochen, die Nachforschungen voranzutreiben. Zwei Tage später konnte die schwedische Gesandtschaft in Bukarest Danielssons Ankunft zusammen mit anderen Diplomaten melden. Einen Monat darauf wurde Söderblom ausdrücklich angewiesen, Dekanossow aufzusuchen und unter Berufung auf dessen Meldung vom 16. Januar darum zu bitten, daß die zuständigen sowjetischen Militärbehörden, unter deren Schutz

Wallenberg stehe, aufgefordert werden mögen, eine sorgfältige Untersuchung über sein Schicksal einzuleiten. Dekanossow sagte schließlich eine schnelle Untersuchung zu.[17] Da nichts geschah, erinnerte ihn Söderblom einen knappen Monat später erneut daran.[18]

Albert Szent-Györgyi, der 1937 u. a. für die Erforschung des Vitamin C den Nobelpreis erhalten hatte, sprach am 23. Mai mit Söderblom. Szent-Györgyi war zeitweise während der deutschen Besetzung Ungarns von der schwedischen Gesandtschaft versteckt worden, als die Gestapo ihn suchte. Seine Tätigkeit war Thema bei einem Gespräch Horthys mit Hitler im Jahre 1943 gewesen.[19] Szent-Györgyi hatte im August 1944 einen provisorischen schwedischen Paß erhalten. Im Januar 1945 war er zum Hauptquartier Malinowskijs nach Debrecen gekommen und hatte erfahren, daß Wallenberg Kontakt zu den russischen Truppen aufgenommen hatte. Im Hauptquartier sei man froh gewesen, Wallenberg als ersten Schweden angetroffen zu haben.[20] Später stellte Szent-Györgyi allerdings klar, daß er nicht «an die Theorie»[21] glaube, wonach Wallenberg sich in sowjetischer Gefangenschaft befinde. Die Tatsache, daß Wallenberg von der Roten Armee «befreit» worden war, heiße nicht, daß die russischen Behörden für sein weiteres Schicksal verantwortlich seien: «Es war einfach zu leicht zu sterben.»

Dann erreichte Söderblom die Meldung, daß Wallenberg in Budapest gesehen worden sei. Ein Ungar hatte einem Schweizer erzählt, daß Wallenberg sich verkleidet in einem «sicheren Versteck» in Pest aufhielte.[22] Söderblom meldete am 6. Juli nach Stockholm, daß er seine Initiative daher zunächst stoppe. Er wurde aber aufgefordert, nichtsdestoweniger weiterzuforschen.[23] Söderblom erwiderte, er halte dies nicht für zweckmäßig.[24]

Währenddessen erhielt die Gesandtschaft in Bern die Information, laut Angaben des Direktors der Ungarischen Nationalbank sei Wallenberg am Leben. Die Russen, die ihn mit seinen Dokumenten verschleppt hatten, hätten die Absicht, Wallenbergs Informationen bei zukünftigen Verfahren gegen kompromittierte Ungarn einzusetzen.[25]

Nach nochmaliger Aufforderung am 31. Oktober wurde Söderblom wieder tätig und überbrachte eine Note an das sowjetische Außenministerium. Darin verwies er erneut auf Dekanossows Schreiben vom 16. Januar 1945. Anfang Januar 1946 traf sich Söderblom ein weiteres Mal mit Kollontaj.

Eine wichtige, aber durch Söderbloms Verhalten mißlungene Begegnung fand am 15. Juni 1946 in Moskau statt. Söderblom wurde von Stalin empfangen. Auch Vizeaußenminister Losowski war anwesend. Söderblom war in Begleitung von Legationsrat Barck-Holst erschienen. Selbstverständlich kam der Fall Wallenberg zur Sprache. Söderblom sprach ohne Dolmetscher mit dem Diktator. Stalin fragte: «Haben Sie einen Wunsch?»[26] Söderblom: «Wie eben gesagt, habe ich keine besondere Angelegenheit mit Ihnen zu besprechen. Aber da Sie die Frage gestellt haben, will ich doch etwas vortragen. Nachdem Szálasi die Macht in Ungarn übernahm, begann man Juden zu töten. Der König telegrafierte damals an Horthy und erklärte, daß das unmöglich sei. Sie kamen überein, daß die Budapester Juden unter schwedischen Schutz gestellt werden sollten. Unter denen, die auf solche Weise 20–30 000 jüdische Leben gerettet haben, war der schwedische Diplomat Wallenberg.» Stalin fragte darauf: «Sie sagten, sein Name ist Wallenberg?» «Ja, Wallenberg», bestätigte Söderblom. Stalin notierte sich den Namen auf einen Notizblock. Söderblom ging dann auf Dekanossows Mitteilung und Wallenbergs Fahrt nach Debrecen ein. Seitdem sei er spurlos verschwunden. Stalin: «Sie wissen gut, daß wir den Befehl gegeben haben, daß die Schweden geschützt werden sollten.» Söderbloms erstaunliche Antwort: «Ja, und ich bin persönlich überzeugt, daß Wallenberg einem Unglück oder Räubern zum Opfer fiel.» Stalin: «Haben Sie nicht eine Mitteilung über die Sache von uns erhalten?» Nun holte Söderblom nochmal aus: «Nein, ich halte es für wahrscheinlich, daß die sowjetischen Militärbehörden keine weiteren Angaben über Wallenbergs weiteres Schicksal zur Verfügung haben.» Söderblom wisse, daß in Budapest verbliebene Schweden und Juden von sowjetischer Seite befragt worden seien, und erbitte eine offizielle Mitteilung, daß man alle möglichen Maßnahmen ergriffen habe, um Wallenbergs Schicksal aufzuklären, «auch wenn sie leider bisher ohne Ergebnis geblieben sind». Wenn sich etwas ergebe, solle man Schweden informieren. Stalin antwortete: «Ich verspreche Ihnen, daß die Sache untersucht und aufgeklärt werden soll.» Er werde sich der «Wallenberg-Sache» annehmen.

Der Grund für Söderbloms Verhalten ist nicht ersichtlich. Zunächst hatte er sich wohl wirklich für die Aufklärung von Wallenbergs Schicksal eingesetzt. Wie er selbst angab, war er nach dem Treffen mit den zurückkehrenden Gesandtschaftsmitgliedern aus Budapest im April 1945 der Überzeugung, daß Wallenberg auf dem Weg von Budapest nach Debrecen auf die eine oder andere Weise ums Leben gekommen war.[27] Als Möglichkeiten nannte er einen Autounfall, Raubmord oder einen Hinterhalt von Pfeilkreuzlern. «Ich befürchte, daß niemals Klarheit gewonnen wird», so Söderblom.[28] Anschließend hatte er zumindest noch den Vorschlag gemacht, daß Marcus Wallenberg einen Brief an Frau Kollontaj richten solle. Andererseits fürchtete er, daß die Russen auch beim besten Willen keine Klarheit schaffen könnten.[29]

Auch ein Bürochef im schwedischen Außenministerium machte aus seiner Einstellung kein Hehl. Als ein Schweizer Rechtsanwalt sich nach Wallenbergs Adresse erkundigte, wurde ihm geantwortet: «das Außenministerium (hat) keine Aufschlüsse betreffend den gegenwärtigen Aufenthaltsort des Herrn Legationssekretärs Wallenberg ... Seit dem 17. Januar 1945, da er in Budapest gesehen wurde, ist er spurlos verschwunden. Es ist wahrscheinlich, daß er nicht mehr am Leben ist.»[30] Söderblom, der durch seine törichte Haltung nicht nur viel versäumt, sondern gerade bei seiner Audienz mit Stalin Wallenberg selbst praktisch für tot erklärt hatte, wurde 1946 ausgewechselt.

Neuer schwedischer Gesandter in Moskau wurde Barck-Holst. Dieser schickte am 12. Dezember 1946 eine Note an die Sowjets. Es seien nahezu zwei Jahre vergangen, seit Wallenberg unter russischen Schutz genommen worden war. Auch die schwedische Öffentlichkeit hätte bemerkt, daß seitdem keine Informationen mehr aus der Sowjetunion erfolgt seien. Mit dieser Note werde eine definitive Antwort erwartet. Dem folgte ein Gespräch Barck-Holsts mit dem Abteilungsleiter Nowikow im Außenministerium im Januar 1947. Barck-Holst blieb nur kurz im Amt. Sein Nachfolger Hägglöf nahm das Gespräch mit Nowikow Ende Januar wieder auf. Da immer noch keine zufriedenstellende Antwort zu erhalten war, sprach der schwedische Außenminister Undén am 9. April mit dem russischen Gesandten in Stockholm. Nach weiteren Anfragen aus Schweden sah sich die Sowjetunion genötigt, etwas im Fall Wallenberg zu unternehmen.

Im Juli 1947 ging in sowjetischen Gefängnissen Absonderliches vor. Einige Leute, die zuvor mit Wallenberg oder Langfelder in einer Zelle gesessen hatten oder etwa auch mit solchen Personen in Kontakt gekommen waren, wurden verhört.[31] Zu ihnen gehörte auch Gustav Richter, der gerade im Lefortowo-Gefängnis einsaß. Gegen 22 Uhr wurde er zu einem Verhör geholt, das von einem Oberst aus dem Innenministerium geleitet wurde. Nach Angabe von Richter geschah das am 27. Juli. Gegenstand der Fragen war, mit wem Richter bisher seine Zellen geteilt hatte. Richter nannte auch den Namen Wallenberg. Er wurde gefragt, wem er über Wallenberg erzählt hatte. Richter antwortete wahrheitsgemäß, er habe mit dem ehemaligen deutschen Generalkonsul von Bratislava, Rodde, dem ehemaligen Adjutanten Robert Leys, Franz Langer, und mit Werner Tillessen darüber gesprochen. Richter mußte dann noch angeben, was Wallenberg ihm erzählt hatte. Nach dem Verhör kam er in eine andere Zelle, wo er bis zum 23. Februar 1948 in Einzelhaft saß. Dann kamen Horst Kitschmann und Tillessen in seine Zelle. Kitschmann, der einst mit Langfelder zusammen in einer Zelle gewesen war, sagte, daß auch er am 27. oder 28. Juli 1947 verhört worden sei. Auch Rodde habe man an diesem Tag verhört. Nicht nur das Datum ist gleich, alle Betroffenen kamen anschließend auch für längere Zeit in Einzelhaft. Kitschmann hielt das für eine Strafe, weil er seinen Zellenkameraden von Langfelder und Wallenberg erzählt hatte.

Auch Huber wurde Ende Juli 1947 verhört, weil er mit Langfelder zusammen gewesen war. Huber erinnerte sich an das Verhör: «Der Verhörsleiter fragte mich zuerst, mit welchen Personen ich im Lubjanka-Gefängnis zusammengesessen hatte. Nachdem ich diese genannt hatte, wurde ich gefragt, mit welchen Leuten ich im Lefortowo-Gefängnis zusammen gewesen war. Ich nannte einige Namen, worauf der Verhörsleiter mit irritierter Stimme fragte, ob ich nicht noch jemanden getroffen hätte. Ich nannte dann den Namen Langfelders. Der Verhörsleiter ging dann sofort dazu über mich auszufragen, was ich über Langfelder wußte... Die Fortsetzung des Verhörs betraf Wallenberg und das, was Langfelder mir über ihn erzählt hatte.»[32] Bis zum 27. April 1948 saß Huber anschließend in Einzelzellen. Ebenso erging es dem Gefangenen Pelkonen.

Was die Sowjetunion im Fall Wallenberg zu unternehmen gedachte, zeigte sich am 18. August 1947. Der sowjetische Vizeaußenminister Andrej Wyschinskij gab in einer Note eine Erklärung über Wallenberg ab. Er hätte bei den entsprechenden Organen Erkundigungen eingeholt: «Als Ergebnis einer sorgfältigen Untersuchung wurde festgestellt, daß sich Wallenberg nicht in der Sowjetunion befindet und daß er uns unbekannt ist.» Nun mußte noch die erste Meldung, wonach Wallenberg unter russischem Schutz stand, korrigiert werden: «Es ist richtig, daß das sowjetische Außenministerium am 14. Januar 1945 eine kurze Meldung erhielt, auf Grundlage einer indirekten Angabe eines der Befehlshaber der Truppeneinheit, die in Budapest gekämpft hatte, wonach Wallenberg in der Benczurstraße angeblich aufgespürt worden ist. Zu diesem Zeitpunkt war es unmöglich, die Meldung zu überprüfen, da danach die Kämpfe um die Stadt, welche erbittert waren, noch etwa einen Monat andauerten, und die Sowjetarmee die Stadt erst am 12. Februar 1945 erobert hatte.» Es seien dann sorgfältige Untersuchungen angestellt worden, ohne daß positive Ergebnisse erzielt werden konnten. Der Offizier, der über Wallenberg gesprochen hatte, sei nicht auffindbar.

Ebenso sei Wallenberg nicht in Lagern für Kriegsgefangene und Internierte gefunden worden. Schließlich das Ergebnis im Schlußsatz: «Es bleibt nichts übrig als anzunehmen, daß Wallenberg während der Kämpfe in der Stadt Budapest umgekommen ist oder von den Anhängern Szálasis gefangen genommen wurde.»[33]

Die Erklärung, die wohl etwa dem entsprach, was Söderblom seinerzeit bei Stalin angeregt hatte, war niederschmetternd. Nahezu jeder Satz der Note war gelogen, dafür hatte man in Schweden aber keine Beweise. Der Schriftsteller und Journalist Rudolph Philipp gehörte zu denen, die es ahnten und etwas tun wollten. Er sammelte Beweismaterial dafür, daß Wallenberg in russische Gefangenschaft geraten war. Das Material wurde schließlich von vier Personen überprüft. Eine von ihnen war die Physikerin Lise Meitner. Im Oktober 1947 konnten sie feststellen, es sei sicher, daß Wallenberg bis in die jüngste Zeit Gefangener in Rußland war. Am 3. November wurden Regierungsvertretern Schwedens die Ergebnisse übermittelt, von denen sich jedoch nicht alle überzeugen ließen. Außenminister Undén fragte während des Gesprächs wütend, ob damit denn gemeint sei, daß Wyschinskij gelogen habe.

Söderblom war nicht der einzige, der sich nicht sonderlich für Wallenberg interessierte. Im Juni 1946 kam Edward Sandeberg aus russischer Gefangenschaft nach Schweden zurück. Er war während des Zweiten Weltkrieges Journalist in Berlin gewesen und als Spion verhaftet worden. Er konnte dem Außenministerium berichten, er habe von Mithäftlingen erfahren, sie seien im Gefängnis einem Diplomaten namens Wallenberg begegnet. Das erschien als erster Beweis für Wallenbergs Aufenthalt in der Sowjetunion. Was aber eine Sensation hätte sein müssen, wurde einfach zu den Akten gelegt. Erst als Per Anger 1948 im schwedischen Außenministerium für den Fall Wallenberg zuständig wurde, forderte er Sandeberg auf, eine volle Aussage zu machen. Doch Anger mußte erkennen, daß Außenminister Undén nicht sehr interessiert an Wallenbergs Schicksal war. Er war oft nahe daran, aufzugeben. Bei einem Gespräch mit Undén erwähnte er, daß die Schweizer und Italiener von Rußland ihre Diplomaten durch einen Austausch freibekommen hatten. Schweden hätte den Russen 1946 während Wirtschaftsverhandlungen Kredit gegeben, ohne eine Forderung zu stellen. Zudem seien sowjetische Spione ausgewiesen worden, anstatt sie gegen Wallenberg auszutauschen. Undén antwortete, die schwedische Regierung tue so etwas nicht.[34] Im schwedischen Außenministerium prüfte man allerdings auch die Möglichkeit eines Austausches. Voraussetzung wäre, daß eine Person zur Verfügung stünde, an der die Russen starkes Interesse hätten und bei deren Übergabe die humanitären Prinzipien nicht gebrochen würden.[35] Dem schwedischen Botschafter in Moskau erschien ein Austausch mit Blick auf den angestrebten Charakter der schwedischen Beziehungen zur Sowjetunion grundsätzlich wenig wünschenswert.[36] Per Anger gab 1951 den Wallenberg-Fall resigniert wieder ab. Er selber ging davon aus, daß Wallenberg sich in der Sowjetunion befand. Seine Auffassung stand jedoch in einem unüberbrückbaren Gegensatz zu der Undéns. Sandebergs Aussage stellte sich später als richtig heraus. Die Zeit seit Sandebergs Aussage verstrich ungenutzt.

2. Eine Todesnachricht oder ein Lügengespinst

Wallenberg wurde von verschiedenen schwedischen Reichstagsmitgliedern für den Friedensnobelpreis 1948 vorgeschlagen. In einem Schreiben an das Nobelkomitee verglichen sie den Fall Wallenberg mit dem Carl von Ossietzkys.[1] Auch Lise Meitner und Albert Einstein unterstützten den Vorschlag. Wallenbergs Halbbruder Guy von Dardel gelang es, Einstein davon zu überzeugen, einen persönlichen Brief an Stalin zu richten. Zunächst war Einstein skeptisch. Er hielt es zwar für die Pflicht eines jeden, besonders eines Juden, alles zu tun, um Wallenberg zu helfen, andererseits wollte er Wallenberg nicht weiter gefährden. Nach seiner Meinung litten die Russen unter einem Verfolgungskomplex und verdächtigten jeden Ausländer als Spion. Einstein erklärte sich schließlich doch bereit und bat von Dardel um einen Briefentwurf. Ohne Änderung schickte er diesen mit Datum vom 18. November 1947 über die sowjetische Botschaft in Washington an Stalin. Der in englisch verfaßte Brief bestand aus einem Satz: «Sehr geehrter Herr Stalin: Als ein alter Jude appelliere ich an Sie, alles Mögliche zu tun, um den Schweden Raoul Wallenberg, der einer von den sehr wenigen war, der während der schlechten Jahre der Nazi-Verfolgung ungefragt und sein eigenes Leben riskierend gearbeitet hat, um Tausende meiner unglücklichen jüdischen Menschen zu retten, zu finden und in sein Land zurückzuschicken. Hochachtungsvoll Albert Einstein.»[2]

Im Begleitbrief an den Botschafter schrieb Einstein, der Brief sei nicht politischer Natur, er gründe vielmehr auf moralischer Verpflichtung. Einen Monat später erhielt Einstein eine Antwort. Stalin ließ durch den Botschafter Einstein mitteilen, daß die zuständigen Behörden nach Wallenberg gesucht, aber keine positiven Ergebnisse erzielt hätten.

Die Entlassung des italienischen Kriegsgefangenen Claudio de Mohr veranlaßte Schweden, sich erneut des Falles Wallenberg anzunehmen. Mohr berichtete 1951 in Italien, er sei Zellennachbar Wallenbergs im Lefortowo-Gefängnis gewesen. Diese Nachricht gelangte schließlich zu Wallenbergs Mutter. Guy von Dardel suchte de Mohr in Italien auf, um mehr zu erfahren. Schließlich reiste auch ein Kriminalbeamter der schwedischen Staatspolizei nach Rom. Daraufhin wurde dem sowjetischen Botschafter in Stockholm, Rodionow, vom schwedischen Außenministerium am 11. Februar 1952 eine Note übergeben. Untersuchungen der schwedischen Behörden hätten ergeben, daß Wallenberg sich in Gefangenschaft in Moskau befände, zeitweise im Lefortowo-Gefängnis. Es sollte der sowjetischen Regierung möglich sein, auf Grund dieser Information die Umstände von Wallenbergs Schicksal aufzuklären und die nötigen Schritte einzuleiten, um Wallenbergs baldige Rückkehr nach Schweden zu ermöglichen.[3]

Es gab neuen Anlaß zur Hoffnung. Die sowjetische Seite war gefordert, Farbe zu bekennen. Die Antwort von Rodionow kam zwei Monate später, am 16. April 1952. In der kurzen Note wurde lediglich geäußert, daß den sowjetischen Behörden keine Informationen über Wallenbergs Schicksal vorlägen, die über die Note von Wyschinskij vom 18. August 1947 hinausgingen.[4] Am 23. Mai wurde Rodionow gefragt, ob die sowjetische Regierung gewillt wäre, neue Untersuchungen einzuleiten, wenn ihr die Ergebnisse der schwedischen Untersuchung vorgelegt würden. Bevor eine Antwort eintraf, konnte Undén in New York mit Wyschinskij sprechen. Dieser sagte, daß er den Wallenberg-Fall recht gut kenne. Wallenberg befände sich nicht in der Sowjetunion: «Welches Interesse solle die Sowjet-Regierung haben, Wallenberg zurückzuhalten?» Schließlich seien Tausende Gefangene von der Sowjetunion in ihre Heimat entlassen worden. Undén drängte dennoch auf eine neue Untersuchung. Wyschinskij zweifelte, daß etwas dabei herauskommen würde.[5]

Erst am 5. August 1953 kam eine schriftliche offizielle Antwort auf die schwedischen Anfragen. Rodionow teilte

Erhard Hille

dem Staatssekretär Lundberg mit, die zuständige Behörde in der Sowjetunion habe eine Suche nach Wallenberg durchgeführt. Das Ergebnis sei wiederum: «Wallenberg war nicht und ist nicht in der Sowjetunion, und er ist uns unbekannt.»[6] Aber er ging noch weiter. Alle Versuche, Wallenbergs Schicksal mit einem angeblichen Aufenthalt in der Sowjetunion in Verbindung zu bringen, entbehrten jeder Grundlage. Die abwegige, den Tatsachen entgegenstehende Einstellung der schwedischen Öffentlichkeit sei zu mißbilligen. Nicht zuletzt durch die Verleihung der seltenen Goldmedaille «Illis Quorum Meruere Labores» durch den schwedischen König an Wallenberg im Jahre 1952 war die Presse wieder auf Wallenberg aufmerksam geworden. Anlaß für die Würdigung war der 70. Geburtstag des Königs gewesen.

Im Juli 1954 konnte erstmals der Zeuge befragt werden, nach dem schwedische Behörden lange gesucht hatten. Als Sandeberg im Juni 1946 freikam, hatte er zwar angeben können, von einem deutschen Mitgefangenen etwas über Wallenberg gehört zu haben. Er erinnerte sich aber erst später an den Namen Hille. Über den Vornamen war er sich nicht sicher, vermutlich Kurt oder Knut. Er wußte allerdings, daß Hille bei der *Essener Nationalzeitung* gearbeitet haben sollte. Das schwedische Generalkonsulat in Berlin beauftragte eine Rechtsanwaltskanzlei mit der Nachforschung. Die Kanzlei hoffte im *Handbuch der Deutschen Tagespresse* eine Spur zu finden. Hilles Name war dort nicht aufgeführt. Auch das Document Center in Berlin überprüfte seinen Bestand. Dort gab es Informationen zu drei Personen mit dem Namen Erhard Hille, alle jedoch ohne Verbindung zur *Essener Nationalzeitung*. Einer von ihnen war ein Geschäftsmann, der am 1. September 1934 der NSDAP beigetreten war. Ein Foto von ihm wurde Sandeberg im März 1952 vorgelegt, der bestätigte, daß dies der Mann gewesen sei, den er in der Sowjetunion getroffen hatte. Zu dieser Zeit befand sich Hille noch in Gefangenschaft im Wladimir-Gefängnis. Erst im Dezember 1953 kehrte er nach Deutschland zurück – jedoch in die DDR. Eine Kontaktaufnahme mit ihm über ein so heikles Thema wie den Fall Wallenberg war dort nicht möglich.

Neben der offiziellen gab es auch eine private Initiative in Schweden, die sich der Aufklärung von Wallenbergs Schicksal widmen wollte. Die «Raoul Wallenberg-Aktion» wurde von vielen Organisationen unterstützt, denen über eine Million Schweden angehörten. Maßgeblich an ihr beteiligt war Rudolph Philipp, der auch im Namen der Angehörigen Wallenbergs auftrat. Am 5. Juli 1954 konnte Philipp endlich ein erstes Gespräch mit Hille führen, der unter einem Vorwand nach Berlin gebeten wurde (die Reisekosten übernahm Schweden). Doch nicht Philipp sprach zuerst von Wallenberg, sondern Hille. Er fragte Philipp: «Sagen Sie, wann ist Wallenberg zurückgekommen?» Philipp erwiderte überrascht, wie er zu dieser Frage käme. Hille antwortete: «Das ist wichtig für mich. Das hat viel mit meiner Gefangenschaft zu tun. Wenn ich Ihnen alles erzählen werde, werden Sie begreifen, wie wichtig die Frage für mich ist.»[7] Hille spürte Philipps Interesse und erkundigte sich verwundert, ob Sandeberg denn nicht bereits erzählt hätte, was Hille ihm über Wallenberg und Langfelder gesagt habe. Philipp antwortete, Sandeberg sei in schlechtem physischen und psychischen Zustand zurückgekommen und habe sich an fast nichts erinnern können. «Weder Sandeberg noch wir Schweden», so Philipp zu Hille, «konnten annehmen, daß Sie Wichtiges betreffend Wallenberg berichten könnten.» Philipp verschwieg, wie lange man auf Hilles Aussage gewartet hatte.

Nun konnte Hille endlich seine Kenntnisse über die Schicksale Wallenbergs und Langfelders weitergeben. Er war am 12. Januar 1945 als Gefreiter in Kurland in Gefangenschaft geraten, als er Holz für den Bau einer Stellung beschaffen sollte und sich hinter die russischen Linien verirrt hatte. Eine Holztür auf dem Rücken tragend, wurde er entdeckt und sogleich als Spion verdächtigt. Hille sagte, er sei Journalist gewesen. Man brachte ihn zu verschiedenen Dienststellen. Für das Nationalkomitee Freies Deutschland verfaßte er ein paar Flugblätter und sprach für den Kurland-Sender. Dann wurde er mit dem Zug nach Moskau gebracht. Dort kam er am 6. März 1945 in das Lubjanka-Gefängnis, in der folgenden Nacht schließlich ins Lefortowo-Gefängnis. Am 22. März kam Langfelder zu ihm in die Zelle. Langfelder, der gute Zivilkleidung getragen habe und offenbar von den Russen auch gut behandelt worden sei, erzählte, er wäre Wallenbergs Chauffeur gewesen. Wallenberg hätte im Januar 1945 Kontakt zum sowjetischen Oberkommando aufnehmen wollen, um zu erreichen, daß das Legationsviertel nicht länger beschossen werde. Dabei hätte er etwa 1,5 Mio. Pengö mit sich geführt. Die sowjetischen Dienststellen erklärten sich jedoch für nicht zuständig und rieten ihm, Marschall Malinowskij aufzusuchen. Langfelder und Wallenberg hätten sich auf den Weg dorthin begeben, seien aber unterwegs von einem Major des NKWD festgenommen worden. Man hätte sie streng bewacht, sie hätten sich aber noch relativ frei bewegen können. Dann wurden sie mit dem Zug nach Moskau gebracht. Auch hierzu konnte Hille noch Angaben machen, die bisher nicht öffentlich bekannt waren. Demnach ging die Zugfahrt via Rumänien über Odessa und Kiew. Auf einem rumänischen Bahnhof habe Wallenberg einem rumänischen Bauern oder Arbeiter einen Zettel gegeben und ihn gebeten, ihn nach Schweden zu schicken. Auf dem Zettel stand Wallenbergs Name und dazu die Angabe, daß er und Langfelder verhaftet seien und nach Rußland transportiert würden. In Kiew sei der Begleitoffizier mit Wallenberg und Langfelder ausgestiegen und habe ihnen die Stadt gezeigt. Er habe die neueste Zeitung gekauft und die Nachrichten von der Front vorgelesen. In Moskau führte er beide in ein großes Warenhaus, und anschließend gingen sie zum Innenministerium (NKWD) und dann zum Lubjanka-Gefängnis. Dort wurden sie getrennt. Langfelder wurde verhört. Man warf ihm Spionage vor und wollte wissen, wie Wallenberg und er in sowjetische Gefangenschaft geraten waren. In den Wochen, die Hille und Langfelder in einer Zelle verbrachten, sagte Langfelder oft, er sei überzeugt, daß er nur deshalb von den Russen festgehalten werde, damit nichts vom Verbleib Wallenbergs an die Außenwelt dringe.

Das leuchtete Hille ein, und er machte sich Gedanken darüber, daß nun auch er ein Mitwisser sei. Am 6. April 1945 wurde Hille in das Butyrka-Gefängnis überführt. Hille hat Langfelder danach nicht mehr gesehen. In den folgenden Jahren traf Hille aber mit anderen Gefangenen zusammen, die ebenfalls ehemalige Zellengenossen Langfelders waren, so etwa Jan Loyda. Sandeberg traf Hille erstmals am 18. August 1945. Auch ihm erzählte er von Langfelder und Wallenberg.

Im Lefortowo-Gefängnis bekam Hille im Februar 1948 den Finnen Ero Pelkonen als Zellengenossen. Gemeinsam wechselten sie wiederholt die Zellen und kamen auch zusammen im März 1950 ins Butyrka-Gefängnis. Damit konnte er auch einen Hinweis darauf geben, daß Wallenberg 1950 noch lebte; Hille schrieb über die Aufnahmeprozedur: «Während der Aufnahme wurden wir verschiedentlich von dem Gefängnispersonal nach den Namen gefragt, und zwar jeweils ganz leise an der Zellentür, um uns dann zur Kontrolle, zum Bad und zur Verteilung auf die Zellen zu bringen. Bei diesem Namenabfragen hörte man ganz leise auch manchmal einen Namen der übrigen Mitgefangenen. Dabei schien es mir einmal auch, als ob ich den Namen Wallenberg gehört hatte. Es mußte ein oder zwei Zellen weiter, nicht unbedingt in der Nebenzelle sein. Ich klopfte mit der Nachbarzelle, bekam aber keine Nachricht.»[8]

Hilles Befürchtung, die Kenntnis von Wallenbergs Gefangennahme könnte gefährlich werden, wurde durch Pelkonens Berichte noch verstärkt. Er erzählte von den Verhören vom 27. Juli 1947, die auch Pelkonen betrafen. Etwa ein Jahr blieben Hille und Pelkonen in einer Zelle in der Butyrka, als im März 1951 Ernst Huber zu ihnen kam. Auch dieser hatte im April 1945 eine Zelle mit Langfelder geteilt und war am 27. Juli 1947 deswegen verhört worden. Die Zusammenlegung dieser drei Häftlinge ließ sich nicht mehr als Zufall erklären.

Am 24. April 1951 wurden Hille, Pelkonen und Loyda in unabhängigen Verfahren zu 25 Jahren Haft verurteilt. Hille weigerte sich, das Urteil zu unterschreiben. Nach einer Einzelhaft gelangte Hille im März 1952 wieder in eine Zelle mit Pelkonen im Wladimir-Gefängnis. Mitte 1953 kam Hille zusammen mit 23 anderen deutschen Gefangenen ins Durchgangslager Tapiau, der letzten Station vor der Reise in die Freiheit. Hille befand sich dort seit langer Zeit wieder in Gesellschaft von Gefangenen, die keine Verbindung zu Langfelder und Wallenberg gehabt hatten. Daher war er sich sicher, daß Wallenberg inzwischen nach Schweden zurückgekehrt war und alles, was man über ihn wisse oder mitteile, bedeutungslos geworden sei. Vielleicht ist dadurch zu erklären, daß Hille in Tapiau vielen Mitgefangenen von Langfelder und Wallenberg erzählte. Dennoch bat er, seine Informationen vertraulich zu behandeln, da die Russen offensichtlich strengste Geheimhaltung über den Fall Wallenberg bewahren wollten. Hille wollte in seine Heimat im Kreis Bautzen zurückkehren.

Philipp betrachtete Hille fortan als wichtigen Zeugen für Wallenbergs Aufenthalt in der Sowjetunion. Hille, der in Begleitung einer ehemaligen Mitgefangenen, seiner späteren Frau, nach Berlin gekommen war, entschloß sich kurzfristig, nicht in die DDR zurückzukehren. Sie waren schon zum Bahnhof gefahren und kehrten dann zum Hotel zurück. Philipp wollte gerade seine Aufzeichnungen über das Gespräch korrigieren, als er von Hilles Rückkehr erfuhr. Wenig später kam Hille in Philipps Zimmer. Was sich dann ereignete, hat Philipp festgehalten: «Mit geballten Fäusten ging er auf mich los: ‹Sie elender NKWD-Spitzel! Sie sind entlarvt!› Ich drehte ihm den Arm um und sagte möglichst ruhig zu ihm, um Skandal im Hotel zu vermeiden: ‹Sie sind ein Idiot! Wie kommen Sie auf diese Idee?› – ‹Die Schlüssel zum Koffer, den Sie uns im letzten Augenblick geschenkt haben, hängen an einem typischen Ostzonen-Bindfaden! Solchen gibt es nicht im Westen oder gar in Schweden!›»[9]

Philipp konnte Hille endlich davon überzeugen, daß er kein Spitzel war. Schließlich bat Hille um seine Unterstützung, damit er und seine zukünftige Frau im Westen bleiben durften. Philipp bemühte sich, ihnen zu helfen. Er nahm Kontakt zum Vorsitzenden des «Ausschusses für Kontrolle politischer Flüchtlinge aus der Ostzone» auf, der dafür sorgte, daß Hille mit seiner Freundin nach Westdeutschland fliegen konnte. Philipp hinterließ, Hille solle nochmals eingeschärft werden, er dürfe mit niemandem über Wallenberg sprechen oder gar etwas über ihn publizieren: daran sei seine Anerkennung als politischer Flüchtling gebunden. Philipp schrieb zudem wenig später an Hille, daß «der Inhalt Ihrer Mitteilungen an mich ... auch für die deutschen officiellen Stellen uninteressant» sei. Philipp versuchte auch über einen ihm bekannten deutschen Bundestagsabgeordneten, die Anerkennung Hilles als Spätheimkehrer zu erreichen. Als Philipp freilich zu Ohren kam, daß ein Ministerialdirektor im Hessischen Innenministerium Hille mit dem hessischen Ministerpräsidenten Georg-August Zinn zusammenbringen wollte, erschrak er. Für ihn war Hille als Zeuge zwar äußerst wichtig, aber er sah in ihm auch den ehemaligen Journalisten einer nationalsozialistischen Zeitung. Hinzu kam wohl, daß er Hille nicht zuletzt deshalb durch seine Unterstützung an sich band, um zu verhindern, daß er im Fall einer Notlage seine Kenntnisse dem Meistbietenden verkaufte. «Für seine Entwicklung vom Nazi-Journalisten zum Demokraten kann niemand bürgen», sagte Philipp. Die Anerkennung als Spätheimkehrer, die eine vom Bundestag bewilligte Subvention nach sich zog, sei schließlich auch den anderen 23 Heimkehrern von Hilles Transport bewilligt worden – größtenteils ehemalige Nazis in recht gehobener Position, so der Vorsitzende des «Ausschusses für Kontrolle politischer Flüchtlinge aus der Ostzone».

Schweden ließ sich mit einem neuen Vorstoß Zeit. Am 17. Juni 1954 sprach Undén mit Vizeaußenminister Zorin auch über den Fall Wallenberg. Am 29. September übergab der schwedische Botschafter Sohlman Zorin in Moskau ein umfassendes Memorandum.[10] Darin wurde auch aufgeführt, daß Wallenberg gegenüber seinen Mitarbeitern am 17. Januar 1945 geäußert hatte, er werde sich mit Langfelder unter russischer Eskorte nach Debrecen begeben, um mit Marschall Malinowskij zu sprechen. Für das schwedische Außenministerium sei erwiesen, daß sich Wallenberg nach seinem Verschwinden aus Budapest in der Sowjetunion aufhalte. Im Januar 1945 seien Wallenberg und Langfelder in Moskau gewesen. Wallenberg sei anschließend nach Lefortowo gekommen. Dafür gäbe es sechs Zeugen. Über zwanzig weitere Zeugenaussagen lägen vor, die Wallenbergs Aufenthalt in russischen Gefangenenlagern zu verschiedenen Zeitpunkten bestätigen könnten. «Verschiedene Umstände weisen darauf hin, daß die Erklärung darin liegt, daß die russische Polizei Wallenberg verdächtigte, daß er in Budapest als Spion aufgetreten ist. Solche Verdächtigung kann nicht die Verletzung von Wallenbergs diplomatischer Immunität entschuldigen, man hat dennoch das faktische Motiv für seine Zurückhaltung.» Die Verdächtigung könnte sich sowohl auf Spionage für Amerika als auch für Deutschland beziehen. Zum Schutz für Verfolgte habe Wallenberg in Budapest provisorische Ausweise und Schutzpässe ausgestellt. Im Laufe der Zeit hätten Unbefugte Pässe in großer Menge nachgemacht. Dadurch konnten solche Pässe auch in die Hände von Pfeilkreuzlern oder Nazis gelangen. Diese konnten Pässe ebenso von den berechtigten Inhabern bekommen haben. Man könne Wallenberg dafür nicht verantwortlich machen und dürfe nicht den Schluß ziehen, daß Wallenberg faschistische Elemente beschützt habe. Wallenbergs humanitäre Aktion sei völlig einzigartig gewesen. In dem Memorandum wurde anschließend eine Darstellung Per Angers über die Situation in Budapest wiedergegeben. Die Finanzierung von Wallenbergs Aktion sei durch schwedische Mittel und durch Gelder von amerikanischen Juden über das *War Refugee Board* erfolgt. Vermutlich hätten die Umstände, daß amerikanische Juden eine Rettungsaktion für ungarische Juden finanzierten, den sowjetischen Polizisten als Beweis dafür gedient, daß Wallenberg für Amerika «spioniert» habe. Das habe zu der fürchterlichen Tragödie geführt, daß Wallenberg, der täglich sein Leben aufs Spiel gesetzt und Menschen gerettet habe, darunter auch nichtjüdische Sozialisten und Kommunisten, unter dem Verdacht, ein Spion gewesen zu sein, in Haft bleibe.

Mit diesem Memorandum legte Schweden seine Einstellung zu Wallenberg offen. Es wurde nicht nur auf die Zeugen Bezug genommen, die Wallenbergs Aufenthalt in Rußland bestätigten. Indem man die Situation in Budapest darlegte und darauf hinwies, daß der Verdacht, Wallenberg sei ein Spion gewesen, bei den Russen durchaus bestanden haben könnte, zeigte man auch einen Ausweg. Die Sowjetunion hätte nun ohne Gesichtsverlust zugeben können, daß sich ihr Verdacht nicht bestätigt hatte. Doch dazu war die UdSSR nicht bereit. In einem Gespräch mit Sohlman bezeichnete der sowjetische Minister Semjonow im Februar 1955 offensichtlich versehentlich den Wallenberg-Fall als Kriminalsache.[11]

Am 2. November 1955 sprach der schwedische Außenminister in einer Reichstagsdebatte von Wallenberg. Er hoffte, daß durch die zurückgekehrten deutschen Kriegsgefangenen das Schicksal Wallenbergs bald aufgeklärt werden könnte. Am 8. November wurden dem sowjetischen Botschafter Rodionow eine Note und Ausschnitte aus der Reichstagsrede übergeben. Zwischenzeitlich überprüften zwei ehemalige Mitglieder des Schwedischen Obersten Gerichts, Eklund und Lind, die Aussagen der Kriegsgefangenen. Sohlman sagte am 15. November zu Ministerpräsident Bulganin, er könne nicht verstehen, warum die Sowjets Wallenberg festhalten, «aber wir haben Beweis dafür, daß R. W. in der Sowjetunion war.»[12] Bulganin sagte über die Zeugen: Es befänden sich «Schwindler und Lügner» auf der Welt.[13] Es sei unanständig, derartige Angaben stärker zu berücksichtigen als die offiziellen Erklärungen der Sowjetregierung. Bulganin führte das Beispiel seiner Frau an, die trotz Beweisen nicht glauben wolle, daß ihr Bruder beim Angriff auf Berlin gefallen sei. Sohlman antwortete, es gäbe viele denkbare Erklärungen, man könnte sich vertan haben, eine Namensverwechslung wäre möglich. Zudem könnten Berija und Konsorten die Schuld tragen. Bulganin erwiderte, er kenne mehrere Wallenbergs in Moskau. Er habe sich nie um die Rasse gekümmert, betonte er, aber es handele sich um Juden – und Sohlman, schlecht unterrichtet, gab an, Raoul Wallenberg sei Halbjude mütterlicherseits.

Zusammen mit einer Note wurde das Ergebnis der schwedischen Untersuchung, wonach unzweifelhaft sei, daß Wallenberg nach seiner Verschleppung aus Budapest Gefangener der Sowjetunion wurde, am 10. März 1956 an Rodionow übergeben. Es seien nun alle Bedingungen dafür erfüllt, daß Wallenberg gefunden werde und nach Schweden zurückkommen könnte.[14] Laut einem sowjetischen Bericht soll Außenminister Undén bei der Übergabe der Note deutlich gemacht haben, die schwedische Regierung sei mit einer Antwort zufrieden, in der Wallenbergs Verschwinden in Zusammenhang mit einer Manipulation des früheren Staatssicherheitschefs Berijas gebracht werde.[15] Die Antwort traf nach neun Tagen ein. Der stellvertretende Chef der Skandinavienabteilung im sowjetischen Außenministerium, Gribanow, gab an, Wallenberg befinde sich nicht in der Sowjetunion. Die Aussagen freigelassene Kriegsgefangene seien nicht glaubhaft, da sie den sowjetischen Untersuchungen entgegenliefen.[16]

Die nächste Möglichkeit, einen Schritt voranzukommen, konnte der Staatsbesuch des schwedischen Ministerpräsidenten Tage Erlander und des Innenministers Hedlund im April 1956 in Moskau bieten. Gespräche wurden mit Chruschtschow, Bulganin und Molotow geführt. Die Sowjets beharrten auf ihren vorherigen Mitteilungen, daran konnten auch die Beweise Schwedens nichts ändern. Im Abschlußkommuniqué hieß es, Schweden habe Zeugenaussagen über Wallenbergs Verbleib übergeben und die UdSSR möge sie überprüfen. Die Sowjets sagten eine Untersuchung zu und versprachen, falls Wallenberg in der Sowjetunion sei, dürfe er natürlich nach Hause reisen.[17] Das Kommuniqué wurde auch in der *Prawda* und der *Izvestija* veröffentlicht. Am 27. September und 17. November zeigte Schweden seine Enttäuschung darüber, daß in der Sowjetunion offenbar noch keine Untersuchungsergebnisse vorlägen. Einzige Reaktion war die sowjetische Anfrage nach weiteren Informationen und einem Foto Wallenbergs.

Der sowjetischen Argumentation, ehemalige Kriegsgefangene seien keine tauglichen Zeugen, hätte Schweden theoretisch etwas entgegensetzen können. Unter den Zeugen befand sich ein Mann, der von der Sowjetunion in anderer Hinsicht durchaus akzeptiert wurde. Es handelt sich um Dr. Hermann Pörzgen. Er war Presseattaché bei der Deutschen Gesandtschaft in Sofia, als er im September 1944 von sowjetischen Truppen gefangengenommen und nach Moskau gebracht wurde. Zunächst kam er in das Lefortowo-Gefängnis. Von verschiedenen Mitgefangenen erfuhr er später mittels Klopfkontakt, daß sich der schwedische Diplomat Raoul Wallenberg ebenfalls auf dem gleichen Stockwerk befand. Von Supprian erfuhr Pörzgen, daß Wallenberg bei der Einnahme von Budapest von den Russen gefangengenommen worden war: «Wir waren darüber besonders erstaunt, weil wir es kaum für möglich gehalten hatten, daß die Russen sich an einem schwedischen Diplomaten vergreifen würden.»[18] In Pörzgens notarieller Erklärung vom 28. Januar 1956 wurde statt des Wortes «vergreifen» das Wort «verhaften» eingesetzt. Seine Aussage konnte aber nicht gegenüber der Sowjetunion verwendet werden und durfte auch nicht publiziert werden. Pörzgen hatte eine besondere Beziehung zur Sowjetunion. Für die *Frankfurter Zeitung* war er seit 1937 ständiger Korrespondent in Moskau gewesen. Als Journalist wohnte er dem Schauprozeß gegen Bucharin und Genossen bei, der 1938 mit zahlreichen Todesurteilen endete. Nach Kriegsausbruch im Juni 1941 mußte er ausreisen. Als er im Januar 1956 für Schweden seine Aussage niederschrieb, plante er bereits, in die Sowjetunion zurückzukehren. Seit dem 1. Mai 1956 war er dann als Korrespondent der *Frankfurter Allgemeinen Zeitung* in Moskau tätig. Die Sowjetunion sah Pörzgens vorherige Verurteilung zu 25 Jahren Haft erstaunlicherweise nicht als Hinderungsgrund an. Eine Rehabilitation erfolgte dennoch erst 1990, Jahre nach seinem Tod. Die Korrespondententätigkeit in Moskau war zeitweilig jedoch unterbrochen, als ihm nach einem Urlaub im Jahre 1957 kein neues Einreisevisum erteilt wurde. Erst im Februar 1959 konnte er nach Moskau zurückkehren. Dort blieb er bis zu seinem Tod im Jahre 1976 tätig. Eine Berufung Schwedens auf Hermann Pörzgen als Zeuge dafür, daß Wallenberg sich in der Sowjetunion befand, war 1956 und auch später auf Grund seiner beruflichen Tätigkeit nicht möglich.

Ein anderer Versuch schlug ebenfalls fehl. Damaliger UN-Generalsekretär war der Schwede Dag Hammarskjöld. Was lag näher, als ihn um Unterstützung zu bitten? Vor einem bevorstehenden Besuch in Moskau bat man ihn, den Fall Wallenberg anzuschneiden. Hammarskjöld lehnte ab: Er «reise nicht als Privatmann oder im schwedischen Auftrage, sondern als internationaler Beamter.»[19] Auch sein Vorgänger, der Norweger Trygve Lie, hatte 1948 eine Unterstützung wegen der «sehr klaren und endgültigen» Antwort Wyschinskijs an Schweden abgelehnt.[20]

Seit 1955 bemühte sich auch der finnische Legationssekretär Åke Frey um die Aufklärung von Wallenbergs Schicksal. Er stand in Kontakt mit dem sowjetischen Botschaftsrat Pawel Erzin in Ankara, dem er im August 1955 nahelegte, wenn die Sowjetunion ein gutes Verhältnis zu Schweden haben wolle, müsse das «Problem Raoul Wallenberg»[21] gelöst werden. Erzin, zunächst überrascht, wandte sich dennoch an den sowjetischen Botschafter Podserob. Nach einem längeren Aufenthalt in Moskau suchte er dann am 8. März 1956 Åke Frey erneut auf: Er habe mit den betreffenden Leuten über eine Rückkehr Wallenbergs gesprochen. Man verstehe zwar die Forderung nicht, habe gleichwohl aber zugesagt, sich der Sache nochmals anzunehmen und alles zu tun, um Wallenberg aufzufinden und nach Schweden zurückzuführen. Sicher, der Fall sei dort bekannt gewesen, aber es gebe bis zur Stunde keine Nachrichten über Wallenbergs Verbleib. Erzin leugnete also durchaus nicht, daß Wallenberg sich in der Sowjetunion befunden habe oder gar noch dort sei, fügte aber hinzu, «es kann ja sein, daß er gestorben ist.»[22] Er behauptete sogar, das Dossier gesehen zu haben; noch einmal versicherte er, daß man in Moskau alles tue, um Wallenberg zu finden, «in Absicht, ihn beim Besuch des Ministerpräsidenten Erlander (im April 1956) in Moskau an die schwedischen Behörden zu übergeben.»[23] Erzin und Frey legten den offiziellen Stellen gegenüber Wert darauf, in keiner Hinsicht, weder in der Sowjetunion noch in Schweden, namentlich bei den offiziellen Gesprächen genannt zu werden.

Nach Erlanders Besuch hatten die Schweden gleichwohl Interesse daran, zu erfahren, wie Erzin die Situation einschätzte und die übergebenen Dokumente bewertete. Derweil fragte bereits Erzin den Kollegen Frey, ob er wisse, welchen Eindruck die russische Antwort in Schweden gemacht habe, er selbst sei der Überzeugung, daß die Sache sich nun «in guten Händen» in Moskau befände.[24] Doch Frey selbst hatte zunehmend den Eindruck, daß Wallenberg bereits tot war – und Erzin schien mehr oder weniger offen diese Ansicht zu teilen. Andererseits hatte er einmal verärgert gesagt, man müsse doch verstehen, daß es Zeit brauche, unter all den Gefangenen in der Sowjetunion den einen richtigen zu finden.

Im August 1956 wurde Schweden darüber informiert, daß Erzin nach der Mitteilung aus Moskau, man habe trotz aller Versuche kein Spur gefunden, angefragt hatte, ob diese Antwort als endgültig zu betrachten sei. Die Sowjetregierung wich aus: Es werde weiter versucht, Wallenberg zu finden, man habe die Wichtigkeit der Angelegenheit gesehen und dehne die Suche auch in die Satellitenländer aus.[25] Erzin erwartete für Ende September eine endgültige Antwort der Sowjetregierung.

Im September 1956 reiste Frey nach Helsinki mit der Empfehlung seines sowjetischen Kollegen, dort die sowjetische Botschaft aufzusuchen. Dort hieß es, eine detaillierte Antwort zum Wallenberg-Fall werde noch in diesem Jahr erfolgen. Ob dies auch gelte, wenn Wallenberg «in Gefangenschaft» verstorben sei? Ja, hieß es, es werde jede noch offene Frage beantwortet. In Moskau befände sich ein Stab oder ein Büro, das einzig die Aufgabe habe, diese Frage zu untersuchen. Der Wallenberg-Fall werde separat behandelt.[26]

Frey, inzwischen Abteilungsleiter im finnischen Außenministerium, besprach diese Vorgänge im November 1956 in Stockholm. Anschließend nahmen die Sowjets erneut Kontakt zu ihm auf. Die Verzögerung der Antwort sei auf die gespannte Lage zurückzuführen. Man wolle warten, bis ein Nachfolger für den Botschafter Rodionow in Stockholm gefunden sei, damit dieser etwas Positives bei seiner Akkreditierung vortragen könne. Frey wurde gefragt, ob er glaube, daß man unter der Hand einen sowjetischen Vorschlag diskutieren könnte, bevor etwas Offizielles ausgerichtet werde. Frey bejahte dies und sagte, er stehe zur Verfügung.[27] Er hielt eine baldige Lösung für notwendig. Auch in Finnland lege man großen Wert auf die Klärung dieser Frage – das sei in skandinavischem Interesse.

Bei einem Besuch in Stockholm am 18. Januar 1957 suchte Frey den schwedischen Abteilungsleiter Åström auf. Für inoffizielle Verhandlungen sähe man in Schweden, wie ihm gesagt wurde, keine Möglichkeit. Man hoffte vielmehr auf eine «wahrheitsgemäße und erschöpfende Antwort, möglichst bald.»[28] Frey hatte den Eindruck, daß seine sowjetischen Kontaktmänner in Ankara und Helsinki beide vom Tod Wallenbergs überzeugt waren.

Am 6. Februar 1957 kam eine Erklärung der Sowjetunion, die eine Änderung der sowjetischen Haltung zeigte. Vizeaußenminister Andrej Gromyko überreichte sie dem schwedischen Botschafter Sohlman. Darin hieß es, neben der Prüfung des von Schweden übergebenen Materials habe «die sowjetische Behörde eine genaue Untersuchung von Archiven ... und Vernehmungsprotokollen vorgenommen, um einen eventuellen Hinweis auf Wallenberg zu bekommen. Ebenso sind viele Personen verhört worden», aber «hierbei ist herausgekommen, daß niemand der Verhörten eine Person mit Namen Wallenberg kennt». Man habe überdies «ein Archivdokument aus der Krankenstation des Lubjanka-Gefängnisses» überprüft, das «sich auf Wallenberg beziehen könnte. Dieses Dokument in Form eines handschriftlichen Berichts – gerichtet an den ehemaligen Minister für Staatssicherheit in der Sowjetunion Abakumow und geschrieben vom Leiter der Lazarettabteilung in diesem Gefängnis, A. L. Smoltsow – hat folgenden Inhalt: ‹Ich berichte, daß der Ihnen bekannte Gefangene Walenberg heute nacht plötzlich in seiner Zelle verstarb, vermutlich in Folge von einem entstandenen Myokardinfarkt. Im Anschluß an die von Ihnen gegebene Anweisung, daß ich persönlich über Walenberg wachen soll, bitte ich mich anzuweisen, wer den Auftrag zur Obduktion erhalten soll, um die Todesursache festzustellen.›... (Und) im Anschluß an diesen Bericht finden sich folgende Anmerkungen von Smoltsows Hand: ‹Habe den Minister persönlich unterrichtet. Es wurde befohlen, die Leiche ohne Obduktion zu verbrennen. 17.7. Smoltsow.› ... Auf Grund der obigen Ausführungen ist der Schluß zu ziehen, daß Wallenberg im Juli 1947 verstarb. Raoul Wallenberg wurde anscheinend neben anderen Personen im Gebiet von Kriegshandlungen der sowjetischen Truppen festgenommen. Zugleich kann man unzweifelhaft annehmen, daß das spätere Zurückbehalten Wallenbergs in Haft und ebenso die irrtümlichen Mitteilungen über ihn, die von gewissen ehemaligen Leitern von Sicherheitsorganen in einer Reihe von Jahren an das sowjetische Außenministerium weitergeleitet wurden, das Ergebnis von Abakumows verbrecherischer Tätigkeit (als Minister für Staatssicherheit) waren. ... Abakumow (wurde) wegen ... Verbrechen gegen die sowjetische Gemeinschaft und seinem Streben, der Sowjetunion einen Schaden zuzufügen ... verurteilt und erschossen. Die Sowjetregierung drückt ihr Bedauern hinsichtlich dieser Vorkommnisse aus und äußert ebenso ihr tiefes Mitgefühl gegenüber der schwedischen Regierung sowie Wallenbergs Verwandten.»[29]

Für die Sowjetunion schien mit dieser Erklärung der Fall Wallenberg abgeschlossen. Man hatte bekannt, dargelegt und bedauert. Alle Beteiligten seien tot. Wallenberg ebenso wie die Personen, die das angeblich bestätigten. Um Nachforderungen aus dem Weg zu gehen, hatte man in der Note gleich miterklärt, daß Smoltsow, der die angebliche Todesmeldung Wallenbergs niederschrieb, und Abakumow, der dafür verantwortlich gemacht wird, daß der sowjetischen Regierung zuvor von einem Aufenthalt Wallenbergs nichts bekannt wurde, tot waren (Smoltsow sei 1953 verstorben). Und ebenso fiel damit der angebliche Tod Wallenbergs in die Stalin-Ära. Die von Schweden vorgelegten Beweise, wonach Wallenberg in Rußland war, wurden hinfällig, da das letzten Endes nicht mehr bestritten wurde. Aus dem einzigen Beweisstück, dem Smoltsow-Bericht, wurde allerdings nur zitiert, das Original wurde erst nach vielen Jahrzehnten und einer totalen Veränderung der Verhältnisse vorgelegt.

Der Smoltsow-Bericht und die Gromyko-Note warfen einige Fragen auf. Die Formulierung der Gromyko-Note, wonach es möglich sei, daß der Smoltsow-Bericht Raoul Wallenberg betrifft, erscheint merkwürdig. Sie bezieht sich darauf, daß Smoltsow statt «Wallenberg» den Namen «Walenberg» schrieb. Wollte man sich damit noch eine Tür offen lassen? Ohne Untersuchung soll Smoltsow gleich eine vermutete Todesursache angegeben haben. Wallenberg war zu dem Zeitpunkt etwa 35 Jahre alt. Er war bei der Verhaftung in guter körperlicher Verfassung. Die Aussagen der Kriegsgefangenen wiesen nicht auf einen labilen Gesundheitszustand hin. Zudem gab es die Angaben von Ernst Wallenstein und de Mohr, die noch bis November 1947 bzw. April 1948 Klopfkontakt mit Wallenberg gehaben haben wollen. Der schwedische Autor Rolf Karlbom vermutet darüber hinaus, Abakumow sei um den 17. Juli 1947 gar nicht in Moskau, sondern in Österreich gewesen.[30]

Für die schwedische Regierung war die Note Gromykos durchaus unbefriedigend. In einer Erklärung vom 7. Februar wurde bedauert, daß die Note so knapp ausgefallen sei und weder Angaben über die Motive für Wallenbergs Festnahme noch Einzelheiten zu Wallenbergs Aufenthalt in Rußland enthalte. Bestätigt worden sei aber zumindest das schwedische Beweismaterial, nach dem Wallenberg sich in Rußland befand. Schweden erwarte, sofort unterrichtet zu werden, wenn sich neues Material gefunden habe. Am 19. Februar 1957 wandte es sich deswegen auch an die sowjetische Regierung.

Die deutsche Presse schenkte der möglichen Wende im Fall Wallenberg keine allzu große Aufmerksamkeit. Lediglich *Die Welt* brachte am 8. Februar auf der Titelseite eine kleine dpa-Meldung, in der die sowjetische Auskunft kommentarlos erwähnt wurde. Die *Frankfurter Rundschau* berichtete am ausführlichsten und ging darauf ein, daß ein Sprecher der schwedischen Regierung die Note als wortkarg bezeichnet hatte. Zudem wären politische Beobachter in Stockholm der Ansicht, daß die Sowjets damit die Ernennung ihres neuen Botschafters psychologisch vorbereiten wollten. Am 9. Februar wurden auch die Leser der *Frankfurter Allgemeine Zeitung* über die «Tragödie des Schweden Wallenberg» informiert. Hansjakob Stehle ging in einem größeren Artikel auf Wallenberg ein. Darin hieß es: «Es gibt kaum eine mysteriösere Affäre, kaum eine ergreifendere Tragödie vom Menschen, der in das Räderwerk unmenschlicher Mächte greifen wollte und selbst zermahlen wurde, als die Geschichte des jungen Schweden Raoul Wallenberg. ... Nun trifft in Stockholm die lakonische Note Moskaus ein: Wallenberg sei tot, Berija und Abakumow sind die Schuldigen, der unschuldigen sowjetischen Regierung ist alles verheimlicht worden, Moskau bedauert … Zu spät. Wenn etwas den Charakter des stalinistischen Regimes, den man heute in Moskau wieder gern verharmlosen möchte, enthüllt, dann ist es die Tragödie dieses jungen Schweden, der in einer Zeit der Unmenschlichkeit menschlich und mutig handelte.»

Am 17. April 1957 reagierte die Sowjetunion auf die Note Schwedens. Man bedauere, keine weiteren Informationen zu haben. Doch neue Zeugen traten in Erscheinung, die von Wallenberg nach dem angeblichen Todesdatum etwas erfahren haben wollten. H. T. Mulle berichtete, er habe von dem Georgier Goguberidse erfahren, Wallenberg sei von 1948 bis 1953 im Wladimir-Gefängnis gewesen. Einen Aufenthalt Wallenbergs in diesem Gefängnis bestätigte auch Günther von Rehekampff. Ein weiterer Zeuge ist Emil Brugger. Er kam 1954 ins Gefängnis von Wladimir. Im Herbst habe er Kontakt mit einem Schweden aufgenommen, der Sekretär an der Budapester Gesandtschaft gewesen sei. Der Österreicher Otto Schöggl sagte aus, daß er Wallenberg Anfang 1955 in einem Gefängniskrankenhaus getroffen habe. Offenbar auf die Frage nach dessen Namen habe der ihm gesagt, wenn er sich den nicht merken könne, solle er einfach sagen: Ein Schwede von Budapest. Als man tags darauf bemerkt habe, daß beide in einer Zelle waren, sei Schöggl sofort verlegt worden.

Schweden richtete am 9. Februar 1959 wiederum eine Note an die Sowjetunion und teilte die neuen Erkenntnisse mit. Am 6. März kam eine nichtssagende Antwort. Allerdings hatte man in der Sowjetunion mit der Zeit genug von den schwedischen Zeitungsartikeln. Der schwedische Botschafter in Moskau, Sohlman, wurde ins Außenministerium einbestellt. Man beschwerte sich über die Darstellungen in der Presse, die das Verhältnis zwischen den Ländern vergiften würden.[31] Am 17. Juli 1959 wurde eine weitere schwedische Note überreicht, in der die zuvor in der Presse aufgeführten Angaben bestätigt wurden. Rodionow äußerte bei der Gelegenheit, daß man im Interesse der schwedisch-sowjetischen Verbindung «auf schwedischer Seite die Tatsache, daß R(aoul) W(allenberg) tot ist, einsehen solle».[32]

Unterdessen beauftragten die Schweden wiederum zwei ehemalige Mitglieder des Obersten Gerichtshofes, das Material zu überprüfen. Das Ergebnis von Gyllenswärd und Santesson wurde am 25. April 1960 vorgelegt. Es sei wahrscheinlich, daß Wallenberg zumindest Anfang der 50er Jahre noch gelebt habe. Er sei vermutlich in das Gefängnis Wladimir gebracht worden.[33]

3. *Die Nachforschungen gehen weiter*

Schweden hätte beliebig viele ehemalige Kriegsgefangene anführen können, ohne den geringsten Eindruck auf die Sowjetunion zu machen. Komplizierter wurde es erst nach einer interessanten Begegnung in Moskau – außerhalb von Gefangenenlagern. Im Januar 1961 fand in der sowjetischen Hauptstadt ein internationaler Medizinerkongreß statt. Unter den Teilnehmern war die schwedische Professorin Nanna Svartz. Am 27. Januar sprach sie mit ihrem russischen Kollegen A. L. Mjasnikow in dessen Forschungsinstitut. Svartz schrieb über das Gespräch[1]: «Nach einer Weile bat ich Professor M(jasnikow) um Entschuldigung, daß ich eine Frage anschneiden möchte, die mir und anderen Schweden sehr am Herzen lag. Ich fragte ihn, ob er den Fall Raoul Wallenberg kenne, wozu er bejahend nickte und dann plötzlich sagte, daß er gewiß den Fall kenne und daß der Patient ‹in sehr schlechtem Zustand› sei. ‹Wollen Sie ihn sehen?› Ich sagte, dass dies vielleicht nicht so wichtig sei, sondern daß die Hauptsache sei, daß er nach Hause geführt werde, in welchem Zustande er auch sei.» Mjasnikow sagte dann noch leise: «Er ist im Mental-Krankenhaus.» Mjasnikow informierte sodann einen Kollegen, Professor Danischewskij. Dieser setzte das Gespräch mit Svartz fort. Auf Wunsch schrieb sie ihm «Attaché Raoul Wallenberg» auf einen Zettel. Sie versicherte ihm, daß das ganze schwedische Volk der Sowjetunion ungeheuer dankbar wäre, wenn Wallenberg nach Hause geführt werden könnte. Zudem war sie davon überzeugt, daß die Rückkehr «in Ruhe und ohne zu großes Aufsehen in der Presse vor sich gehen könne.» Schließlich kamen sie überein, daß es günstig wäre, wenn sie sich an den ihr persönlich bekannten stellvertretenden Außenminister Semjonow wenden würde, den sie in den 40er Jahren in Stockholm kennengelernt hatte, als sie Ärztin der sowjetischen Botschafterin Kollontaj war. Der war aber gerade in Kairo. Auf einem abendlichen Bankett sprach Nanna Svartz erneut mit Danischewskij und fragte ihn, ob sie an Semjonow schreiben könnte. Er bejahte. Sie könnte auch das Gespräch mit Mjasnikow und ihm erwähnen, allerdings ohne weiteres über den Inhalt zu erzählen. Die Professoren hatten sich nach dem Weggang von Svartz am Morgen nochmals unterhalten und teilten die Meinung, daß der eventuelle Transport Wallenbergs natürlich auf diplomatischem Wege organisiert werden müsse.

Svartz kehrte nach Stockholm zurück und berichtete am 30. Januar Erlander und Undén eingehend von ihrem Erlebnis. Noch am selben Tag verfaßte sie ein Schreiben an Semjonow. Sie teilte ihm u.a. mit, daß auch Erlander und Undén es für das Beste hielten, «wenn Wallenberg hierher kommen könnte, ohne daß es offiziell angekündigt sei. Er könnte mit Ambulanz unmittelbar zu seinem Pflegezimmer gebracht werden. Erst wenn er dort isoliert wäre und die Umstände sich stabilisiert hätten, würde man Bericht geben.»[2]

Auch in den folgenden Tagen suchte Svartz wiederholt Undén auf. Sie war sich inzwischen nicht mehr sicher, ob es hieß, daß Wallenberg im «Mental-Krankenhaus» war oder nur «mental krank».

Am 9. Februar richtete Ministerpräsident Erlander einen Brief an Chruschtschow und teilte mit, daß Svartz in Moskau eine Information bekommen habe, wonach Wallenberg lebe. Erlander schlug vor, daß ein schwedischer Arzt nach Moskau reise, um festzustellen, ob Wallenberg transportfähig sei. Der Brief wurde vom schwedischen Botschafter Sohlman Chruschtschow persönlich übergeben. Als dieser erfuhr, um was es ging, erwiderte er, daß man ebensogut fragen könnte, warum Karl XII. Peter I. angegriffen habe. Am Ende des Gesprächs äußerte Chruschtschow: «Ich sage dies jetzt zum dritten Mal»[3], es sei bereits eine erschöpfende Antwort gegeben worden.

Im März reiste Svartz erneut nach Moskau. Wiederum sprach sie mit dem Kollegen Mjasnikow. Im Beisein anderer fragte sie ihn, ob er Schwierigkeiten aufgrund des Januar-Gesprächs gehabt habe. Mjasnikow antwortete,

Chruschtschow sei böse wegen des an ihn gerichteten Briefes.[4] Auch bei einem nachmittäglichen Gespräch unter vier Augen sagte Mjasnikow, daß er nicht mehr tun und auch nicht mit Chruschtschow reden könne. Dieser sei sehr «wütend». [5] Er wisse im übrigen nicht, wo Wallenberg sich befinde: «Vielleicht ist er tot.» Svartz erwiderte, daß Wallenberg dann ja kürzlich gestorben sein müßte, nachdem Mjasnikow ihr mitgeteilt hatte, Wallenberg befände sich in einem Mentalkrankenhaus. «Habe ich das gesagt? Das muß ein Mißverständnis sein, bedingt durch mein schlechtes deutsch. Ich weiß nichts von Wallenberg», gab Mjasnikow zurück. Zudem sei es damals ein privates Gespräch gewesen. Svartz hätte es vertraulich behandeln müssen, und es hätte nicht zu einem Brief an Chruschtschow führen dürfen. Er sei Wissenschaftler und Arzt, und er beschäftige sich nicht mit Politik.

Mjasnikows angebliche Sprachprobleme waren der Kollegin vorher nicht aufgefallen. Sie waren wohl eine Folge der Wut des Staatsoberhauptes. So war auch nicht verwunderlich, daß Mjasnikow vor dem Gespräch einen bleichen und nervösen Eindruck gemacht hatte.

Auch drei Jahre später, als zunächst im März der sowjetische Außenminister Gromyko nach Schweden kam, wurde im Gespräch mit Erlander das Thema aufgenommen. Gromyko meinte, bei Svartz habe sicher ein Mißverständnis vorgelegen. Unerklärlicherweise behauptete Gromyko: «Wallenberg befindet sich nicht bei uns, und wir haben keine Spur gefunden und wir haben nichts hinzuzufügen.»[6] Schließlich wies er darauf hin, daß damals im Krieg Millionen umgekommen und verschwunden seien. Diese Argumentation war die gleiche, wie sie vor Jahren von Semjonow und Bulganin vorgetragen worden war: «Krieg ist Krieg, und dort kommen viele Menschen um, wahrscheinlich sogar Schweden.»[7] Wie sollte auch Gromyko, der 1957 die Nachricht vom angeblichen Tod Wallenbergs überbracht hatte, nun zugeben, daß Wallenberg noch am Leben war?

Am 29. April 1964 schrieb Mjasnikow einen Brief an Svartz. Er versicherte, 1961 nichts von Wallenberg gewußt zu haben. Nun habe er erfahren, daß Wallenberg 1947 gestorben sei.[8] Knapp zwei Monate später kam Chruschtschow nach Stockholm. Der schwedische Botschafter Jarring hatte zuvor im sowjetischen Außenministerium den Fall Wallenberg erneut angesprochen. Der stellvertretende Außenminister Orlow erklärte ihm, die Zeugenangaben, nach denen Wallenberg noch nach 1947 lebte, seien entweder irrig oder darauf angelegt, die schwedisch-sowjetischen Beziehungen zu belasten. Die verschärfte sowjetische Haltung ließ sich zudem daran erkennen, daß nun behauptet wurde, auf sowjetischer Seite bestünden keine Zweifel, «daß Raoul Wallenberg am 17. Juli 1947 im Lubjanka-Gefängnis» verstorben sei.[9]

Um Mißverständnissen durch «Sprachprobleme» vorzubeugen, veröffentlichte die Tageszeitung *Expressen* unter der Schlagzeile «Fragen! Wo ist Raoul Wallenberg?» einen in russisch verfaßten Offenen Brief an Chruschtschow. Darin hieß es unter anderem: «Sie kommen mit leeren Händen zu uns, welche Geschenke Sie auch im Gepäck haben. Sie kommen allzu einsam, trotz 50 Begleitern. Lesen Sie hier, wen Sie mit sich haben sollten, um ein willkommener Gast zu sein: Es ist Raoul Wallenberg ...»[10]

Erlander gab in einer Erklärung bekannt, mit Chruschtschow sei über den Wallenberg-Fall gesprochen worden. Man habe deutlich gemacht, welches Gewicht man dieser Frage beimesse. Erlander war aber auch tief enttäuscht darüber, daß die sowjetische Seite glaubte, nichts mehr tun zu können. Schweden würde seine Bemühungen dennoch nicht aufgeben.[11]

Im Jahr darauf versuchte man dann auch, bei Chruschtschows Nachfolger mehr zu erreichen. Zunächst schrieb Erlander einen Brief an Ministerpräsident Kosygin, der vom schwedischen Botschafter Jarring überreicht wurde. Kosygin las ihn sofort und sagte, auch er könne zu keinem anderen Ergebnis als dem längst bekannten kommen: Wallenberg sei zum angegebenen Zeitpunkt im Gefängnis verstorben. Wäre er noch am Leben, hätte man ihn unmittelbar übergeben.[12]

Im Juni 1965 besuchte Erlander dann seinerseits Kosygin. Es wurde beschlossen, daß Svartz erneut mit Mjasnikow zusammentreffen sollte. Kosygin verwies wie zuvor Gromyko darauf, daß während des Krieges Millionen Menschen umgekommen seien. Ihm war wohl nicht begreiflich, weshalb wegen einer einzelnen Person soviel Aufhebens gemacht werden sollte. Dabei vergaß er anscheinend, daß von sowjetischer Seite das Jahr 1947 und nicht 1945 als Todeszeitpunkt Wallenbergs angegeben worden war.

Nanna Svartz und Mjasnikow trafen sich am 6. Juli 1965. Zugegen waren auch Botschafter Jarring und zwei sowjetische Beobachter. Die beiden Ärzte blieben bei ihren früheren Behauptungen. Mjasnikow stritt zum Erstaunen seiner Kollegin ab, mit Chruschtschow gesprochen zu haben. Sie erwiderte, sie wisse sehr wohl, daß er mit Chruschtschow gesprochen habe. So endete das Gespräch ohne neue Erkenntnisse.

In einem Interview soll Svartz 1981 Frederick E. Werbell gegenüber geäußert haben, daß Mjasnikow und auch Semjonow ihr damals mitgeteilt hätten, Wallenberg sei kürzlich, also 1964 oder 1965, gestorben. Er hätte nichts mehr essen wollen und wäre immer schwächer geworden. Dann sei allerdings auch gesagt worden, Wallenbergs Tod sei ein Versehen gewesen. Es soll sich um Gespräche handeln, die sie 1965 in Moskau – nicht in Gegenwart von Jarring – geführt hätte. Nach ihrer Rückkehr hätte sie Erlander und Wallenbergs Stiefvater Fredrik von Dardel davon unterrichtet und Stillschweigen darüber zugesagt.[13] Bis 1965 waren auch Mjasnikows erste Äußerungen von 1961 geheimgehalten worden. Nach sowjetischen Angaben starb Mjasnikow im November 1965 an einem Herzinfarkt.

In Schweden sah man keinen Grund, die Auskünfte und Berichte von Svartz aus dem Jahre 1961 anzuzweifeln. Sie waren vielmehr eine wichtige Grundlage für die vielfältigen Versuche, Licht in die Dinge zu bringen und eine neue Stellungnahme der Sowjets zu erreichen. Wie sind aber die Angaben von Svartz aus dem Jahre 1981 zu werten, nach denen sie davon ausging, Wallenberg sei 1964 oder 1965 gestorben? Dr. Gunvor Svartz-Malmberg, Svartzs Tochter, erinnert sich an die Umstände des damaligen Interviews.[14] Ihre seinerzeit neunzigjährige Mutter war am Tag des Interviews an einer schweren Grippe erkrankt. Zudem war die Familie im Begriff, zu einem Begräbnis eines Familienmitgliedes zu reisen. Dennoch führte Werbell in Vorbereitung für eine Wallenberg-Biographie ein langes Gespräch mit ihr. Während des Gesprächs war die Tochter selbst nicht zugegen. Als ein Ende jedoch nicht in Sicht war, ging sie in das Zimmer und sorgte für die Beendigung. Nach Erscheinen des Buches sei ihre Mutter sehr unzufrieden gewesen, weil der Text im Buch ihr Aussagen zuschrieb, die unrichtig waren. Werbell führt für die Richtigkeit seiner Ausführungen dagegen an, Erlander habe ihm achtzigjährig bestätigt, daß Svartz ihm 1965 die neuen Informationen erzählt habe. Das ist jedoch nicht überzeugend. Zum einen hatte Mjasnikow zuvor seine Äußerungen von 1961 abgestritten, weshalb sollte er nunmehr die Wahrheit sagen? Svartzs Mißtrauen gegenüber sowjetischen Erklärungen zeigte sich auch daran, daß sie den Tod Mjasnikows angezweifelt haben soll.[15] Weshalb hätte sie dann zuvor von der Richtigkeit der Angaben zu Wallenbergs Tod überzeugt sein sollen? Unabhängig von den merkwürdigen Umständen des Interviews im Jahre 1981 trifft es tatsächlich nicht zu, daß Svartz Ende 1965 vom Tod Wallenbergs überzeugt war. Bei einem Aufenthalt in Neu Delhi im November 1970 kam sie in einem Gespräch mit einem schwedischen Botschaftssekretär von selbst auf Wallenberg zu sprechen. Svartz sagte, sie sei immer noch davon überzeugt, daß Wallenberg 1961 lebte, und ergänzte, Wallenberg lebe wahrscheinlich noch heute, 1970.[16]

So bleibt die erste Aussage von Svartz ein wichtiges Indiz dafür, daß Raoul Wallenberg zumindest 1961 noch am Leben war.

Im Dezember 1965 hielt sich der sowjetische Literaturnobelpreisträger Michail Scholochow in Schweden auf. Bei einem Gespräch mit dem Schriftsteller Eyvind Johnson, später ebenfalls Literaturnobelpreisträger, kam Scholochow von sich aus auf Wallenberg zu sprechen. Er hatte von Wallenbergs Mutter einen Brief erhalten. Scholochow sagte, daß Wallenberg gesetzwidrig in Budapest verhaftet worden sei und sein Leben in «einem unserer Lager» verloren habe.[17] Aber wie viele hätten nicht gesetzwidrig ihr Leben im Zweiten Weltkrieg verloren? Als Johnson erwiderte, die schwedische Regierung habe Informationen, nach denen Wallenberg nach dem sowjetischerseits angeführten Todeszeitpunkt noch lebte, erwiderte Scholochow, er habe keinen Anlaß, das zu glauben. Kosygin habe Erlander einen überzeugenden Beweis für die Richtigkeit der sowjetischen Angaben geliefert. Warum sollten die sowjetischen Behörden in diesen Tagen Wallenberg festhalten? Er selbst sähe keine Möglichkeit, zur weiteren Entwicklung beizutragen, da die Fragen bereits auf höchster Ebene zwischen beiden Ländern behandelt würden.

In den folgenden Jahren blieb es still um Wallenberg. Nach vierzehnjähriger Pause richtete die schwedische Regierung am 3. Januar 1979 erneut eine formelle Note an die sowjetische Regierung. Der Fall Wallenberg solle wieder aufgegriffen und Wallenberg freigelassen werden. Ende Januar kam die sowjetische Antwort. Man hielt daran fest, daß Wallenberg 1947 gestorben sei.[18]

Was hatte Schweden dazu bewogen, nach so langer Zeit wieder aktiv zu werden? Es lagen neue Hinweise vor, daß Wallenberg bis in die jüngste Zeit am Leben war. Sie stammten von Abraham Kalinski, der 1975 aus der Sowjetunion nach Israel ausgewandert war.[19] 1978 wurde er durch einen Zeitungsbericht auf Wallenberg aufmerksam. Er befand sich gerade geschäftlich auf dem Weg nach Wien. Dort suchte er Simon Wiesenthal auf, der wegen des Falles Wallenberg zum Boykott der bevorstehenden Olympischen Spiele in Moskau 1980 aufgerufen hatte. Kalinski gab an, er sei von 1945 bis 1959 in der Sowjetunion inhaftiert gewesen. Im Zweiten Weltkrieg Offizier in der polnischen Armee, habe er den Posten eines Verbindungsoffiziers zur sowjetischen Armee innegehabt. Schließlich sei er verhaftet worden. 1951 habe er im Gefängnis Werchne Uralsk über einen Gefangenen etwas über Wallenberg erfahren. Er habe dann Wallenberg von seiner Zelle aus bei dessen Hofgang gesehen. Das habe sich bis 1953 mehrmals wiederholt.

Als Kalinski 1955 ins Wladimir-Gefängnis kam, habe er wiederum Wallenberg gesehen. Wallenberg sei dort noch Ende Oktober 1959 gewesen, als Kalinski dieses Gefängnis verließ. Kalinskis Aussage stieß auf Zweifel, vor allem weil er während des Krieges Agent des sowjetischen Geheimdienstes gewesen sei.[20] Allerdings konnte er Postkarten vorlegen. Eine von ihnen hatte er im März 1959 aus der Sowjetunion an seine Schwester nach Israel geschickt. Darin schrieb er, daß sich im Gefängnis neben ihm u. a. noch ein Schwede befände. In einer weiteren Karte vom August 1959 hieß es, neben ihm säßen nur noch ein Italiener und ein Schwede ein, der im Krieg in Rumänien viele Juden gerettet habe. In Schweden wurde die Echtheit der Postkarten verifiziert.

Als Kalinski wieder in Israel war, hörte er von weiteren Gerüchten über Wallenberg. Er kam in Kontakt mit Anna Bilder. Deren Vater, Jan Kaplan, hatte 1975 im Gefängnis in Butyrka einen Schweden getroffen, der angegeben habe, schon seit dreißig Jahren in sowjetischen Gefängnissen zu sitzen. Er habe aber recht wohl ausgesehen. Obwohl Anna Bilder über das Gespräch in ihrer Umgebung berichtete, brachte niemand diese Mitteilung mit Wallenberg in Verbindung. Kalinski versuchte im Dezember 1978, Kaplan telefonisch in der Sowjetunion zu erreichen. Er sprach mit Frau Kaplan, die bestätigte, ihr Mann habe erzählt, er habe einen Schweden getroffen. Kalinski war damals gerade in den USA und nahm Kontakt mit der schwedischen Botschaft auf. Schließlich berichtete er über seine Erlebnisse und auch über Kaplans Angaben. Daraufhin setzte man sich mit Anna Bilder in Verbindung.

Diese Neuigkeiten erschienen so glaubhaft, daß man am 3. Januar 1979 die erwähnte Note an die Sowjetunion übergab. Kaplan hatte sich auch weiterhin darum bemüht, sein Wissen über Wallenberg aus der Sowjetunion herauszubringen. So hatte er einen Brief darüber geschrieben und wollte ihn einem Touristen mitgeben. Er geriet jedoch an den Falschen und wurde erneut inhaftiert. Seiner Frau wurde später gesagt, die Tochter solle in Israel kein Aufsehen machen. Frau Kaplan schrieb an die Tochter einen

Brief, der im Juli 1979 der schwedischen Botschaft in Tel Aviv übergeben wurde. Premierminister Ola Ullsten sandte am 22. August 1979 eine Anfrage an Kosygin. Sechs Tage später kam die gleiche Antwort wie zuvor.

Auch wenn man an der Glaubwürdigkeit der neuen Lebenszeichen zweifeln kann, erwachte neues Interesse am Fall Wallenberg. So erschienen auch in Deutschland wieder Berichte in den Zeitungen. Man sprach sogar davon, die Wahrscheinlichkeit sei groß, daß Wallenberg noch am Leben sei.[21]

Das Jahr 1979 brachte in vieler Hinsicht Veränderungen. Wallenbergs Mutter und sein Stiefvater starben im Februar. Wallenbergs Halbgeschwister suchten weiter nach ihrem Bruder. Im Juni trafen sie in Israel Premierminister Begin. Dieser sorgte dafür, daß dem amerikanischen Präsidenten Zeugenberichte zum Fall Wallenberg vorgelegt wurden. Ein Gipfeltreffen Jimmy Carters mit Breschnew stand bevor. Aber auch der «israelische Vorstoß im Fall Wallenberg»[22] machte wenig Hoffnung auf eine andere als die übliche Antwort aus der Sowjetunion.

Nachdem zuvor gegründete Wallenberg-Komitees sich aufgelöst hatten, wurden nun in verschiedenen Ländern neue Komitees gegründet.[23] Wallenberg war wieder aktuell geworden.[24]

Seine Halbschwester Nina Lagergren reiste im Juli 1979 nach Washington, um in Amerika einen Partner für die Suche nach Wallenberg zu finden. Schließlich war Amerika nicht nur an der Rettungsmission beteiligt gewesen, das amerikanische Interesse an dem Fall war virulent geblieben: Der amerikanische Botschafter Johnson hatte am 4. April 1945 in einem Telegramm das US-Außenministerium von der Sorge des schwedischen Außenministeriums über das Verschwinden Wallenbergs informiert und die Unterstützung durch die US-Botschaft in Moskau empfohlen, da «wir ein spezielles Interesse an Wallenbergs Mission in Ungarn hatten». Finanzminister Henry Morgenthau jr. schrieb dazu: «Lassen Sie Stettinius wissen, daß ich an diesem Mann persönlich interessiert bin.»[25] US-Außenminister Stettinius informierte die Botschaft in Moskau am 9. April 1945. Er begründete das spezielle Interesse des *War Refugee Board* an Wallenbergs hervorragender Arbeit beim Schutz von Juden und anderen Opfern in Ungarn. Johnson war wenig später angewiesen worden, der schwedischen Regierung die große Besorgnis der US-Regierung über Wallenbergs Verschwinden auszudrücken. Doch Schweden lehnte die amerikanische Unterstützung bei der Aufklärung über Wallenbergs Schicksal ab, offenbar wollte man das als rein nationale Angelegenheit behandeln. Man war im Blick auf die sowjetische Behandlung des Falles jahrelang allzu vertrauensselig gewesen. Wie sich aus einem Telegramm der US-Botschaft in Moskau ergibt, «sagen die Schweden, sie haben keinen Grund zu glauben, daß die Russen nicht alles tun, was ihnen möglich ist»[26]. Die Schweden hielten eine Beteiligung der Amerikaner an der Sache nicht für wünschenswert. Damit mochte zusammenhängen, daß Maj von Dardel 1973 vergeblich versucht hat, den damaligen US-Außenminister Henry Kissinger zur Mithilfe zu bewegen. Kissinger scheint die offizielle Haltung Schwedens bekannt gewesen zu sein. Den gleichen Grund mochte schon Eleanor Roosevelt gehabt haben, die 1947 vergeblich um Unterstützung gebeten worden war. Das Interesse Amerikas mußte neu geweckt werden.

Im März 1980 wurde ein Wallenberg-Hearing in Stockholm geplant, das am 2. und 3. Mai stattfinden sollte. Aus innenpolitischen Gründen wurde es auf Januar 1981 verschoben. Im November 1980 befaßte man sich an anderer Stelle mit Wallenberg. Bei der KSZE-Folgekonferenz in Madrid wurde auf Antrag von sieben Staaten der Fall Wallenberg erörtert. US-Senator Claiborne Pell gab sich überzeugt, daß Wallenberg noch lebte.[27] 1980 erschienen in mehreren Magazinen große Berichte über Wallenberg.[28]

Organisiert wurde das Wallenberg-Hearing vom 15. und 16. Januar 1981 von der schwedischen *Raoul-Wallenberg-Vereinigung* und dem *Internationalen Sacharow-Komitee.* Der Kommission gehörten unter anderem Gideon Hausner, ehemaliger Hauptankläger beim Eichmann-Prozeß, Simon Wiesenthal und der britische Parlamentsabgeordnete Winston Churchill jr. an. Am Vorabend des Hearings tauchte ein bisher geheimes Verhörprotokoll des sowjetischen Generals Kuprianov auf. Dieser sei zwischen 1952 und 1956 mit Wallenberg zusammen in Haft gewesen. 1979 wurde Kuprianov erneut festgenommen, nachdem Kalinski über die gemeinsame Haftzeit gesprochen hatte. Kuprianov starb bei den neuerlichen Verhören, konnte aber noch ein Protokoll unterzeichnen. Bei dem Hearing kamen Zeugen unmittelbar zu Wort, oder ihre Aussagen wurden verlesen. André Schimkewitsch gab an, daß er im Dezember 1947 zwei Tage mit Wallenberg im Lubjanka-Gefängnis verbracht habe. Marvin W. Makinen berichtete, während seiner Haft in der Sowjetunion habe er Anfang der 60er Jahre von einem anderen Gefangenen gehört, ein Schwede sei in Wladimir inhaftiert gewesen.

Nach Abschluß des Hearings übergab man dem schwedischen Außenminister Ullsten eine Resolution, derzufolge genügend Beweise dafür vorlägen, daß die sowjetische Darstellung zum Tod Wallenbergs im Juli 1947 nicht korrekt sein könne. Es gebe allen Grund zu glauben, daß Wallenberg noch lebe. Vor der sowjetischen Botschaft in Stockholm demonstrierten mehrere hundert Menschen und forderten Wallenbergs Freilassung.

Moskau wies die Proteste zurück. Über die Nachrichtenagentur TASS wurde das Stockholmer «Wallenberg-Tribunal» als Provokation bezeichnet. Antisowjetische Kreise im Westen würden versuchen, den Fall Wallenberg für ihre Zwecke zu nutzen. Raoul Wallenberg sei im Juli 1947 gestorben, alle anderen Behauptungen seien Lügen.[29]

Auch in anderer Hinsicht beschäftigte man sich 1981 mit Wallenberg. So setzten Gruppen in den USA eine Belohnung von einer Million Dollar für Hinweise auf den Verbleib Wallenbergs aus.[30] Und das schwedische Wallenberg-Komitee gab bekannt, Breschnew habe als damaliger Politoffizier bei der in Ungarn kämpfenden 18. Armee die Verhaftung Wallenbergs angeordnet. Dann war zu erfahren, daß Wallenberg zum Ehrenbürger der Vereinigten Staaten von Amerika ernannt werden sollte – eine Ehrung, die bislang nur dem Ehepaar William Penn und Winston Churchill zuteil geworden war –, vorgeschlagen von dem

Kongreßabgeordneten Tom Lantos und seiner Frau, die Wallenberg gerettet hatte. Am 5. Oktober 1981 unterzeichnete Präsident Reagan die entsprechende Resolution.

Eine weitere Chance, mehr über Wallenbergs Schicksal zu erfahren oder ihm gar – sofern er noch lebt – freizubekommen, blieb etwas später ungenutzt. Ein sowjetisches U-Boot war im militärischen Sperrgebiet Schwedens gestrandet. Das schwedische Wallenberg-Komitee schlug vor, das U-Boot mit Besatzung gegen Wallenberg auszutauschen. Denselben Vorschlag machte Tom Lantos. Ullsten erklärte dazu, es sei unmöglich, daß ein Rechtsstaat wie Schweden die Besatzung des sowjetischen U-Boots gleichsam in Geiselhaft nehme «und damit auf ein Verbrechen mit einem anderen reagiert.»[31]

In den kommenden Jahren wurde Wallenberg vielfach gewürdigt.[32] Als erstes Land gab Israel 1983 eine Wallenberg-Briefmarke heraus. Dem Beispiel folgten 1987 Schweden und 1992 Ungarn. Im Dezember 1985 wurde Wallenberg erster Ehrenbürger Kanadas und 1986 ebenso Israels. Auch wenn mit all diesen Aktivitäten keine neuen Resultate herbeigeführt wurden, so waren sie doch ein deutliches Zeichen für die Sowjetunion, daß Wallenberg nicht vergessen war.

Ein Friedensnobelpreisträger machte sich 1987 auf die Suche nach Wallenberg. Andrej Sacharow war von Guy von Dardel auf ein Lager aufmerksam gemacht worden, wo sich Wallenberg befinden könnte. Die Ortsangabe erwies sich als falsch, auch die Lagernummer war nicht angegeben worden. Sacharows Verärgerung darüber war in seinen Memoiren zu spüren – sechs Monate Suche waren vergebens. Als er 1988 den richtigen Ort erfuhr, suchte er das Lager auf, man verwehrte ihm aber den Zutritt. Sacharow hatte auch mit dem Politbüromitglied Jakowlew gesprochen. Dieser sagte, daß «alle Gerüchte über das Überleben Wallenbergs weithergeholt seien und wahrscheinlich von den westlichen Geheimdiensten geschürt würden, um die sowjetisch-schwedischen Beziehungen zu beeinträchtigen.»[33] Wallenberg sei wegen eines Tauschhandels von schwedischen Militärfahrzeugen gegen Juden verhaftet worden. Zudem hätten die Schweden Deutschland für die Fortsetzung des Krieges wirtschaftlich unterstützt. «Später», so heißt es bei Sacharow, «gelangte ich zu dem traurigen Schluß, daß dieses ganze komplizierte und kostspielige System von Komitees und Kommissionen im wesentlichen leerläuft. Zwar hat man viele Aussagen von Zeugen gesammelt, die behaupten, Wallenberg nach dem Datum seines offiziellen Todes gesehen zu haben. Aber ein Teil dieser Aussagen ist unzweifelhaft gefälscht, und die aufrichtigen Zeugnisse, wenn es solche gibt, gehen in der Menge der Fälschungen unter.» Im Hinblick auf die Zeugenaussagen ist ihm teilweise recht zu geben. Aber wie hätte man verhindern können, daß auch falsche darunter waren? Bereits zu der Zeit, als Wallenberg 1945 in Gefängnissen in Moskau saß, lagen Aussagen von «Zeugen» vor, nach denen er sich an den unterschiedlichsten Orten in Ungarn, Rumänien oder der Sowjetunion aufhielt.

4. Nach Glasnost

War es sehr überraschend, daß – über dreißig Jahre nach der Gromyko-Note – im Frühling und Sommer 1989 (*Glasnost* war eben ausgerufen worden) in den Medien der Sowjetunion über Wallenberg berichtet wurde? Am Rande der KSZE-Konferenz in Paris hatte Wladimir Andrejew, Mitglied der sowjetischen Delegation, unumwunden gesagt, der Tod dieses «edlen Menschen» sei eine «dunkle Seite in der Geschichte» der UdSSR.[1] Und Boris Pankin, der sowjetische Botschafter in Schweden, bekannte in einem Artikel der *Moscow News* die Schuld der Sowjetunion am Tod Wallenbergs: «Der Tote kann nicht wieder ins Leben zurückgerufen werden. Das einzige, was man tun kann, ist, erneut seine Leistungen zu rühmen und gegenüber seinem Volk und seinen engsten Angehörigen Gefühle des Mitleids und der Schuld auszudrücken.»[2]

Doch dann geschah noch etwas anderes: Am 15. Oktober reisten Wallenbergs Halbgeschwister Guy von Dardel und Nina Lagergren zusammen mit Per Anger und Sonja Sonnenfeld vom schwedischen Komitee nach Moskau – und folgten damit einer Einladung, die sie im Sommer aus der Sowjetunion erreicht hatte. Eine Woche lang wurden Gespräche mit hohen KGB-Funktionären geführt. Man traf sich schon am 16. Oktober im Morosow-Bau. An den Unterredungen nahmen u.a. der stellvertretende KGB-Vorsitzende V. Piroschkow und der stellvertretende Außenminister V. Nikiforow teil. Als erstes legten die Sowjets – wie bei der Einladung schon angekündigt – das Original des Smoltsow-Berichts vor, der seit 1957 als Dokument über Wallenbergs Tod galt und bislang immer nur zitiert worden war.

Vielleicht bedeutender für die Familie war die Übergabe persönlicher Gegenstände aus Wallenbergs Besitz. Man habe sie zufällig im September 1989 gefunden. Es waren sein Diplomatenpaß, sein Taschenkalender von 1944, sein Adressenverzeichnis, ungarisches Geld und eine Häftlingskarte. Die Schweden baten die Sowjets um die Überprüfung verschiedener Namen, und ihre Gastgeber teilten ihnen das Ergebnis am 20. Oktober mit. Schließlich fuhren sie noch ins Gefängnis von Wladimir; der Besuch erschien ihnen noch im nachhinein sehr wichtig. Die ‹Öffnung› der Sowjetunion war spürbar geworden.[3] Vieles von dem, was zuvor schon stückweise und aus ganz anderen Quellen bekannt geworden war, bestätigte sich hier: Nach der Häftlingskarte war Wallenberg am 19. Januar 1945 verhaftet worden, zwei Tage nachdem er Budapest in Begleitung der Sowjets verlassen hatte. Die Karte hatte man am 6. Februar im Lubjanka-Gefängnis ausgestellt. Wallenberg wurde als «Kriegsgefangener» geführt und befand sich in Gewahrsam der SMERSH, der sowjetischen Spionageabwehr.[4]

Gorbatschows Politik machte weitere Besuche möglich. Vom 8. bis 13. Juni 1990 reisten Per Anger und Sonja Sonnenfeld nach Leningrad – ein Medizinisches Zentrum sollte nach Wallenberg benannt werden –, und gegen Ende des Monats besuchten Guy von Dardel und Sonja Sonnenfeld Moskau anläßlich einer Wallenberg-Menschenrechts-Woche.

Anfang Juni 1990 wurde am Rande der Kopenhagener KSZE-Tagung über Menschenrechte das Ergebnis einer Untersuchungskommission, der auch der Friedensnobelpreisträger Elie Wiesel angehörte, bekanntgegeben. Es gebe unwiderlegbare Beweise dafür, daß Wallenberg nicht 1947 gestorben sei. Michail Gorbatschow wurde aufgefordert, Wallenberg freizulassen, falls er noch lebe.

Glasnost führte dazu, daß eine *Internationale Kommission zur Klärung des Schicksals und Aufenthaltsortes von Raoul Wallenberg* eingesetzt wurde. Fünf Mitglieder waren Russen, weitere fünf stammten aus Schweden, Kanada und den USA. Vom 27. August bis zum 12. September 1990 besuchten sie u. a. das Gefängnis von Wladimir. Erstmals war es möglich, Einblick in geheime Archive zu nehmen. Der Kommission gehörten auch zwei ehemalige politische Gefangene an, Cronid Lubarsky und Marvin Makinen, die beide Häftlinge in Wladimir gewesen waren. Man stellte fest, daß in Wladimir zuvor – trotz gegenteiliger Versicherungen der Sowjets – keine Nachforschungen angestellt worden waren. Ausländische Gefangene waren dort unter einer Nummer oder einer falschen Identität registriert worden. Die Kommission untersuchte über 100 000 Gefangenen-Registraturkarten, 1430 davon wurden zur weiteren Untersuchung ausgesondert. Zudem wurde rekonstruiert, was mit ausländischen Häftlingen normalerweise geschah. Die persönlichen Sachen der Häftlinge waren in verschiedenen Abteilungen getrennt aufbewahrt worden. Für einbehaltenes Geld wurde eine Quittung ausgestellt, nach erfolgtem Gerichtsurteil wurde es beschlagnahmt. Wenn den Angehörigen 1989 auch Geld aus Wallenbergs Besitz übergeben wurde, so war daraus zu schließen, daß er nicht verurteilt worden war. Da sich die Gegenstände alle an einem Ort befanden, mußte es eine Akte Wallenberg geben – die Sowjets bestritten das aber. Nach Wladimir seien gewöhnlich nur abgeurteilte Häftlinge gekommen, und das konnte heißen, daß Wallenberg – entgegen der Zeugenaussagen (die ihrerseits ja hie und da auf Hörensagen beruhten) – nicht in Wladimir gewesen war.

Nach der Abreise der Schweden nahmen die sowjetischen Kommissionsmitglieder die Nachforschungen wieder auf. Sie gingen in das heute so genannte «Zentrale Staatsarchiv der UdSSR» und stellten anhand der dort aufgefundenen Dokumente fest, daß Wallenberg nach seiner Gefangennahme in das Lubjanka-Gefängnis eingeliefert und zusammen mit Richter und Scheuer in eine Zelle verlegt worden war. Langfelder wurde am 18. März nach Lefortowo überführt, woraufhin Wallenberg in dessen ehemalige Zelle kam. Im Mai 1945 wurden dann auch Roedel und Wallenberg nach Lefortowo gebracht. Es fand sich auch ein Dokument vom 24. Februar 1947, wonach die Überstellung von Roedel und Wallenberg ins innere Gefängnis des Ministeriums für Staatssicherheit angeordnet wurde. Es ist möglich, daß Wallenberg daraufhin in eine Krankenzelle in der Lubjanka kam. Dies hieße, er wäre in den Einflußbereich des Leiters der dortigen Sanitätsabteilung, Smoltsow, gekommen, der dann den Bericht über Wallenbergs Tod verfaßt haben soll. Weitere Akten zeigen, daß am 22. Juli 1947 etwa zwischen 21 und 24 Uhr mehrere Mithäftlinge Wallenbergs und Langfelders verhört worden sind. Im Anschluß an eine Voruntersuchung wurde eine Verfügung ausgefertigt. Über Gustav Richter heißt es: «Die Voruntersuchung hat bestätigt, daß Richter Mitglied der verbrecherischen faschistischen Partei war, führende Positionen in Organen des SD innehatte und Strafmaßnahmen gegen Antifaschisten leitete. ... Angesichts des Umstandes, daß Richter Verbindung mit einem besonders wichtigen Häftling hatte, wird verfügt: Richter nach seiner Verurteilung in ein besonderes Gefängnis des Ministeriums für Staatssicherheit zu überführen und ihn dort streng zu isolieren bzw. den Kontakt zu anderen Häftlingen, sowie Briefverkehr zu unterbinden.» Auch bei zwei weiteren Akten fand sich die Bemerkung, sie stünden in Verbindung mit einem besonders wichtigen Häftling.[5]

Ende August 1991 wurde bekannt, daß der neue KGB-Chef, Wadim Bakatin, weitere Archive für die Nachforschungen über Wallenbergs Verbleib öffnen werde. Auch Bakatins Vorgänger Krjutschkow, der wegen seiner Teilnahme am Putsch gegen Gorbatschow entlassen worden war, hatte das bereits versprochen. Man übergab Schweden außerdem weitere Dokumente, die aber keine neuen Erkenntnisse über Wallenbergs Schicksal brachten.

Im November 1991 gab der sowjetische Historiker Wjatscheslaw Nikonow, der die KGB-Untersuchungen über den Fall Wallenberg leitete, bekannt, daß Wallenberg am 17. Juli 1947 im Lubjanka-Gefängnis erschossen worden sei, nachdem Außenminister Molotow eine Anfrage von Abakumow erhalten habe, was mit «der heißen Kartoffel» geschehen solle. Nach dem Mord sei ein falsches Todeszertifikat ausgestellt worden. Nikonow habe ein Dokument gefunden, wonach Molotow Ende Juli 1947 geschrieben habe, der Fall sei jetzt gelöst.

Eine andere Erklärung gab ein ehemaliger hoher Mitarbeiter des KGB im März 1992. Pitowranow sagte, Wallenberg sei 1947 «aus Versehen» während eines Verhörs gestorben, man habe ihn nicht hingerichtet.[6] Im Januar 1993 wurde der Fund eines neuen Dokuments gemeldet. Es handelte sich um ein Telegramm des damaligen stellvertretenden Verteidigungsministers Bulganin vom 17. Januar 1945 an den Kommandanten der 2. ukrainischen Front und an den Genossen Abakumow: «Der im östlichen Teil Budapests in der Benczurstraße entdeckte Wallenberg ist zu verhaften und nach Moskau zu bringen. Die Spionageabwehr SMERSH hat entsprechende Anweisung erhalten. Es sind alle zur Erledigung der Aufgabe erforderlichen Mittel bereit zu stellen. Die Zeit des Abtransportes nach Moskau sowie der Familienname des dienstältesten Begleitoffziers sind mitzuteilen. Stellvertretender Volkskommissar für Verteidigung Armeegeneral Bulganin.»[7] Damit war das Rätsel, wer den Befehl zur Verhaftung Wallenbergs gegeben hatte, gelöst.

Seit der veränderten politischen Lage in der Sowjetunion veröffentlichten verschiedene ehemalige KGB-Männer ihre Erinnerungen, die auch auf Wallenberg eingehen. Der KGB-Überläufer Oleg Gordiewsky, der als Doppelagent auch für den britischen Geheimdienst gearbeitet hat, schreibt, Wallenberg sei 1947 erschossen worden, nachdem er sich geweigert habe, für den KGB zu spionieren.[8] Beweise dafür kann er jedoch nicht anführen.

Ex-KGB-Chef Wadim Bakatin sieht sich selbst als Retter der Archive. Viele andere wollten sie zerstören. Den Fall Wallenberg nennt er eine «schmachvolle Seite in unserer Geschichte»[9]. Der Fund der persönlichen Gegenstände Wallenbergs 1989 erscheint ihm «allem Anschein nach tatsächlich zufällig». Gefunden worden sei auch ein Brief des stellvertretenden KGB-Vorsitzenden Lunew an das Außenministerium von 1957, in dem es um eine Abstimmung der Antwort auf die Frage nach dem Verbleib Langfelders gegangen sei. Alle Dokumente, die Langfelder beträfen, seien ebenso wie die Unterlagen zu Wallenberg auf Anordnung der ehemaligen Leitung des MGB in den vierziger und fünfziger Jahren vernichtet worden (Langfelder war angeblich am 2. März 1948 gestorben): «Das, was sich anfand, blieb versehentlich erhalten und wurde von unseren findigen Kriminalisten aufgespürt», darunter die Häftlings- und Verhörregister im Inneren Gefängnis (Lubjanka) und im Gefängnis Lefortowo. Einige Eintragungen waren unkenntlich gemacht worden. Anhand eines Postausgangsverzeichnisses konnte festgestellt werden, daß am 17. Juli 1947 eine von Abakumow unterzeichnete Mitteilung über Wallenberg an Molotow geschickt worden war. Dieses Dokument ließ sich jedoch nicht finden. Auch die Befragung von Zeugen, die Wallenberg noch nach dem angeblichen Tod gesehen haben wollen, habe nichts erbracht. Bakatin habe erstaunt festgestellt, daß zwischen 1952 und 1986 sechzehn Politbüro-Beschlüsse wegen der Wallenberg-Noten getroffen worden seien. Nach Bakatins Ansicht wurde Wallenberg von einer SMERSH-Einheit der 2. Ukrainischen Front vermutlich wegen Spionageverdachts festgenommen. Der damalige SMERSH-Befehlshaber und spätere Chef des MGB Abakumow habe die Tatsache, daß Wallenberg nach Moskau gebracht worden war, verheimlicht. Als die Festnahme ruchbar wurde, habe die sowjetische Führung versucht, die Spuren zu verwischen, da sie zuvor erklärt hatte, Wallenberg sei nicht in der Sowjetunion. Abakumow habe in seinem Brief nach Ansicht Bakatins vorgeschlagen, Wallenberg zu töten. Alle Dokumente habe man selbstverständlich vernichtet. Bakatin fügt hinzu: «Ich bin absolut davon überzeugt, daß Raoul Wallenberg nicht mehr am Leben ist. Um des Andenkens dieses mutigen Mannes und Humanisten willen ist es dennoch erforderlich, bis zur definitiven Gewißheit weiterzuforschen.»

Bakatins Theorie läßt sich nach der Auffindung des Telegramms von Bulganin mit dem Befehl, Wallenberg nach Moskau zu bringen, nicht mehr aufrechterhalten. Seine These könnte aber ein Hinweis darauf sein, daß Bakatin zu seiner Zeit als Geheimdienstchef wirklich nicht wußte, ob Wallenberg noch lebte.

Ergiebiger sind die Ausführungen des ehemaligen Chefs der KGB-Sonderabteilung für besondere Interessen P. A. Sudoplatow.[10] Allerdings kann auch er keine wirklichen

Beweise vorbringen. Er geht davon aus, daß Wallenberg 1947 durch eine Giftspritze in der Lubjanka getötet wurde. Er bringt Wallenbergs Verhaftung in Zusammenhang mit den Verbindungen Marcus Wallenbergs zur Sowjetregierung, der als Mittelsmann zwischen der Sowjetunion und Finnland bei den Verhandlungen über einen Separatfrieden fungiert hatte. Die Unterredungen hatten bis Anfang September 1944 angedauert. Wallenbergs Verhaftung sei daher kein Zufall gewesen. Vielmehr hätten Stalin und Molotow die Familie Wallenberg erpressen und deren Verbindungen für Verhandlungen mit dem Westen ausnutzen wollen. Stalin habe vermutlich versucht, Wallenberg zur Beschaffung von Auslandskapital anzuwerben.

Im Gegensatz zu Bakatin war Sudoplatow bei der Niederschrift seines Buches bekannt, daß Bulganin die Festnahme Wallenbergs angeordnet hatte. Sudoplatow teilt weiter mit, daß ein früherer Kollege von ihm, Alexander Belkin, die Akte Wallenbergs gesehen habe. Belkin sagte, 1945 wären alle SMERSH-Residenturen angewiesen worden, Wallenberg genau zu beobachten. Man habe in Wallenberg einen festen Mitarbeiter des deutschen, amerikanischen und britischen Geheimdienstes vermutet. Interessant sind Sudoplatows Darlegungen über einen sowjetischen Agenten an der Budapester schwedischen Gesandtschaft. Ein gewisser Kutusow habe die Arbeit Wallenbergs in Ungarn in ein dubioses Licht gerückt. Kutusow sei in den zwanziger Jahren Agent geworden und 1944 mit Wallenberg in Kontakt gekommen. Für seine Vermutungen, daß Wallenberg durch einen Arzt namens Majronowskij durch eine Giftinjektion getötet worden sei, als er eine Zusammenarbeit ablehnte, kann Sudoplatow keinen Beweis vorbringen. Immerhin kann er ein Dokument anführen, über dessen Auslegung Uneinigkeit herrscht. Es handelt sich um ein Schreiben Wyschinskijs an Molotow vom 14. Mai 1947, das einen Teil des bislang Geschilderten wiederholt: Wallenbergs Verhaftung, die Bitten Schwedens um Aufklärung seines Schicksals, Söderbloms Gespräch mit Stalin, und das dann fortfährt: «1945 und 1946 richteten wir mehrmals Anfragen an SMERSH und später an das Ministerium für

Staatssicherheit, um Aufschluß über das Schicksal und den Aufenthaltsort von Wallenberg zu erhalten. Erst im Februar dieses Jahres teilte uns Genosse Fedotow ... mit, daß Wallenberg jetzt dem Ministerium für Staatssicherheit zur Verfügung stehe, und versprach, Sie persönlich über alle weiteren Aktionen des Ministeriums in dem genannten Fall zu informieren.» Wyschinskij bat Molotow, «Genosse Abakumow anzuweisen, eine Zusammenfassung ... des Falles mit Vorschlägen bezüglich seiner Liquidierung vorzulegen.»

Das Dokument zeigt, daß man im Mai 1947 überlegte, was im Fall Wallenberg geschehen sollte. Zum anderen wird ausdrücklich von einer Liquidierung gesprochen. Unklar ist aber, ob der Fall oder die Person gemeint war. Sudoplatow ist davon überzeugt, die Person sei gemeint. Ebensogut konnte aber auch die Beendigung des Falles geplant gewesen sein, d. h. etwa eine Freilassung Wallenbergs oder eine unbestimmte Haft unter falscher Identität. Wenn aber tatsächlich die Liquidierung von Wallenberg gemeint war, weshalb sollte Abakumow zuvor noch eine Zusammenfassung über den Fall anfertigen? Und weshalb sollte Abakumow vorschlagen, wie die Liquidierung erfolgen solle? Es war die Zeit des stalinistischen Terrors. Da wäre es etwas merkwürdig, wenn Wyschinskij Molotow angewiesen hätte, Abakumow den Befehl zu geben, Vorschläge über die Tötungsweise zu machen. Wyschinskij wollte einen Überblick über den Stand des Falles bekommen und auf seine Beendigung hinwirken.

Aber es sollten auch die jeweiligen Positionen der Betreffenden betrachtet werden: Wyschinskij war stellvertretender Außenminister. Der Empfänger seines Schreibens war Außenminister Molotow. Abakumow war Minister für Staatssicherheit, Peter Fedotow war Molotows Vertreter des Informationskomitees und Chef der Spionageabwehr des MGB, Nowikow schließlich Abteilungsleiter im Außenministerium. Nach Wyschinskijs Angaben hatte das Außenministerium 1945 und 1946 vergeblich versucht, vom Geheimdienst Informationen über Wallenberg zu bekommen und im Februar 1947 erfahren, daß sich Wallenberg unter der Kontrolle des Ministeriums für Staatssicherheit befand. Von diesem Moment an erwartete man Erklärungen über die weitere Vorgehensweise. Und erst als die nicht kamen, verlangte Wyschinskij im Mai 1947 weitere Details und Lösungsvorschläge. Wenn man den Satz mit der Liquidierung in diesem Zusammenhang sieht, kann daraus kaum auf einen Vorschlag für die Tötung Wallenbergs geschlossen werden. Der Name Wallenberg wird in dem Schreiben nicht weniger als fünfmal genannt. Ausgerechnet in dem Satz, der ein Todesurteil aussprechen könnte, soll auf die Nennung des Namens verzichtet worden sein?

Im Außenministerium war man die Anfragen Schwedens, nicht zuletzt auch nach Söderbloms Gespräch mit Stalin, leid. Wyschinskij wollte endlich informiert werden, und diesmal nicht nur vom Ausland, sondern vom sowjetischen Geheimdienst. Nowikow war gerade vom schwedischen Botschafter in dieser Sache aufgesucht worden. Daraufhin hatte er sich wohl mit Fedotow, einem Mann des Geheimdienstes, in Verbindung gesetzt. Wie Wyschinskijs Schreiben zeigt, erfuhr Nowikow dann von Wallenbergs Verbleib. Vielleicht wollte Wyschinskij nun Druck auf Abakumow ausüben? Wyschinskij war nur stellvertretender Minister, daher erschien es erfolgversprechender, wenn der Minister Molotow persönlich den anderen Minister anwies. Wallenberg war ein Gefangener, der das schwedisch-sowjetische Verhältnis erkennbar belastete.

Am 17. Juli 1947, dem angeblichen Todestag Wallenbergs, hatte Abakumow eine Mitteilung «Zum Fall des schwedischen Staatsangehörigen R. Wallenberg» an Molotow geschickt. Darauf verweist eine Eintragung in einem Postverzeichnis des MGB-Sekretariats. Das Schreiben selbst war nicht aufzufinden. Nicht zuletzt diese Eintragung stützt die hier vorgetragenen Überlegungen. Abakumow hatte versprochen, Molotow persönlich über die weiteren Aktionen des Falles Wallenberg zu informieren. Die Eintragung weist auf den Fall Wallenberg hin, nicht auf die Person.

Die neuen Dokumente zeigten einerseits zwar die Zuverlässigkeit von Aussagen wie denen Richters oder Hilles, andererseits wurden andere Zeugenaussagen in wichtigen Punkten widerlegt, so die Angaben von de Mohr und Ernst Wallenstein. De Mohr wollte noch Anfang 1948 Klopfkontakt mit Wallenberg gehabt haben, Wallenstein bis zum November 1947. Beide saßen jedoch im Lefortowo-Gefängnis ein. Wallenberg war bereits im März 1947 wieder im Lubjanka-Gefängnis. Beide Aussagen, auf Grund derer sich die Gromyko-Note von 1957 als Lüge erwies, trafen hinsichtlich der genannten Zeitpunkte nicht die Wirklichkeit. Im Rückblick mag das aber von Vorteil gewesen sein, da dies die Suche nach weiteren Hinweisen zur Folge hatte. Außerdem bleibt die Aussage von André Schimkewitsch auf dem Wallenberg-Hearing 1981, er habe im Dezember 1947 zwei Tage mit Wallenberg in einer Zelle im Lubjanka-Gefängnis gesessen. Und auch die ersten Angaben von Dr. Nanna Svartz bleiben damit gültig. Aussagen, nach denen sich Wallenberg im Wladimir-Gefängnis befunden habe, konnten nicht bestätigt werden. Es läßt sich aber auch nicht völlig ausschließen.

Immer wieder meldeten sich neue Zeugen, die nicht von vornherein unglaubwürdig sind. Einige von ihnen können heute noch Angaben über vermeintliche oder wirkliche Begegnungen mit Wallenberg machen. Einer von ihnen ist Theodor von Dufving, ehemals Oberst im Generalstab.[11] Von Dufving war als Parlamentär an Verhandlungen über einen Waffenstillstand in Berlin beteiligt, als er am 2. Mai 1945 gefangengenommen wurde. Am 8. Mai wurde er zusammen mit anderen Kriegsgefangenen nach Moskau geflogen. Dort blieb er bis etwa Februar 1947 im Butyrka-Gefängnis. In den nächsten zwei Jahren war er in Orel. Man hatte ihn zu 25 Jahren Haft verurteilt. Von Orel wurde von Dufving nach Workuta transportiert. Bei einer Fahrtunterbrechung, vermutlich in Kotlas, hörte er in einem Durchgangslager von Mithäftlingen, daß sich ein schwedischer Diplomat unter ihnen befinde. Er war gesondert untergebracht und solle bald freikommen. Es bestand aber die Möglichkeit, ihn beim Gang zum Essen zu sprechen. Von Dufving sah die Chance, seinen Familienangehörigen erstmals eine Nachricht zu übermitteln. Er fand

Kontakt zu dem Schweden und fragte ihn, ob er an der schwedischen Botschaft in Berlin gearbeitet habe. Nach Dufvings Erinnerung habe der Mann gesagt, er käme aus Ungarn: «Es ist ein Irrtum, daß ich hier bin. Ich komme bald frei.» Von Dufving erzählte dem Leidensgenossen, er habe schwedische Vorfahren. Der Schwede versprach, nach seiner Freilassung eine Nachricht an die Angehörigen des Deutschen weiterzugeben. Von Dufving kam im Dezember 1955 nach Deutschland zurück. An den Namen des Schweden konnte er sich nicht erinnern. Als er 1981 den Namen «Wallenberg» las, fiel ihm die Begegnung wieder ein – es mußte im Februar oder März 1949 gewesen sein. Als ihm Bilder von verschiedenen Personen vorgelegt wurden, sagte er, die Leute kenne er nicht. Nur bei einem der Photos war er im Zweifel. Wie er nachträglich erfuhr, war es ein Photo von Wallenberg.

Die erste nachweislich falsche sowjetische Angabe zum Fall Wallenberg kam im August 1947 von Wyschinskij. Nach ihr befand sich Wallenberg nicht in der Sowjetunion. Das war ein erster Widerspruch zu Dekanossows und Kollontajs Angaben. Es ist schwer verständlich, warum man Wallenberg nicht freigelassen hat. Zu dem Zeitpunkt wäre das noch ohne Gesichtsverlust möglich gewesen. Schließlich wurden einige Jahre später auch Kriegsgefangene entlassen, die Wallenberg begegnet waren. Man schien sich über die Konsequenzen nicht im klaren gewesen zu sein. Eine Erklärung für Wallenbergs fortdauernde Inhaftierung könnte sein, daß man prominente lebende sowjetische Politiker, die in den Fall verwickelt waren, nicht bloßstellen wollte. Aber nach Wyschinskijs, Gromykos und Molotows Tod – und vor allem nach der Öffnung – gab es dafür keinen vernünftigen Grund mehr

Wie aber war es zu der Gromyko-Note vom Februar 1957 gekommen, und wie kann der Smoltsow-Bericht gewertet werden? Sowjetische Dokumente, die Anfang der 90er Jahre Schweden übergeben wurden, bieten Einblick in die näheren Begebenheiten. So hat Gromyko in einem Schreiben an den KGB 1954 um Information gebeten, wann und unter welchen Umständen Wallenberg gestorben sei.[12] Gromyko erhielt die Antwort, der Charakter der Wyschinskij-Note vom 18. August 1947, wonach Wallenberg sich nicht in der Sowjetunion befände, solle nicht geändert werden.[13] Bereits im April 1956 wurde die Gromyko-Note vorbereitet. Molotow, der KGB-Vorsitzende und Serow hielten es für geeignet, zunächst in Schweden nach weiteren Dokumenten zu fragen. Im Juli sollte Schweden dann informiert werden, daß das Material überprüft und das Ergebnis sodann übergeben werde. Etwa zwei bis drei Monate nach den im September 1956 stattfindenden schwedischen Parlamentswahlen sollte dann bekanntgegeben werden, daß Wallenberg 1947 gestorben sei. Interessanterweise findet sich in diesem Bericht noch keinerlei Hinweis auf Smoltsow. Auch wird als Todesort nicht das Lubjanka-Gefängnis angegeben. Vielmehr habe Wallenberg sich auf Anordnung Abakumows im Lefortowo-Gefängnis befunden. Im Gefängniskrankenhaus sei er dann gestorben.[14] Tatsächlich war Schweden im Juli 1956 informiert worden, daß das Ergebnis der Untersuchung erwartet werde. Für diesen letzten Schritt ließ sich die Sowjetunion jedoch Zeit. Mitte Januar 1957 lag die Fassung der Gromyko-Note vor – diesmal mit Smoltsow-Bericht und der Einschränkung, auf Wallenbergs Tod könne geschlossen werden.[15] Eine baldige Übergabe der Note hielt man für wünschenswert, da dies dem neuen sowjetischen Botschafter in Schweden helfen könne. Die Schlußfolgerung liegt nahe, daß der Smoltsow-Bericht und damit auch die Gromyko-Note inhaltlich unzutreffend sind. Sie dürften aus dem Bestreben entstanden sein, einen Schlußstrich unter den Fall Wallenberg zu ziehen. Als Todeszeitraum bot sich der Juli 1947 an. In diesem Monat dürfte eine Entscheidung über Wallenberg getroffen worden sein, über die Molotow vermutlich am 17. Juli 1947 durch Abakumow unterrichtet wurde. Wenige Tage später waren Mitgefangene Wallenbergs verhört worden. Der Kontakt zu deutschen Kriegsgefangenen war abgebrochen, und das Datum fiel in die Stalin-Zeit. Es bedurfte nur noch einer Erklärung, weshalb man erst 1957 davon erfahren hatte. Wallenberg war 1947 in der Lubjanka. Der Leiter des

Gefängnislazaretts war seit 1953 tot, Abakumow seit 1954. Ihrer Namen konnte man sich also bedienen. Zwischen April 1956 und Januar 1957 wurde dann vermutlich der «Smoltsow-Bericht» erfunden. Dafür, daß dieser inhaltlich nicht zutrifft, spricht zudem der Umstand, daß sich der Name Wallenberg nicht in einem Verzeichnis über Kremationen für den Monat Juli 1947 befindet. Für die betreffende Zeit wurde im Lubjanka-Gefängnis auch kein Todesfall vermerkt. Als einziges Vorkommnis findet sich für den 18. Juli ein Selbstmordversuch eines Häftlings, die übrige Zeit war es «ruhig».

5. Ein unauflösbares Rätsel?

Die Behauptung, den Russen sei verdächtig gewesen, daß Wallenberg eigens zur Rettung von Juden nach Budapest gekommen war, hat ihre Berechtigung, sie erklärt aber nichts. Vermutungen, er sollte als russischer Spion angeworben werden, sind rein spekulativ.

In diesem Zusammenhang sind die Angaben eines deutschen Soldaten von Interesse, der die Einnahme Budapests durch die Russen in einem schwedischen Gesandtschaftsgebäude erlebt und sich zunächst als Tscheche ausgegeben hat. Sein Bericht stammt vom August 1950. Ende März 1945 wurde er bei einem Verhör durch die NKWD gefragt, was in der schwedischen Gesandtschaft vorgegangen sei. Er gab an, ihm sei nicht bekannt, daß die Schweden etwas für die Deutschen und Ungarn und gegen die Sowjetunion unternommen hätten. Dann wollte man wissen, was er zur «Tätigkeit des Herrn Wallenberg» zu sagen hätte. Er habe, so sagte er aus, Wallenberg nie gesehen und wisse nur, daß er Verfolgten, vor allem Juden, geholfen habe. Auch unter Drohungen sei er bei seiner Aussage geblieben, selbst dann, als man ihn gefragt habe, wieviel Geld Wallenberg denn von Himmler erhalten hätte. Am nächsten Tag habe man ihm dann gesagt, seine Angaben seien korrekt, er habe nichts mehr zu befürchten. Und auch im Blick auf Wallenberg habe man sich überzeugt, daß er von diesem ‹Vogel› nichts habe wissen können; im übrigen sei der so gut versorgt, daß er keinen Paß mehr ausstellen und auch nie mehr etwas von Ungarn oder Schweden zu sehen bekommen werde.[1] Diese – wohl glaubhaften – Angaben zeigen, daß man Wallenberg in Verbindung mit Himmler und der Gestapo gebracht hat. Zur Zeit dieses Verhörs war Wallenberg schon in der Sowjetunion.

Die Telefonleitungen der schwedischen Gesandtschaft sind sicherlich nicht abgehört worden. Das war vielleicht auch nicht nötig, da sich unter den Mitarbeitern der Gesandtschaft ein merkwürdiger Mensch befand: Graf Michael Tolstoy(-Kutuzow). Er war für die Interessenvertretung für die in deutsche Kriegsgefangenschaft geratenen Sowjetsoldaten in Ungarn zuständig. Tolstoy hatte auch Kontakt mit der schweizerischen Gesandtschaft. Nach dem Einmarsch der Roten Armee in Pest wurde Tolstoy nach eigenen Angaben kurze Zeit verhaftet und über Wallenberg befragt, dann zum Leiter des sowjetischen Büros für Ausländer in Budapest ernannt. Dem schwedischen Attaché Berg fiel auf, daß Tolstoy nicht sehr erfreut war, als er ihn aufsuchte. Der Posten, den Tolstoy durch die Russen bekam, war ein deutlicher Hinweis und besonders auffällig, wenn man sich die Behandlung der übrigen Gesandtschaftsmitglieder vor Augen hält.

Der schwedische Journalist Anders Hasselbohm hat sich eingehender mit Tolstoy beschäftigt. Demnach hat dieser vier Jahre in Budapest für die Russen gearbeitet. Anschließend lebte er bis 1954 in Brüssel, danach in Irland. Im März 1955 schrieb Tolstoy einen Brief an Danielsson, in dem er behauptete, Wallenberg sei bei den letzten Kämpfen in Budapest gefallen. Wallenberg hätte eine SS-Uniform getragen und sei von Russen erschossen worden. Bei der schwedischen Gesandtschaft in Dublin war man sich sicher, daß Tolstoy ein sowjetischer Agent war. Hasselbohm suchte ihn 1979 in Irland auf. Dabei sah der Journalist ein Papier, auf dem Fragen über ihn notiert waren. Jemand hatte Tolstoy instruiert. Tolstoy starb Ende 1980; sieben Männer der russischen Botschaft durchsuchten einen Tag nach seinem Tod die Wohnung. Bereits 1955 wußte der damalige stellvertretende Außenminister Schwedens, Lundberg, daß Tolstoy vermutlich schon bei seiner Tätigkeit unter Danielsson sowjetischer Agent war. Doch Lundberg sah keinen Handlungsbedarf.[2]

Carl Lutz hat später die Vermutung geäußert, daß Tolstoy für die Denunziation der beiden Schweizer Diplomaten Max Meier und Harald Feller verantwortlich war. Meier selbst hatte diesen Verdacht allerdings nicht.

Die Angaben des deutschen Soldaten, nach denen Wallenberg in Verbindung mit der Gestapo und Himmler gebracht wurde, sind durchaus nachvollziehbar, denn zwischen dem zionistischen ungarischen Rettungskomitee Vaadat Ezra ve Hatzalah (Vaada) und der SS hatte es 1944 Verhandlungen über die Ausreise von Juden gegeben. Ein erstes Treffen fand am 5. April 1944 statt. Die Deutschen verlangten eine Zahlung in Höhe von zwei Millionen Dollar. Nach Zahlung eines Teilbetrags übernahm Eichmann die weitere Verhandlung und unterbreitete das Angebot, eine Million Juden gegen bestimmte Güter, einschließlich 10 000 Lastwagen, auszutauschen. Der Vertreter der Vaada, Joel Brand, sollte im Ausland die Möglichkeiten hierfür erkunden. Brand reiste u. a. nach Syrien und wurde von den Briten festgenommen. Damit war seine Mission gescheitert. Die Verhandlungen wurden nach einiger Zeit erneut aufgenommen. Weitere Gelder wurden an die SS übergeben und ermöglichten einen ersten Transport von 1684 ungarischen Juden. Der Zug traf am 8. Juli in Bergen-Belsen ein, wo die Juden gesondert untergebracht wurden. Die weiteren Verhandlungen wurden auf jüdischer Seite von Rudolf Kasztner und auf deutscher Seite von SS-Obersturmbannführer Kurt Becher, einem Sonderbeauftragten Himmlers, geführt. Die Verhandlungen, die auf neutralem Boden stattfanden, zogen sich mehrere Monate hin. Am 21. August trafen 318 Juden in der Schweiz ein, am 7. Dezember erreichten die verbliebenen 1368 Juden aus der Bergen-Belsen-Gruppe ebenfalls die Schweiz. Es war nur ein kleiner Erfolg. Kasztner und Becher arbeiteten noch bis Kriegsende zusammen und suchten u. a. deutsche Konzentrationslager auf. Kasztners Bereitschaft, mit den Deutschen zu verhandeln, brachte ihm in Israel Beschimpfungen ein. Man nahm ihm zudem übel, daß er Becher durch seine Aussage vor einer Verurteilung bewahrt hatte. Kasztner verklagte jemanden, der ihn beschimpft hatte. Das Gericht stellte am 22. Juni 1955 fest, daß er mit den Nazis kollaboriert habe und mitschuldig sei an der Massenvernichtung der ungarischen Juden. Kasztner starb 1957 an den Folgen eines Attentats und erlebte seine Rehabilitation durch das höchste israelische Gericht nicht mehr.

Wallenberg wußte sicherlich, daß Verhandlungen zwischen der Vaada und Becher stattfanden. Unklar ist aber, ob Wallenberg in die Verhandlungen involviert war, denn das hätte ein Grund für seine Verhaftung sein können. Die Lastwagen sollten nur an der Ostfront eingesetzt werden. Himmlers Versuche, einen Separatfrieden mit den Westalliierten zu schließen und gemeinsam «gegen den Bolschewismus» zu kämpfen, sind bekannt.

In Wallenbergs Taschenkalender, der den Sowjets in die Hände fiel, findet sich für den 21. September 1944 die Eintragung: «Billitz mit Gestapo». Vilmos Billitz, ein ungarischer Christ jüdischer Abstammung, war einer der Direktoren der Manfred-Weiss-Werke. Er hatte an den Verhandlungen über den Verkauf des Konzerns teilgenommen und gute Verbindungen zu Kurt Becher. Auch über sechs weitere Tage findet sich der Name Billitz in Wallenbergs Kalender. Selbst wenn man davon ausgeht, daß Wallenberg sich mit Billitz getroffen hat, um über die Weiss-Werke zu sprechen, wie es im Juni vor seiner Abreise geplant war, ist zu vermuten, daß auch über die Verhandlungen mit der Vaada gesprochen wurde, an denen Billitz teilnahm. Auch das WRB war der Auffassung, daß es Wallenberg vorteilhaft erschienen sein könnte, Billitz zu treffen.[3] Am 26. September war nach Wallenbergs Kalender ein Treffen mit Becher geplant, dessen Anschrift in Wallenbergs Adressenverzeichnis zu finden ist. Wie sich aus einem Brief Wallenbergs ergibt, hatte er «ein ganz interessantes hohes Tier eingeladen, nämlich den Repräsentanten von Himmler. Leider wurde er in der letzten Minute dienstlich verhindert und konnte nicht kommen.» Becher gab nach dem Krieg an, daß er Wallenberg verschiedene Male getroffen und vor dem Pfeilkreuzlerputsch bei der Erstellung von Schweizer und schwedischen Schutzpässen mitgewirkt habe.[4] Eine Unterschrift Bechers auf einem schwedischen Schutzpaß hätte dessen Wert jedoch nicht erhöht, sondern wäre nachteilig gewesen. Zudem war die ungarische Regierung sehr mißtrauisch wegen der Verhandlungen Bechers, da sie nichts über deren Inhalt erfuhr. Auch den Beitrag Bechers bei der Übernahme des Weiss-Konzerns hatten die Ungarn sicherlich nicht vergessen. Eine Verbindung Wallenbergs mit Becher hätte die Humanitäre Aktion gefährdet. In der Woche, in der sich Wallenberg mit Becher treffen wollte und sich mit Billitz traf, gab es einen direkten Bezug zu den Weiss-Werken. Beschäftigte der Werke hatten eine Lotterie betrieben, die als Gewinn einen schwedischen Paß auslobte. Neun Beschäftigte wurden daraufhin festgenommen. Aufgrund einer Intervention der schwedischen Gesandtschaft wurden sie jedoch nach 48 Stunden wieder freigelassen.

Nachweislich stand Wallenberg in Verbindung mit Kasztner. Dazu wurde er auf Bitten von Adler-Rudel, einem Repräsentanten der Jewish Agency, über das schwedische Außenministerium am 14. Oktober 1944 ausdrücklich aufgefordert. Am 26. November meldete Danielsson, daß Wallenberg nunmehr in ständigem Kontakt mit Kasztner sei. Wallenberg bemühte sich in dieser Zeit um die Ausreise seiner Schützlinge. Wenn er sich mit Kasztner, Billitz und vielleicht Becher besprach, erfuhr er sicherlich Einzelheiten über die Verhandlungen der Zionisten mit den Deutschen. Seine Beteiligung an einem Tauschhandel läßt sich daraus aber nicht ableiten. Andererseits behauptete Kasztner jedoch, daß Wallenberg sich bei seinem Versuch, die Ausreise von Schützlingen nach Schweden zu erreichen, auch an Becher gewandt habe. Dabei habe Wallenberg sich auf eine «geschäftliche Basis» gestellt und eine Deponierung von einer Million Dollar angeboten. Becher habe sich damit einverstanden erklärt und bei Kasztner zurückgefragt, ob von seiner Seite die Million garantiert werden könnte. Kasztner habe dies bejaht, und Becher habe die Durchreiseerlaubnis beschafft. Am plötzlichen Vorstoß der Roten Armee sei der Transport dann aber doch gescheitert.[5]

Bei den Russen könnten Angaben zu Becher, zur Gestapo oder SS in Wallenbergs Kalender Verdacht erregt und zu den Behauptungen geführt haben, Wallenberg hätte der Gestapo zugearbeitet und Geld von Himmler erhalten.

Den sowjetischen Stellen waren die Verhandlungen über das Tauschgeschäft bekannt.

Der Sowjetunion war der Name Wallenberg vermutlich auch im Zusammenhang mit Himmlers Bemühungen um einen Separatfrieden geläufig. Jacob Wallenberg stand nicht nur wirtschaftlich mit deutschen Firmen in Verbindung. Er traf sich während des Krieges wiederholt mit dem deutschen Widerstandskämpfer Carl Goerdeler. Zwischen ihnen entstand eine freundschaftliche Verbindung. Goerdeler erhoffte sich über Jacob und Marcus Wallenberg einen Kontakt zur britischen Regierung. Die Treffen fanden in Stockholm und Berlin statt. Ende November 1943 reiste Jacob Wallenberg zum letzten Mal nach Berlin, um Goerdeler zu treffen. Sie sprachen über Attentatspläne gegen Hitler und Himmler. Wallenberg empfahl, Himmler zu verschonen, da er kein Hindernis sei.[6] Bei den Vorbereitungen des Prozesses gegen Goerdeler, nach dem Scheitern des Attentates vom 20. Juli 1944, war dessen Verhältnis zu Jacob und Marcus Wallenberg ein Thema. Goerdeler gab in einer Vernehmung an, 1934 anläßlich eines Vortrages vor schwedischen Industriellen und Wirtschaftlern Jacob Wallenberg kennengelernt zu haben. 1939 galt es, den Bosch-Besitz im voraussichtlich feindlich werdenden Ausland vor einer Beschlagnahme zu retten. Eine schwedische Bank sollte Bosch-Vermögen im Werte von etwa RM 10 000 000,- übernehmen. Goerdeler ließ das Geschäft über Wallenberg laufen. Beide seien sich zudem einig gewesen, daß eine «für Deutschland positive Beendigung des Krieges ... im Interesse Skandinaviens liegen (müsse), weil ein überstark werdendes Rußland eine tödliche Bedrohung auch der Selbständigkeit der skandinavischen Staaten bedeute.»[7] Die Nazis vermuteten, daß Goerdeler sich nach dem 20. Juli nach Schweden durchschlagen wollte.[8] Im Todesurteil des Volksgerichtshofes vom 8. September 1944 wurde Goerdeler bereits als «politischer Kriegsspion für unsere Feinde» bezeichnet. In den Gründen hieß es dann: «Goerdeler hatte im Kriege den Verrat sogar soweit getrieben, daß er – wieder ein Kriegsspionagedienst! – durch den Schweden Wallenberg bei Churchill wegen der Möglichkeiten des Friedensschlusses mit einer Goerdeler‹regierung› sondierte. Er flog auch schnurstracks auf die Churchillsche Leimrute, die bejahende Antwort, die Wallenberg ihm brachte!»[9] Himmler wollte auch nach der Verurteilung die Verbindungen Goerdelers ausnutzen. Im Oktober oder November 1944 lud Himmler über Walter Schellenberg und die schwedische Gesandtschaft Jacob Wallenberg zu einem Besuch nach Berlin ein. Offenkundig sollte dieser bei der Vermittlung eines Separatfriedens behilflich sein. Wallenberg lehnte jedoch ab. Goerdeler verfaßte in der Haft im November einen Brief an Jacob Wallenberg und bat ihn, die schwedische Regierung zu veranlassen, sich als Vermittler zwischen Deutschland und den Westmächten einzuschalten, um Europa vor dem Bolschewismus zu bewahren. Den Sowjets dürften die Verbindungen von Jacob Wallenberg bekannt gewesen sein.

Auf sowjetischer Seite dürfte man überdies geglaubt haben, die Familie Wallenberg sei antisowjetisch eingestellt. Der schwedische Botschafter Sohlman verwies daher einmal darauf, daß Marcus Wallenberg während des Krieges ein Telegramm von Stalin erhalten hatte mit dem Dank für dessen Mitwirkung an den Friedensverhandlungen mit Finnland. Stalin soll darin auch die Hoffnung auf eine gemeinsame wirtschaftliche Verbindung in der Nachkriegszeit kundgetan haben.[10]

In Deutschland gab es mitunter auch Probleme bei der Einschätzung der Familie Wallenberg. Als in der Zeitschrift *Das Reich* 1943 lobend über die Bankiers Wallenberg berichtet wurde, drückten Leser ihre Verwunderung darüber aus. Sie hielten die Wallenbergs für Juden. Vermutlich im März 1944 erschien im *Völkischen Beobachter* ein Artikel über «den schwedischen Industriellen Wallenberg». Darin wurde dieser als Jude bezeichnet. Himmler schrieb daraufhin dem Reichspressechef, «daß die ganze Familie Wallenberg mit Juden nichts zu tun hat, daß im Gegenteil Wallenberg einer alten schwedischen, rein arischen Familie angehört und dass Wallenbergs antibolschewistisch eingestellt sind. Außerdem haben sie sich bei den Wirtschaftsverhandlungen Deutschland gegenüber sehr anständig benommen.»

Himmler bat darum, «daß alle Angriffe auf die Familie Wallenberg eingestellt werden.»[11]

Der Artikel war übrigens im Auftrag des Auswärtigen Amtes im Rahmen einer Serie über die «führende Stellung des Judentums in den einzelnen Ländern» verfaßt worden, und, wie andere auch, zunächst im Ausland erschienen und dann in Deutschland «zitiert» worden. In dem Schweden betreffenden Artikel hatte es geheißen, Wallenberg sei Jude. In einer an den Persönlichen Stab Himmlers gerichteten Erklärung schrieb das Auswärtige Amt, die Verdienste Wallenbergs um die deutsch-schwedischen Wirtschaftsbeziehungen seien dem Amt «bestens bekannt». Allerdings sei die Auffassung, daß Wallenberg jüdisch sei, «in antisemitischen Kreisen ... weit verbreitet».[12] Über den Presseattaché der Deutschen Gesandtschaft in Stockholm wurde Wallenberg eine Entschuldigung übermittelt, und im *Völkischen Beobachter* wurde eine Berichtigung veröffentlicht. Auch im *Angriff* war ein «sehr scharf gehalten(er) Leitartikel über den jüdischen Großindustriellen und Bankier Wallenberg» geplant. Das Auswärtige Amt hinderte Robert Ley an der Publikation.[13] Himmler mußte seine Einschätzung vom Mai 1944, «daß die ganze Familie Wallenberg mit Juden nichts zu tun hat», kurze Zeit später dank Raoul Wallenberg ändern.

Ein weiteres Verhängnis könnte mit der Auswahl Wallenbergs zu seiner Mission zusammenhängen. Eine wichtige Rolle war dem WRB-Vertreter und Finanzattaché Olsen zugefallen. Olsen war zugleich Mitarbeiter des amerikanischen Geheimdienstes OSS, dem Vorläufer der CIA. Wallenberg dürfte davon nichts gewußt haben. Bei der schwedischen Gesandtschaft in Budapest leitete seit dem 18. Oktober 1944 ein antisowjetischer Spion die UdSSR-Abteilung. Die Informationen aus Verhören russischer Kriegsgefangener leitete er nach Stockholm weiter. Er trat unter dem Namen Henry Thomsen auf. Seine Nationalität ist unklar, vermutlich handelte es sich um einen gebürtigen Russen, vielleicht um einen Deutschen. Sein wirklicher Name dürfte Grossheim-Krisko gewesen sein. Nach seiner Verhaftung durch den sowjetischen Geheimdienst sagte er aus, daß an der schwedischen Gesandtschaft Faschisten beschäftigt waren. Zudem habe Wallenberg Schutzpässe an Nazis ausgegeben. Thomsen kehrte 1953 aus russischer Gefangenschaft nach Stockholm zurück und informierte Wallenbergs Mutter. Anschließend verließ er, vermutlich mit finanzieller Unterstützung des schwedischen Außenministeriums, Schweden.

Im Mai 1996 verbreitete ein amerikanisches Magazin die Behauptung, Wallenberg sei amerikanischer Spion gewesen. Das wurde von der deutschen Presse aufgegriffen. Auch wenn Wallenberg nicht auf der Gehaltsliste des damaligen amerikanischen Geheimdienstes OSS stand, soll sein Name angeblich auf einer Liste von Informationsquellen gestanden haben. Das wäre nicht weiter verwunderlich. So wurde Olsen beispielsweise am 10. 7. 1944 angewiesen, die Orte von Lagern für Juden mitzuteilen. Er sollte dabei alle verfügbaren Kanäle benutzen, «einschließlich Wallenberg».[14] Wie sich später herausstellte, bezog sich die Eintragung in der Liste auf Jacob und Marcus, nicht auf Raoul Wallenberg. Es handelte sich um einen reinen Personenindex ohne jede nachrichtendienstliche Bedeutung.

In einem umfassenden Artikel versuchte ein deutsches Nachrichtenmagazin wenige Monate später Wallenberg als Agenten zu entlarven. Auch das mißlang und verwies lediglich auf fragwürdige Recherchen. Als Wallenberg bei einer Vernehmung in Moskau als Spion für die Deutschen hingestellt wurde, soll er laut dem Mitgefangenen Bernhard Rensinghoff folgendes geantwortet haben: «Wenn Sie glauben, daß ein Wallenberg sich für solche Dinge hergibt, dann sind Sie falsch unterrichtet. Sie könnten sich sehr schnell über die Unmöglichkeit diese(r) Annahme informieren, wenn Sie bei der Schwedischen Gesandtschaft anfragen.»[15]

Wie verschiedene ehemalige Kriegsgefangene angaben, sollen die Russen Wallenberg und Langfelder der Spionage verdächtigt haben.[16] Nach weiteren Angaben soll dabei auch eine Aufzeichnung Wallenbergs eine Rolle gespielt haben. So habe Wallenberg einen Entwurf für einen Roman oder ein Theaterstück angefertigt, der vom Gefängnispersonal beschlagnahmt wurde.[17]

Der Grund für Wallenbergs Verhaftung muß wohl woanders gesucht werden. Er hatte selbst den Kontakt zu den Sowjets aufgenommen und wollte mit dem Befehlshaber Malinowskij sprechen. Mitunter wird ihm unterstellt, er wäre den Sowjets gegenüber zu naiv gewesen. Aber hatte die schwedische Gesandtschaft nicht die sowjetischen Interessen vertreten? Wallenbergs Pläne, den Juden weiterhin zu helfen und eine Organisation zu gründen, erforderten natürlich eine Kontaktaufnahme mit der sowjetischen Militärverwaltung. Die Ziele der Organisation, etwa die Rückgabe von Vermögenswerten an Juden, konnten nicht die Zustimmung der Sowjets gefunden haben. Sie hatten andere Pläne mit Ungarn. Es erschien ihnen sicherer, einen Mann wie Wallenberg im Auge zu behalten. Außerdem war er nicht nur ein mögliches Austauschobjekt, als Mitglied einer prominenten kapitalistischen Familie konnte er den Sowjets auch anderweitig nützlich sein.

Die Bedingungen waren für Wallenberg bei seiner Kontaktaufnahme mit den Russen sehr ungünstig. Die Tatsache, daß er finanziell von Amerika unterstützt wurde, Geldtransfers betrieb, im Kontakt mit deutschen und ungarischen Stellen stand und dazu noch aus einer Familie stammte, die Kontakte zu den Deutschen hatte, mußte bei den Russen Mißtrauen hervorrufen. Interessant ist ferner, daß die *Banankompaniet*, in der Raoul Wallenberg nach seiner Rückkehr aus Budapest arbeiten wollte, wirtschaftlich in Verbindung mit Rußland stand. Lauer hatte dort für die Firma 1000 kg Kaviar für Weihnachten 1944 bestellt. Im Oktober 1944 führte er mehrere Verhandlungen mit der russischen Handelsvertretung in Stockholm. Lauer schlug Wallenberg vor, auf seiner Rückreise in Moskau Station zu machen, um einige Vereinbarungen zu treffen, da er wußte, daß Wallenberg über Moskau nach Hause fahren mußte. Die Korrespondenz mit der Handelsvertretung schickte Lauer an Wallenberg nach Budapest. Lauer konnte noch nicht sagen, ob er vielleicht auch nach Moskau komme und Wallenberg dort treffe. Er sah gewisse Schwierigkeiten wegen der Formalitäten.[18]

Der Umstand, daß Olsen und das WRB für Wallenbergs Rettungsaktion mitverantwortlich waren, könnte auch aus einem anderen Grund Moskaus Mißtrauen geweckt haben. So organisierte Olsen für das WRB Rettungsaktionen für baltische Flüchtlinge. Die kommunistische Presse in Schweden übte damals Kritik daran und behauptete, daß viele der Flüchtlinge für die Nazis und antisowjetisch eingestellt seien. Es seien Kriegsverbrecher, die vor der russischen Vergeltung flohen.

6. Lebt Raoul Wallenberg?

Ist es möglich, daß Wallenberg heute noch lebt?

Es spricht alles dafür, daß er 1947 nicht gestorben ist. Für Anfang der sechziger Jahre gibt es als Lebenszeichen die Erklärung des sowjetischen Arztes gegenüber Dr. Nanna Svartz. Die späteren Hinweise sind fragwürdiger.

Eine andere Frage, die sich heute vielen aufdrängt, ist, ob jemand überhaupt solange als Gefangener in der Sowjetunion und Rußland überleben kann. Möglich ist das durchaus. So gibt es andere Menschen, die nach jahrzehntelanger Haft erst in den letzten Jahren freigekommen sind. Mit der Suche nach verschollenen Gefangenen in Rußland beschäftigt sich das amerikanische Ark Project. Dessen Direktorin Susan Mesinai forscht intensiv auch nach Wallenberg. 1992 konnte der damals 75jährige Amerikaner Victor N. Hamilton aufgespürt werden, der dreißig Jahre in psychiatrischen Gefängniskliniken verbracht hatte. Der Spezialgefangene wurde nur unter dem Buchstaben «K» geführt. Mesinai hält es für möglich, daß Wallenberg ebenfalls unter einem Buchstaben geführt wird. Im Europäischen Parlament wurde 1992 ein gemeinsamer Entschließungsantrag verschiedener Abgeordneter eingereicht, worin «unter Hinweis auf die Schuld, in der die Menschheit gegenüber Raoul Wallenberg steht», auch der Bulgare Levanewski und der Pole Struginski aufgeführt werden, die 47 beziehungsweise 51 Jahre in der Sowjetunion inhaftiert waren, bevor sie lebend aufgefunden wurden.[1]

Es ist daher nicht auszuschließen, daß Wallenberg noch am Leben ist. Wie sich aus einem sowjetischen Dokument ergibt, wurde Wallenberg im Lubjanka-Gefängnis in die Verpflegungsliste für kriegsgefangene Offiziere aufgenommen. Es ist auch nicht davon auszugehen, daß er zu harter körperlicher Arbeit gezwungen wurde. Sicherlich wurde in den ersten Jahren seiner Gefangenschaft vieles versäumt.

Aber es zeigte sich durch die Arbeit der schwedisch-sowjetischen Kommission und die Bemühungen von Wallenbergs Halbbruder Guy von Dardel, daß auch heute noch etwas Licht in Wallenbergs Schicksal gebracht werden kann. Bereits vor über fünfzig Jahren wurde Rudolph Philipp belächelt, als er darauf beharrte, daß Wallenberg lebt. Selbst einige von Wallenbergs ehemaligen Kollegen und Mitarbeitern in Budapest glaubten, daß Wallenberg in den Kriegswirren um Budapest 1945 ums Leben gekommen sei.[2] Später zeigte sich, daß Philipps Vermutungen richtig waren.

Die Wahrscheinlichkeit, daß Wallenberg heute noch lebt oder zumindest in den letzten Jahren noch am Leben war, mag gering sein. Wer würde ihm auch eine so lange Zeit in Gefangenschaft wünschen? Unabhängig davon muß sein Schicksal aufgeklärt werden. Die Sowjetunion und heute Rußland haben viele Fragen noch nicht oder nicht befriedigend beantwortet. Warum wurde Wallenberg nie freigelassen? Aus welchem Grund erfolgte seine Gefangennahme? Was geschah wirklich Mitte 1947? Man darf sicher sein, daß Rußland noch nicht alle vorhandenen Dokumente an Schweden übergeben hat. Wo befinden sich zum Beispiel die Protokolle von Wallenbergs Verhören oder auch sein Protestbrief an Stalin? Aber auch Archive in anderen Ländern sind nicht gänzlich offen und ausgewertet. So sollte auch die Frage gestellt werden, ob jeder in Schweden eine rückhaltlose Aufklärung wünscht. Sowjetische Dokumente, die sicherlich mit Vorsicht zu genießen sind, weisen mitunter auf ein wenig erfreuliches Verhalten schwedischer Vertreter hin. Söderbloms Auftritt bei seinem Gespräch mit Stalin im Jahre 1946, als Wallenberg ohne Zweifel noch lebte, wurde bereits geschildert. Einer seiner Nachfolger, Jarring, soll laut Angaben des Leiters der skandinavischen Abteilung im sowjetischen Außenministerium, Kowaljow, am 26. Mai 1964 im Hinblick auf den bevorstehenden Staatsbesuch Chruschtschows in Schweden die Ankündigung einer erneuten Untersuchung angeregt haben. Dadurch sollte eine mögliche negative Auswirkung des Wallenberg-Falles bei dem Besuch verhindert werden. Kowaljow habe jedoch erwidert, von sowjetischer Seite halte man den Fall für längst gelöst. Man habe eine gründliche Untersuchung durchgeführt – was freilich nicht der Wahrheit entsprach. Von schwedischer Seite könnte vor dem Besuch ebenso eine Erklärung abgegeben werden, wonach man die Frage für beantwortet halte. Jarring habe geantwortet, dies würde zu einem fürchterlichen Geschrei in der schwedischen Presse führen, und Svartz würde zudem Wallenbergs Familie informieren, was sie von Mjasnikow erfahren hatte. Durch das Versprechen einer erneuten Untersuchung könnte zumindest während des Besuchs die Frage zurückgestellt werden. Wenn die Niederschrift Kowaljows über das Gespräch stimmt, hat Jarring ergänzt, die Untersuchung könnte ja dieselben Ergebnisse wie die von 1957 ergeben. Trifft dies zu, dann war Jarring offensichtlich 1964 von Wallenbergs Tod nicht nur überzeugt. Für ihn wäre demnach Wallenberg nur ein Problem in den schwedisch-sowjetischen Beziehungen gewesen – eine Aufklärung seines Schicksals unerheblich. Kowaljow habe nach eigenen Angaben dann gefragt, was für eine weitere Untersuchung gemeint sei. Schließlich sei der Tod Wallenbergs bereits bekanntgegeben worden und die Aussage Svartzs widerspräche der von Mjasnikow. Diese Frage habe Jarring nicht beantworten können. Vielmehr habe er gesagt, er könne persönlich die mit dieser Frage verbundenen Schwierigkeiten verstehen. In diesem besonderen Fall müsse er aber die offizielle Position Schwedens einnehmen.[3]

Sollte man schwedischerseits wirklich derart deutlich gezeigt haben, daß einem die sowjetische Version von Wallenbergs angeblichem Tod genügte? Dann wären die weiteren Nachfragen nur mit Rücksicht auf den möglichen Druck der Presse und der Bevölkerung erfolgt. Auch wenn sich Jahre später die Einstellung wieder geändert haben sollte, waren die Versäumnisse und Fehler der ersten zwanzig Jahre seit Wallenbergs Verschleppung überhaupt noch zu beheben? Es sollte ebenfalls ergründet werden, ob die Darstellung Kowaljows der Wahrheit entspricht.

Von deutscher Seite hielt man sich bei der Nachforschung nach Wallenbergs Schicksal nahezu völlig zurück.

Auch eine Würdigung Wallenbergs erfolgte selten. In Berlin und Leverkusen tragen Straßen seinen Namen, in Dorsten und Berlin-Weißensee auch Schulen. Der damalige Bundeskanzler Kohl hat Wallenberg in einer Regierungserklärung zum 50. Jahrestag des Kriegsausbruchs einen «großen Helden des 20. Jahrhunderts» genannt. Bei Gesprächen mit Gorbatschow wies Kohl auf «das ungeklärte Schicksal dieses großen, mutigen Mannes» hin.[4] Ein Versuch, Wallenberg durch die Herausgabe einer deutschen Briefmarke zu ehren, führte nicht zum Erfolg. Anlaß sollte der 50. Jahrestag seines Verschwindens sein. Der Vorschlag wurde unter anderem vom Vorsitzenden des Zentralrats der Juden, Ignatz Bubis, unterstützt. Das Bundesministerium für Post und Telekommunikation hat dann erklärt, daß Wallenberg «leider nicht für das Jahresprogramm 1995 berücksichtigt werden» konnte.[5] In der Zeitschrift *Tribüne*, deren Redakteur, Otto R. Romberg, von Wallenberg gerettet worden ist, hieß es dazu: «Das bedarf keines Kommentars. Eine solche Haltung richtet sich selbst.»[6] Eine amerikanische Wallenberg-Briefmarke erschien 1997. Im selben Jahr wurde in London durch Queen Elisabeth II. ein Wallenberg-Denkmal enthüllt. Anwesend war neben dem israelischen Präsidenten Weizman auch der UN-Generalsekretär. In einem Grußwort zur Eröffnung einer Wanderausstellung über Wallenberg in Düsseldorf schrieb Kofi Annan im März 1998, Wallenbergs Lebensleistung gehöre «zu den bemerkenswertesten und beispielhaftesten dieses Jahrhunderts.» Sein Leben erwecke «unser kollektives Gewissen. Jedoch bleibt das Rätsel: warum gab es so wenige Raouls? Das Andenken an ihn sollte ein Ansporn sein für andere, ebenfalls zu handeln, für künftige Generationen zu handeln, für uns alle zu handeln.»[7] Im Grußwort von Johannes Rau, der die Schirmherrschaft über die Ausstellung übernahm, hieß es: «Der Holocaust ist für die Jüngeren heute ein weit zurückliegender Teil deutscher Geschichte. Aber wenn wir unsere Vergangenheit nicht verdrängen wollen, wenn das ‹Nie wieder› derjenigen, die diese schlimme Zeit miterlebt haben, nicht nur ein Lippenbekenntnis sein soll, dann ist es nötig, die Verbrechen des nationalsozialistischen Regimes anzuprangern und von denen Zeugnis zu geben, die alles – auch ihr Leben – riskierten, um zu helfen. Raoul Wallenberg gehörte zu diesen Menschen.»[8]

So richtig und wichtig derartige Würdigungen sind, dürfen sie jedoch nicht den Blick auf einen anderen wichtigen Punkt versperren. In Argentinien wurde von Casa Argentina das «International Raoul Wallenberg Commitee» gegründet, dem als Ehrenmitglieder etwa Václav Havel, Árpád Göncz und Elie Wiesel angehören. 1998 wurde nicht zuletzt dank dieser Initiative ein Wallenberg-Denkmal in Buenos Aires errichtet und eine argentinische Wallenberg-Briefmarke herausgegeben. Guy von Dardel äußerte sich bei der Enthüllung des Denkmals auch nachdenklich. Die schwedisch-russische Arbeitsgruppe habe in den letzten sieben Jahren wichtige Ergebnisse erzielt: «Aber es ist klar, daß noch viel zu erfahren ist, sowohl hinsichtlich seines Schicksals, als auch der Gründe für das Schicksal. Es sind noch heute Personen am Leben, welche die Wahrheit wissen. Und auch wenn viele Papiere mit Beziehung zu Raouls Fall nach Berichten zerstört sein sollen, müssen einige der grundlegenden Dokumente bewahrt worden sein. Ich wurde dafür kritisiert, auf der Wahrheit über *eine* Person zu bestehen, während so viele andere starben. Aber wenn die, die wir lieben, nicht mehr für sich selbst sprechen können, können wir nicht stumm bleiben. ... Unsere eigene Familie war zu schwach, um ohne Hilfe den Kräften, die Raoul gefangenhielten, zu entgegnen. Aber so lange wir am Leben sind, werden wir niemals aufgeben, die Wahrheit über sein Schicksal einzufordern. Es ist eine langwierige und schwierige Aufgabe, die Wahrheit zu finden, und wir brauchen Ihre Hilfe, die Hilfe der Öffentlichkeit. Raoul Wallenberg zu Ehren wurden in vielen Ländern Denkmäler errichtet, um seine Erinnerung zu bewahren. Aber wir brauchen auch Unterstützung bei der Suche nach der Wahrheit. Das ist es, was von uns gefordert wird, wenn wir wahrlich ‹unsres Bruders Hüter› sein wollen.»[9]

Susanne Berger, unabhängige Sachverständige für die schwedisch-russische Kommission im Fall Wallenberg, arbeitet eng mit Guy von Dardel zusammen. Auch für sie bleibt das Hauptziel, «die Wahrheit über das Schicksal Wallenbergs» zu erfahren.[10] Die gutgemeinte Errichtung von Denkmälern diene der Wahrheitsfindung jedoch wenig, sondern stünde ihr zum großen Teil sogar im Wege. Man müsse sich von der falschen, aber weitverbreiteten Vorstellung befreien, daß der Fall nicht lösbar sei. Gerade aus dem Blickwinkel der Russen, wonach Wallenberg angeblich nur in zwei Gefängnissen in Moskau inhaftiert war und 1947 gestorben sei, stellt sich die Frage, warum nur so wenige Informationen vorliegen? Mehrere Personen, die von offizieller sowjetischer Seite mit Wallenbergs Fall zu tun hatten, verweigern auch heute noch eine Aufklärung. Berger sieht zwei mögliche Gründe für das russische Verhalten. Entweder verhindern innere Bedingungen das Offenlegen von Wallenbergs Schicksal. So könnten heute noch bestimmte Personen, vielleicht sogar auf höchster Ebene, am Leben sein, die direkt für sein Schicksal verantwortlich sind. Oder die Wahrheit ist schwieriger und birgt nicht nur für Rußland Konsequenzen, sondern auch für andere Länder. So sind bis heute auch in Israel, Großbritannien und Deutschland nicht alle Unterlagen zugänglich.

Guy von Dardel beendete seine Rede in Buenos Aires mit dem Satz: «Die Wahrheit kann und wird gefunden werden und sie wird sein, wie die Römer vor langer Zeit sagten: Ein Denkmal haltbarer als Marmor.»

DANKSAGUNG

Für die freundliche Unterstützung bei der Recherche danke ich den Mitarbeiterinnen und Mitarbeitern folgender Archive und Einrichtungen: Bundesarchiv (Koblenz), Bundesarchiv-Militärarchiv (Freiburg), Gedenkstätte Deutscher Widerstand (Berlin), Greater New York Wallenberg Committee, Inc. (New York), Institut für Zeitgeschichte (München), Militärgeschichtliches Forschungsamt (Potsdam), Politisches Archiv des Auswärtigen Amts (Bonn), Raoul Wallenberg-Föreningen (Stockholm), Schweizerisches Bundesarchiv (Bern), The Raoul Wallenberg Committee of the United States (New York), U.S. Holocaust Museum Washington Archiv (Washington), War Refugee Board Section, Roosevelt Library (New Hyde Park, N.Y.) und Yad Vashem (Jerusalem).

Eine wertvolle Hilfe waren die Gespräche mit Zeitzeugen oder deren Angehörigen. Dafür gilt mein Dank Agnes Adachi (USA), Theodor von Dufving, Erwin Forester (Australien), Dr. Angelika Hille-Sandvoß, Elisabeth Kémeny-Fuchs, Dr. Marie Theresa Pörzgen, Dr. Gunvor Svartz-Malmberg (Schweden) und Thomas Veres (USA).

Für Informationen, Hinweise und sonstige Unterstützung danke ich Familie Josef Amit (Australien), Karl Molin (Schweden), Andreas und Michael Morvay (Schweiz), Werner Stania, Sára Sztehlo (Ungarn), Dr. Theo Tschuy (Schweiz) und Roland Uvedal (Schweden); für die Betreuung im Verlag Dr. Detlef Felken und Peter Schünemann.

Ein besonderer Dank gilt neben Angehörigen und Verwandten auch Familie Arie Malek, die meine Aktivitäten um Wallenberg seit vielen Jahren begleitet und unterstützt.

Sehr geholfen haben mir auch Eleonore Kius, Susan Mesinai (USA) und Sonja Sonnenfeld (Schweden), die sich seit vielen Jahren um eine Aufklärung von Wallenbergs Schicksal bemühen.

Großer Dank gebührt Susanne Berger (USA), für Informationen, Kritik, Vermittlung von Kontakten und sonstige Hilfe.

Für die freundliche und ermunternde Unterstützung danke ich nicht zuletzt auch Wallenbergs Halbgeschwistern Prof. Guy von Dardel und Nina Lagergren.

Meiningen, im April 1999 *Christoph Gann*

NACHWORT ZUR TASCHENBUCHAUSGABE

Seit dem erstmaligen Erscheinen dieses Buches im Herbst 1999 stand Raoul Wallenberg – insbesondere im Januar 2001 – erneut im Lichte der Öffentlichkeit. «Stalins Geheimdienst erschoß Judenretter Wallenberg», lauteten zunächst Zeitungsüberschriften Ende November 2000. Grundlage bildeten Aussagen des Leiters der Rehabilitierungskommission des russischen Präsidenten, Alexander Jakowlew. Experten bezweifelten jedoch, daß Wallenberg tatsächlich im Juli 1947 gestorben ist. Einen Monat später wurde Schweden vorgeworfen, kein Interesse an Wallenberg gehabt zu haben. Am 22. 12. 2000 erfolgte schließlich die offizielle Rehabilitierung Wallenbergs durch Rußland.

Die 1991 gebildete schwedisch-russische Arbeitsgruppe zur Aufklärung von Raoul Wallenbergs Schicksal legte am 12. Januar 2001 ihre lange angekündigten Abschlußberichte in Stockholm vor. Die russische Seite der Kommission hält den Tod Wallenbergs im Juli 1947 für erwiesen. Allein, es mangele an Dokumenten. Auf einen gemeinsamen Abschlußbericht konnte sich die Kommission dann auch nicht einigen. Der russische Bericht fiel denkbar knapp aus. Verdeutlicht wurde darin, daß Schweden, zumindest in den ersten Jahren nach Wallenbergs Verschleppung, kein tatsächliches Interesse an der Auflösung des Schicksals hatte. Einen wichtigen Hinweis dafür bildete das Auftreten des schwedischen Botschafters bei Stalin im Jahre 1946, wonach der Botschafter Söderblom «persönlich» glaubte, Wallenberg sei in Budapest ums Leben gekommen. Bereits am 26. Dezember 1945 soll Söderblom gegenüber Alexander Abramow vom sowjetischen Außenministerium ähnliches gesagt haben. Es sei großartig, wenn geantwortet werden könnte: «Wallenberg ist tot». Dies sei vor allem für Wallenbergs Mutter notwendig, die hoffe, ihr Sohn sei am Leben: «Sie verschwendet ihre Kraft und ihre Gesundheit für eine fruchtlose Suche.» Ein weiterer Hinweis war aus russischer Sicht der Umstand, daß der schwedische Außenminister Undén bei einem Gespräch mit seinem russischen Kollegen Molotow während einer UN-Hauptversammlung am 21. November 1946 in New York das Thema Wallenberg nicht anschnitt. Aus russischer Sicht erschien es so, als ob «die Wallenberg-Angelegenheit in den sowjetisch-schwedischen Beziehungen nicht existierte».

Der schwedische Teil der Kommission hält den Tod Wallenbergs keineswegs für bewiesen. Der umfassende Bericht liest sich daher eher wie ein Zwischenbericht. Wiederholt finden sich Hinweise auf Dokumente, die nicht zugänglich waren. Die wesentlichen Dokumente, die in dem Bericht erörtert werden, konnten bereits im vorliegenden Buch berücksichtigt werden. Erwähnenswert ist aber, daß Vizeverteidigungsminister Bulganin am 17. Januar 1945 nicht nur die Verhaftung Wallenbergs anordnete, sondern in einem weiteren Verhaftungsbefehl auch die der Schweizer Diplomaten Meier und Feller sowie des slowakischen Gesandten Jan Spisak. In diesem Befehl hieß es ausdrücklich, die drei Diplomaten sollten «auf die selbe Art wie Wallenberg» nach Moskau gebracht werden. Während Meier und Feller im Januar 1946 ausgetauscht wurden, wurde Spisak im Februar 1947 an die Tschechoslowakei übergeben, um in Prag vor Gericht gestellt zu werden. Die Sowjetunion hatte durchaus Interesse an Personen, die sich in Schweden aufhielten. Aber auf schwedischer Seite kam ein Handel mit Menschen nicht in Frage.

Auch im schwedischen Abschlußbericht der Kommission finden sich Ausführungen zu möglichen Austauschwünschen der Sowjetunion: «Gewöhnlich trafen schwedische *Demarchen* bezüglich Raoul Wallenberg auf russische Anfragen bezüglich der Repatriierung von Makarowa und Granowsky, die fünf desertierten russischen Seemänner und die 40 deutschen und baltischen Militärangehörigen, die auf Grund ihres Gesundheitszustandes in Schweden bleiben durften, während andere Balten 1946 ausgeliefert wurden.»

Bei Lydia Makarowa handelte es sich um eine minderjährige Sowjetbürgerin, um deren Rückkehr sich die Sowjetunion lange Zeit bemühte. Auch in direkten Gesprächen mit einem sowjetischen Diplomaten verweigerte Makarowa jedoch ihre Zustimmung. Abramow vermerkte nach einem Treffen mit dem schwedischen Botschafter Söderblom am 30. April 1946: «Ich erwiderte, daß die Suche nach Wallenberg fortgesetzt wird. Im Zusammenhang damit erinnerte ich ihn an das Schicksal Lydia Makarowas, die trotz der Bitten ihres Vaters und ungeachtet der wiederholten Ersuchen unseres Gesandten an das schwedische Außenministerium nicht an die Sowjetunion zurückgegeben wurde.» Als sich Söderbloms Nachfolger Barck-Holst bei Abramow nach Neuigkeiten erkundigte, verneinte dieser und fragte seinerseits, wie sich der Makarowa-Fall entwickele. Am 12. Dezember 1946 redete Barck-Holst schließlich mit dem Leiter der Skandinavien-Abteilung, Ivan Sysojew, über Wallenberg. Sysojew sprach wiederum Makarowa, die Balten und zudem Anatoly Granowsky an und fragte, ob nicht über diese etwas gesagt werden könne. Barck-Holst soll daraufhin gefragt haben, ob dies als Bestätigung gewertet werden könne, daß Wallenberg lebe und es eine Frage eines Austausches sei. Sysojew soll hastig einen Rückzieher gemacht haben. In einer Aufzeichnung Sysojews über dieses Treffen findet sich darauf allerdings kein Hinweis. Barck-Holst habe jedoch geäußert, er sei gekommen, um die Wallenberg-Angelegenheit zu diskutieren, nicht die von Sysojew aufgebrachten Fragen.

Neben Makarowa begehrte die Sowjetunion seit Oktober 1946 insbesondere die Rückkehr von Anatoly Granowsky, einem sowjetischen Seemann, der nach eigenen Angaben NKWD-Agent gewesen ist. Nach dem schwedischen Abschlußbericht hat lediglich Barck-Holst bemerkt, daß die sowjetische Seite einen Austausch Wallenbergs im Auge hatte, als wiederholt auf Makarowa und die anderen hingewiesen wurde. Eine der aus schwedischer Sicht 17 zu klärenden Fragen ist dementsprechend die, ob die sowjetische Seite andeutete, an einem Austausch interessiert zu sein.

Einig ist man sich, daß im Juli 1947 etwas Wichtiges bezüglich Wallenberg passiert ist. Neben der Möglichkeit, daß Wallenberg tot war, könnte ihm zu diesem Zeitpunkt aber auch ein anderer Name bzw. eine Nummer gegeben worden sein. So ist auffallend, daß in Dokumenten über Wallenberg und Langfelder, wie z. B. dem Register über Verhöre, deren Namen unkenntlich gemacht worden sind. Nur bei zwei anderen Gefangenen in der Lubjanka und dem Lefortowo-Gefängnis erfolgte ähnliches. Einer von ihnen war der Jesuiten-Priester Aladjan-Aladjani, bei dem anderen handelte es sich um Sándor Katona.

Bemerkenswert ist auch, daß bei einem Verhör Wallenbergs am 17. Juli 1946 im Lefortowo-Gefängnis, welches von 10.30 Uhr bis 13.00 Uhr dauerte, Langfelder für die letzten 40 Minuten hinzukam. Womöglich das einzige Treffen beider seit Februar 1945.

Nahezu alle zwischen 1947 und 1953 verwendeten Nummern im Wladimir-Gefängnis konnten Personen zugeordnet werden, lediglich die Nummern 14, 19 und 20 nicht. Aladjan-Aladjani wurde hinter der Nummer 15 verborgen. Sollten die übrigen drei offenen Nummern den anderen drei Gefangenen zugeteilt worden sein, deren Namen ebenfalls in Dokumenten unkenntlich gemacht worden sind? Die Frage, welche Gefangene hinter den noch offenen Nummern stecken, sollte in jedem Fall aufgeklärt werden.

Ein weiterer zu klärender Punkt, der im schwedischen Bericht nicht erwähnt wird, steht im Zusammenhang mit der Aussage der schwedischen Professorin Nanna Svartz. Wie bereits ausgeführt, sprach sie nicht nur mit ihrem russischen Kollegen Mjasnikow über Wallenberg, sondern auch mit Professor Danischewskij. Weshalb wurde dieser nicht befragt und gegenübergestellt?

Neben den offiziellen schwedischen und russischen Berichten haben auch unabhängige Berater der Kommission eigene Berichte vorgelegt. Susanne Berger weist darauf hin, die russische Seite ignoriere Zeugenaussagen, die ein Überleben Wallenbergs nach 1947 zum Inhalt haben. Wichtige Dokumente seien noch nicht zugänglich bzw. hätten noch nicht ausgewertet werden können. Unklar sei z. B. auch die Ursache für das Auftreten des schwedischen Botschafters bei Stalin. Bis April 1945 habe der Botschafter auf die Aufklärung des Schicksals von Wallenberg sogar gedrängt. Untersucht werden müßten zudem Dokumentationen in anderen Ländern, wie z. B. Großbritannien , USA, Ungarn und Israel.

Susan Ellen Mesinai geht ebenfalls von der Möglichkeit der Vergabe einer anderen Identität aus. Zudem weist sie auf Schwachpunkte der russischen Argumentation zu Wallenbergs angeblichem Tod hin. Die Übergabe von persönlichen Gegenständen Wallenbergs im Jahre 1989 sei ein wichtiger Hinweis, daß Wallenberg noch in den 80er Jahren gelebt habe. Wenn Wallenberg tatsächlich 1947 gestorben wäre, hätten die Gegenstände entweder damals übergeben oder konfisziert werden müssen.

Marvin Makinen und Ari Kaplan untersuchten Hinweise, nach denen Wallenberg ins Wladimir-Gefängnis gebracht worden ist. Sie erforschten die Belegung der Zellen im Korpus 2 des Gefängnisses bis einschließlich 1972. Im Zusammenhang mit einer Aussage einer ehemaligen Gefängnisangestellten könne davon ausgegangen werden, daß Wallenberg tatsächlich in diesem Gefängnis war. Die vorgenommene Untersuchung lasse die russische Erklärung zumindest zweifelhaft erscheinen. Vielmehr weise sie daraufhin, daß Wallenberg bis in die 60er Jahre noch lebte, möglicherweise auch noch später.

Die Außenministerien von Rußland und Schweden legten immerhin eine gemeinsame Presseerklärung vor. Beide Seiten seien vorbereitet, an weiteren notwendigen Untersuchungen teilzunehmen. Erwähnenswert ist zudem die Erklärung Schwedens, Forschern weitere Dokumente aus dem eigenen Bestand zugänglich zu machen. Der schwedische Ministerpräsident erklärte sein Bedauern über Fehler in den Anfangsjahren. Die Hauptverantwortung trage aber die sowjetische Regierung. Kurz darauf wurde im Park an der Bibliothek für ausländische Literatur in Moskau ein Wallenberg-Denkmal enthüllt. Auch auf dem Wallenberg-Platz in Stockholm befindet sich endlich ein Denkmal zu

Ehren Wallenbergs. Es wurde am 24. August 2001 durch den schwedischen König eingeweiht. Bereits 1999 sollte ein Denkmal aufgestellt werden, welches nach Ablehnung durch den Vorstand der schwedischen Wallenberg-Vereinigung schließlich in den Vorort Lidingo kam. Auch das neue Denkmal war umstritten. In der Nacht nach der Enthüllung wurden Teile davon mit weißer Farbe beschmiert. Ein neues, aber eigentlich doch altes, Denkmal steht wieder im Budapester St. Istvan-Park. Bereits im Jahre 1949 wurde dort ein Wallenberg-Denkmal aufgestellt, den Hl. St. Georg symbolisierend mit Wallenberg-Gedenktafel am Sockel. Seinerzeit politisch nicht opportun, wurde es vor der Einweihung beseitigt und – ohne Hinweis auf Wallenberg – in Debrecen aufgestellt. Eine Kopie fand nun wieder zurück nach Budapest.

In Deutschland näherte man sich Wallenberg musikalisch. Im Mai 2001 erfolgte in Dortmund die Uraufführung der Oper «Wallenberg» von Erkki-Sven Tüür. Die Schirmherrschaft hatte Bundespräsident Johannes Rau übernommen. Eine deutsche Wanderausstellung über Raoul Wallenberg ist seit Ende 2001 nun auch in Österreich und Ungarn unterwegs. Am 08. Mai 2001 war die Ausstellung im Gewölbe der im Krieg zerstörten Nikolaikirche in Hamburg eröffnet worden. Ein sichtbares Zeichen – insbesondere vor dem Hintergrund, daß das Stadtbild in jenen Tagen bedauerlicherweise durch Plakate mit einer farbigen Großaufnahme Hitlers mit Hitlergruß geprägt war. Eine Werbekampagne für ein Nachrichtenmagazin. Einige Wochen später widmete dieses Magazin Raoul Wallenberg nach 1996 erneut einen großen Bericht. Die Recherche gelang diesmal besser. Warum fälschlich behauptet wurde, Wallenberg habe sein Architekturstudium abgebrochen, bleibt jedoch offen. Der erfolgreiche Studienabschluß hätte vielleicht nicht in das Bild der angeblichen Verwandlung der «mittleren Begabung ohne innere Ausrichtung ... in den Engel von Budapest» gepaßt. Eine Richtigstellung erfolgte leider nicht.

Der Fall Wallenberg ist nicht abgeschlossen. Eine der im schwedischen Abschlußbericht genannten offenen Fragen lautet, ob Wallenberg im Herbst 1944 in Stockholm war und mit der sowjetischen Botschafterin gesprochen hat. Hinweise auf eine derartige Reise stammen von Marcus Wallenberg aus dem Jahre 1981 sowie von Frau Kemeny-Fuchs, der Frau des ungarischen Außenministers unter der Pfeilkreuzlerherrschaft. Letztere war sich jedoch nicht sicher, ob Wallenberg tatsächlich persönlich in Stockholm mit Frau Kollontaj gesprochen hat oder nur telefonisch. Weiterer Hinweis ist ein Sichtvermerk in Wallenbergs Diplomatenpaß vom 13. Oktober 1944. Er gestattete eine einmalige Ein- und Ausreise in das Reichsgebiet bis zum 29. Oktober 1944. Als Zielland war Deutschland eingetragen. Jedoch findet sich kein Hinweis, daß das Visum genutzt wurde. Wenn es im schwedischen Abschlußbericht heißt, die wahrscheinlichste Zeit für eine Stockholm-Reise wäre die Woche zwischen 17. und 23. Oktober 1944 gewesen, muß dem allerdings widersprochen werden. Die Tage nach dem Pfeilkreuzlerputsch war Wallenberg in Budapest. Auch für die übrige mögliche Zeit fanden sich bisher keine Anzeichen.

Im Mai 2001 fand erstmals in Deutschland eine internationale Wallenberg-Konferenz statt. Veranstalter war das Collegium Hungaricum Berlin. Neue Ergebnisse konnten nicht erzielt werden. Einigkeit bestand jedoch bei allen Teilnehmern darin, daß weitere Nachforschungen notwendig sind.

Man darf nicht voreilig ausschließen, daß das Rätsel um Wallenberg doch noch gelöst werden kann. Auch für Schweden können allerdings unangenehme Wahrheiten ans Licht kommen. Schweden und Rußland können mit einem Tod Wallenbergs im Jahre 1947 einfacher umgehen als mit einem Überleben Wallenbergs in den Jahren oder Jahrzehnten danach. Man hat sich in Schweden damit abgefunden, daß in den ersten Jahren keine ausreichenden Bemühungen erfolgten, um Wallenbergs Freilassung zu erreichen. Die Beschränkung auf die ersten Jahre könnte aber ins Wanken geraten. So ist zu begrüßen, daß eine neu gebildete schwedische Kommission derzeit das schwedische Verhalten im Wallenberg-Fall erforscht und sich dabei nicht auf die ersten Nachkriegsjahre beschränkt. Forschungen müssen auch in Archiven anderer Länder erfolgen.

Der Bundesnachrichtendienst verfügt – nach eigenen Angaben – allerdings über «keinerlei Unterlagen oder Erkenntnisse» zu Raoul Wallenberg.

Erfurt, im Februar 2002

Christoph Gann

ANHANG

Weihnachtselegie vom Schutzpaß

Klappere Stenotypistin das ewige Liedchen vom Schutzpaß,
Der in bitterster Not, manches Leben bewahrt.
Schon in grauester Vorzeit hat sich es öfters ereignet,
Dass der Starke nicht stets, Recht vor´m Schwachen behielt.
Weihnacht ist heute da, das Fest der Freuden und Liebe,
Und wenn auch etwas matt, glänzt der Stern über uns.
Freude wollen wir schaffen, dem Mann der wahrlich uns allen
Friede, Freude uns brachte, unser Leben bewahrt´
Ihm, der klar hat erkannt, dass dort wo Starke und Schwache ´s gibt,
der Edle sofort sich zum Schwachen gesellt.
Säbel, Gewehr, Bajonett, sie standen ihm nicht zur Verfügung,
Nur ein fahles Papier, Schutzpaß wird es genannt.
Dieses faltete er zu einem Schiffchen zusammen,
Setzt uns alle hinein, die ihm flehend genaht.
Heftig brauset der Sturm, die Wogen wallen gen Himmel,
Doch – ein Wunder – das Schiff schwimmt ganz flott auf der Flut, –
Schauerlich ist diese Fahrt, von Berg ins Tal das Schiffchen,
Selten durch das Gewölk blickt der sonnige Strahl.
Fest vertrauend auf Gott, den König, und den er sandte,
Wichen dem Abgrund wir aus, wenigstens jetzt bis zur Stund!
Nun, da hoch, wie noch nie, des Meeres Wogen sich heben,
Klammern fest wir uns an, an den Mast unseres Schiffes,
Sehn mit trauendem Blick, zu dem, der das Ruder führet,
Wird den unmenschlichen Kampf, weiter er können bestehen?

Weihnacht auf hoher See, nur leider bloß symbolisch –
Lieber hätten wir es auf dem Schwedischen Sund.
Still ist´s jetzt um uns her, auf unserer friedlichen Insel
Die die Gesandtschaft uns ist, wenn auch nicht immerdar.
Schutzpaß: welch ein Begriff, mit Freud und Sehnen verbunden,
Ihn besingen wir jetzt, in diesem niedlichen Buch.
Schon in grauester Vorzeit, hat´s sich öfters ereignet,
Dass der Starke nicht stets, Recht vor´m Schwachen behielt,
Später wurde´s nicht anders, denn auch im Land der Osyris
Waren von bitterer Frohn, manche Hebräier befreit.
Selbst im Reiche der Mitte, der langbezopften Chinesen,
Blühte die herrliche Kunst der Schutzpaßmalerei.
Auch im ruhmreichen Hellas, war, wie hier es jetzt gezeigt wird –
Vielen nicht unbekannt, – diese Institution.
Bis in die neueste Zeit und auch heute noch eben
Ist der Paß aktuell, hoffen wir nicht mehr lang.
Weihnacht ist heute da, das Fest der Freude und Liebe,
Und wenn auch etwas matt, glänzt der Stern über uns.
Freude wollen wir schaffen, dem Mann der wahrlich uns allen
Friede, Freude uns brachte, unser Leben bewahrt.
Weihnacht, herrliches Wort, – es flimmern und leuchten die Kerzen,
Wenn auch nicht an dem Baum, so doch in unserem Herzen.
Orgelton klingt aus der Ferne und doch wir können ihn hören,
Schönste der Melodien, Friede unserer Welt.

Dr. Peter Sugár

Anmerkungen

Prolog

1 Kopie des Diplomatenpasses; RWF
2 Brief Wallenbergs an seinen Großvater vom 3.4.1936; Wallenberg, S. 189
3 Siehe hierzu Lévai (Wallenberg, S. 30), Berger (S. 9). Im AEG Firmenarchiv befinden sich weder Unterlagen über Dr. Philippi noch über Raoul Wallenberg; Brief EHG (Elektroholding GmbH/AEG Firmenarchiv) an den Verfasser vom 17.2.1999
4 Kopie des Kabinettspasses; UD CD 1/1/1/1–165
5 Lauer, Wallenbergaktionen, S. 4; Kopie bei Verfasser

ERSTER TEIL: WALLENBERG IN BUDAPEST

1. Auftakt

1 Zitiert nach: Office of War Information, Central Directive; History of the WRB, S. 1310
2 Rundfunksendung vom 14.5.1944; War Refugee Board, Executive Office of the President, Release No. 11, in: History of the WRB, S. 1332 ff.
3 Schreiben Pehles an Morgenthau, 6.9.1944; WRB Box 34 Hungary No. 1
4 Summary of steps taken by WRB with respect to the Jews of Hungary, S. 2; WRB
5 Telegramm Hull an US-Legation Stockholm, 25.5.1944, Nr. 1010; WRB
6 Brief von Masur an Ehrenpreis, 18.4.1944; Koblik, Doc 54
7 So Wallenberg in einem Schreiben an die Heimwehr vom 14.5.1944; Berger, S. 15
8 Eintragung unter diesem Datum in Wallenbergs Taschenkalender «18.00 Olsen» (Kopie beim Verfasser); andere Daten nennen: Lévai (Wallenberg, S. 38): 9.6.1944, Philipp (S. 72): 13.6.1944, Lauer (8 Seiten Schrift über «Wallenbergaktionen», Kopie beim Verfasser): Ende April/Anfang Mai 1944 und zwar von 19.00–03.00 Uhr
9 Darstellung dieses Treffens beruht auf Philipp, S. 72 f.
10 Doc 2098 von Johnson an Hull; WRB Box 111

[11] Telegramm von Johnson, 21.6.1944, Nr. 2231; History of the WRB, S. 733
[12] Telegramm Johnson, 28.6.1944, Nr. 2360; WRB Box 34 Hungary No. 2
[13] Telegramm Johnson, 1.7.1944, Nr. 2412 Section 2; WRB Box 34 Hungary No. 2
[14] Lévai (Wallenberg, S. 43) legt das Treffen auf den 10.6.1944 (mit Hinweis auf Mittagessen), Philipp (S. 4) nennt kein Datum, aber als Zeit 19.00–05.00 Uhr
[15] Persönliche Mitteilung (im folgenden P.M. genannt) über Gespräch Wallenbergs mit Kabinettssekretär Assarsson, Beilage 1 zu Lauer «Wallenbergaktionen»
[16] Schreiben Wallenbergs an Assarsson vom 6.7.1944; Kopie im Besitz des Verfassers
[17] Operations of the War Refugee Board from Sweden, S. 18
[18] «Report on treatment of Jews in Hungary», o.D., ca. November 1944; WRB Box 34, Hungary No. 1
[19] Brief Olsen an Pehle, 10.8.1944, S. 5; WRB
[20] Telegramm Hull an Johnson und Olsen, Nr. 1353 vom 7.7.1944; History of the WRB, S. 734ff.
[21] Britischer Geheimdienst-Bericht vom 26.7.1944; Koblik, Doc 69
[22] Karsai, Dokument 24 (Stockholm, 4.7.1944)
[23] Dagens Nyheter, in: Karsai, Dokument 33 (6.7.1944)
[24] Phrasen-Verzeichnis, Kopie im Besitz des Verfassers
[25] Lévai, Wallenberg, S. 48, 45
[26] Irrtümlich wird in der Wallenberg-Literatur, wenn ein Datum genannt wird, der 6.7.1944 als Abreisedatum Wallenbergs von Stockholm genannt. (Vgl. z.B. Bierman, S. 50; Joseph, S. 87; Lester, S. 65; Lichtenstein, S. 44; Philipp, S. 79; Rosenfeld, S. 29; Smith, S. 59)

2. Ungarn und Deutschland

[1] Zahlenangaben sind Braham, Politics 1, S. 2 entnommen.
[2] Schickert, S. 93
[3] Zahlenangabe nach Nagy-Talavera, S. 25
[4] Schickert, S. 240
[5] Schickert, S. 242
[6] Aufzeichnung von v. Erdmannsdorff, 30.4.1939; IMT 737-D, S. 6

[7] Briefentwurf Horthys an Teleki vom 14.10.1940, Szinai/Szücs, S. 150–152
[8] Notiz von Botschafter Hewel an RAM, 19.1.1944; PA, AA R 101162 Fiche 3023 E
[9] Besprechungsprotokoll der Wannsee-Konferenz; zitiert nach: Pätzold/Schwarz, S. 102, 106
[10] Telegramm Jagow ans AA, Nr. 1948 vom 26.10.1942; PA, AA (Inland II g 208 Akten Judenfrage in Ungarn 1942–1943) Fiche 2275
[11] Telegramm Jagow ans AA, Nr. 1928 vom 23.10.1942; PA, AA (Inland II g 208) Fiche 2275 F 4
[12] Vortragsnotiz von Luther vom 6.10.1942; PA, AA (Inland II g 208) Fiche 2276 A 14
[13] Siehe Schreiben von Dr. Fränk (Mitarbeiter von Albert Speer) vom 20.2.1943; PA, AA Fiche 2281 A 6 (Inland II g 209 Judenfrage in Ungarn)
[14] Aufzeichnung der Unterredung vom 17.4.1943; IMT 736-D, S. 4f.
[15] Aussage Ribbentrop bei den Nürnberger Prozessen; IMT X, S. 461
[16] Aussage Schmidt; IMT X, S. 231, vgl. S. 244
[17] Schmidt, S. 564
[18] Horthy, S. 254
[19] Urteil der Nürnberger-Prozesse; IMT I, S. 32ff.
[20] Horthy, S. 264; vgl. Schmidt, S. 588
[21] Horthy, S. 266
[22] Telegramm Veesenmayer ans AA Nr. 493 vom 20.3.1944; PA, AA R 29794 Fiche 1323 F 14
[23] Bericht von Thadden, 26.5.1944; PA, AA Fiche 2283 C 5 (Inland II g 210 Judenfrage in Ungarn (Sonderaktion))
[24] Notiz von Dr. Paul Karl Schmidt vom 27.5.1944; PA, AA Fiche 2283 D 6 (Inland II g 210 Judenfrage in Ungarn (Sonderaktion))
[25] Ebenda
[26] Telegramm Veesenmayer ans AA vom 11.7.1944, Nr. 1927; PA, AA R 29795 Fiche 1333 E 3
[27] Beilage zum Bericht Danielssons an das UD vom 24.6.1944 BA kl. Erw. 800–1
[28] Braham, Politics 1, S. 132f.
[29] Bericht von Thadden an Wagner vom 6.6.1944; PA, AA Fiche 2283 D 9 (Inland II g 210 Judenfrage in Ungarn (Sonderaktion))
[30] Ebenda

[31] Telegramm Veesenmayer ans AA Nr. 245 vom 7.6.1944 (abgeschickt am 8.6.1944); PA, AA R 29795 Fiche 1331 C 11

[32] Lévai, Black Book, S. 240

[33] Lévai, Black Book, S. 243

[34] Telegramm Veesenmayer an RAM vom 6.7.1944, Nr. 299; PA, AA R 29795 Fiche 1333 A 8

[35] Ebenda. Die Informationen stammten vom jüdischen Rettungskomitee in Budapest, vgl.: Hilberg, S. 918

[36] Karsai, Dokument 119 (Stockholm, 20.7.1944)

[37] Telegramm Veesenmayer an RAM vom 6.7.1944, Nr 301; PA, AA R 29795 Fiche 1333 B 4

[38] Ebenda

[39] Bericht von Winkelmann an Himmler vom 7.7.1944; Braham, Doc 188

[40] Telegramm Veesenmayer an RAM vom 9.7.1944, Nr. 303; PA, AA Fiche 2285 (Inland II g 211 Judenfrage in Ungarn Sonderaktion)

3. Die ersten Rettungsversuche

[1] Lévai, Wallenberg, S. 313

[2] Brieftelegramm Veesenmayer ans AA vom 7.7.1944, Nr. 1884; PA, AA (Inland II g) Fiche 2279 G 10

[3] Telegramm Veesenmayer an RAM vom 28.7.1944 (abgeschickt: 29.7.), Nr. 2117; PA, AA Fiche 2287 A 14 (Inland II g 211 Judenfrage in Ungarn Sonderaktion)

[4] Vgl. Memorandum vom 24.6.1944, Enclosure to No. 3672 of July 10, 1944; WRB Box 34 Hungary No 2

[5] Verbalnote des ungarischen Außenministeriums 30.00 7/9 1944; RWPA, 2626f.

[6] Note von Eichmann an Günther vom 24.7.1944; PA, AA Fiche 2288 C 11 (Inland II g 212 Judenfrage in Ungarn)

[7] Schreiben vom Großmufti an den ungarischen Außenminister, 22.6.1944; RWPA, 2654f.

[8] Grell zu «Juden ausländischer Staatsangehörigkeit», 24.7.1944; PA, AA (Inland II g) Fiche 2279 E 4

[9] Telegramm Veesenmayer ans AA vom 29.6.1944, Nr. 1826; PA, AA R 99451 Fiche 5717 D 4

4. Wallenberg in Budapest: Erste Eindrücke

1 Verbalnote von der schwedischen Gesandtschaft an das ung. Außenministerium, 14.7.1944; RWPA MF 3, 2950f.
2 Brief Wallenberg an seine Mutter vom 16.7.1944; RWF
3 Brief Lauer an Wallenberg vom 17.7.1944; Kopie beim Verfasser
4 Ebenda
5 Brief Wallenberg an Lauer vom 18.7.1944; Kopie beim Verfasser
6 Bericht Wallenberg vom 18.7.1944; BA kl. Erw. 800–1
7 Anordnung vom 25.6.1944; Lévai, Eichmann in Ungarn, S. 128
8 Telegramm an Ribbentrop vom 3. 4. 1944; PA, AA R 29794 Fiche 1325 G 9
9 Brief vom 24. 7. 1944; Lévai, Wallenberg, S. 68
10 Schreiben Lauer an Olsen vom 24.7.1944; Kopie beim Verfasser
11 Wallenberg schrieb: Legationsrat Krell. Er meinte offenkundig Grell und nicht etwa den Adjutanten Bechers, SS-Hauptsturmführer Krell.
12 Bericht Wallenberg vom 29.7.1944; BA kl. Erw. 800–1
13 Bericht Wallenberg vom 29.7.1944; BA kl. Erw. 800–1 (ebenso die folgenden Zitate)
14 Telegramm von Johnson ans US-Außenministerium, Nr. 2779 vom 25.7.1944; WRB Box 34 Hungary No. 2
15 Schreiben Lauer an Olsen, 24.7.1944; Kopie beim Verfasser
16 Telegramm von König Gustaf an Horthy vom 30.6.1944, in: Telegramm Nr. 1978 Thomsen ans AA vom 11.8.1944; PA, AA R 99450, Fiche 5714 E 14
17 Ebenda
18 Notiz der Presseabteilung AA vom 9.7.1944; Braham, Doc 343
19 Telegramm Dt. Gesandtschaft Budapest ans AA, Nr. 2680 vom 18.7.1944; PA, AA R 99450 Fiche 5714 E 13
20 Telegramm Thomsen vom 2.3.1943 Nr. 580; PA, AA Fiche 2931 C 8
21 Bericht Wallenberg an das UD vom 29.7.1944; BA kl. Erw. 800–1
22 Telegramm Veesenmayer ans AA vom 24.7.1944 (abgeschickt: 25.7.), Nr. 2075; PA, AA (Inland II g) Fiche 2279 E 14
23 Brief Lauer an Wallenberg vom 17.7.1944 und Telegramm Salén an Wallenberg vom 21.7.1944; Kopien beim Verfasser

[24] Telegramm Stettinius an Olsen, Nr. 1503 vom 28.7.1944; WRB

[25] Note Wagner an Gesandtschaft in Bukarest vom 13.7.1944; PA, AA (Inland II g) Fiche 2279 B 4

[26] History of the War Refugee Board, S. 164. Braham, sich auf eine andere Quelle beziehend, nennt eine Zahl von etwa 1500 ungarischen Juden, denen zwischen März und Dezember 1944 die heimliche Flucht nach Rumänien gelang; Braham, Politics 2, S. 905

[27] Final Summary Report of the Executive Director, War Refugee Board, 15.9.1945, S. 26; WRB

5. Der Aufbau von Wallenbergs Hilfsaktion

[1] «P.M. für Gesandtschaftssekretär Anger» von Wallenberg vom 6.8.1944; Kopie beim Verfasser

[2] «P.M. für Gesandschaftssekretär Anger» von Wallenberg vom 6.8.1944; Kopie beim Verfasser

[3] Bericht, abgesandt am 7.8.1944; BA kl. Erw. 800–1

[4] Brief Wallenberg an seine Mutter vom 6.8.1944; RWF

[5] «P.M. für Gesandtschaftssekretär Anger» von Wallenberg, 6.8.1944; Kopie beim Verfasser

[6] Mitteilung betreffend Schutzpass; Kopie im Besitz des Verfassers

[7] Bericht Wallenberg vom 15.8.1944 (abgeschickt: 16.8.); BA kl. Erw. 800–1

[8] Die Lage, 23.8.1944, S. 23ff.; IMT 908-D

[9] Diese Konferenz war infolge der Hilfe Wallenbergs zustande gekommen (Siehe Samu Stern «A Race With Time» in Braham, Hungarian-Jewish Studies, S. 1, 25)

[10] Protestnote vom 21.8.1944; Lévai, Geheime Reichssache, S. 42

[11] Telegramm Veesenmayer ans AA vom 25.8.1944, Nr. 2379; PA, AA Fiche 2285 E 14 (Inland II g 211 Judenfrage in Ungarn Sonderaktion)

[12] Telegramm Veesenmayer ans AA vom 19.8.1944 (Ankunft: 24.8.), Nr. 2366; PA, AA Fiche 2285 E 13 (Inland II g 211 Judenfrage in Ungarn Sonderaktion)

[13] So Horthy gegenüber Szálasi laut Telegramm Veesenmayer ans AA vom 30.8.1944, Nr. 2445; PA, AA Fiche 2285 F 1 (Inland II g 211 Judenfrage in Ungarn Sonderaktion)

[14] Siehe: Protokoll vom 4.7.1944; PA, AA R 99449 Fiche 5707 D 4

[15] Telegramm Danielsson ans UD, 7.9.1944; BA kl. Erw. 800–2
[16] Neue Instruktionen vom 4.9.1944; BA kl. Erw. 800–2
[17] Formular, Anlage zu Schreiben der Gesandtschaft in Budapest vom 12.9.1944, Nr. 224; BA kl. Erw. 800–2
[18] Telegramm Danielsson ans UD, 13.9.1944; BA kl. Erw. 800–2
[19] Bericht vom 12.9.1944; BA kl. Erw. 800–2
[20] Danielsson an Außenministerium und Olsen, 12.9.1944; BA kl. Erw. 800–2
[21] Bericht vom 12.9.1944; BA kl. Erw. 800–2
[22] P. M. Wallenberg vom 12.9.1944 ans UD zur Weiterleitung an Olsen; BA kl. Erw. 800–2
[23] Telegramm Johnson ans US-Außenministerium, Nr. 3811 vom 22.9.1944; WRB
[24] Schreiben von Lauer an Wallenberg, 28.8.1944; Kopie beim Verfasser
[25] Wallenberg bat über Anger Anfang August 1944 das UD, daß Lauer die Berichte zur Verfügung gestellt werden; P. M. für Gesandtschaftssekretär Anger, vom 6.9.1944; Kopie beim Verfasser
[26] Abschrift vom Schreiben Lauers vom 23.9.1944; Kopie beim Verfasser
[27] Brief Lauer an Wallenberg vom 23.8.1944; Kopie beim Verfasser
[28] «P.M. für Gesandtschaftssekretär Anger» von Wallenberg, 6.8.1944; Kopie beim Verfasser
[29] Schreiben Hellstedt an Danielsson, 15.9.1944; BA kl. Erw. 800–1
[30] Vgl. dazu Schreiben Engzell an Danielsson, 31.10.1944; BA kl. Erw. 800–1
[31] P. M. Betr. Transferierung von Schweizer Frs. Beträgen nach Ungarn, 8.12.1944; BA kl. Erw. 800–3
[32] Abschrift einer Mitteilung der Schweizerbank vom 22.12.1944; BA kl. Erw. 800–3
[33] Bericht vom 12.9.1944 (engl.); BA kl. Erw. 800–2
[34] Notiz von Grell vom 28.9.1944; PA, AA Fiche 2288 (Inland II g 212 Judenfrage in Ungarn)
[35] Notiz Grell vom 26.9.1944; Braham, Doc 218
[36] Notiz Grell vom 26.9.1944, Braham, Doc 218
[37] Übersetzung einer Notiz Ferenczys vom 29.9.1944; PA, AA Fiche 2288 E 3 (Inland II g 212 Judenfrage in Ungarn)
[38] Aufzeichnung Grell vom 30.9.1944; PA, AA Fiche 2288 E 7 (Inland II g 212 Judenfrage in Ungarn)
[39] Ebenda

40 Bericht von Veesenmayer ans AA, Oktober 1944; Braham, Doc 224

41 Ebenda

42 Ebenda

43 Bericht vom 29.9.1944; BA kl. Erw. 800–2

44 Brief Wallenberg an seine Mutter vom 29.9.1944; RWF

45 Brief Wallenberg an Lauer vom 29.9.1944; Lévai, Wallenberg, S. 82

46 «P.M. für Gesandtschaftssekretär Anger» von Wallenberg, 6.8.1944; Kopie beim Verfasser

47 Telegramm Veesenmayer ans AA vom 15.9.1944, Nr. 2655; PA, AA Fiche 2285 F 2 (Inland II g 211 Judenfrage in Ungarn Sonderaktion)

48 Abhörung Lutz am 30.5.1945; BA Bern E 2001 (D) -/7 Bd. 17, S. 4 (145)

49 Notiz von Grell ans AA vom 29.9.1944; PA, AA Fiche 2288 E 6 (Inland II g 212 Judenfrage in Ungarn)

50 Notiz Grell ans AA vom 27.9.1944; PA, AA Fiche 2288 D 12 (Inland II g 212 Judenfrage in Ungarn)

51 «P.M. für Gesandtschaftssekretär Anger» von Wallenberg, 6.8.1944; Kopie beim Verfasser

52 Bericht Wallenberg vom 12.10.1944; BA kl. Erw. 800–2

53 Brief Olsen an Pehle, 10.8.1944; WRB

54 Operations of the WRB from Sweden, S. 12f.; WRB

55 Operations of the WRB from Sweden, S. 2; WRB

56 Verbalnote der Königl. Schwedischen Gesandtschaft (Berlin) ans AA, Nr. 53/1944 vom 26.1.1944; PA, AA R 99439 Fiche 5682 E 4

57 Aufzeichnung von Thadden vom 12.10.1944; PA, AA R 99439 Fiche 5683 A 9. Von schwedischer Seite war wegen eines schwedischen Feiertags niemand dabei, als eine Kommission Theresienstadt aufsuchte.

58 Bericht von Thomsen (Deutsche Gesandtschaft Stockholm) ans AA, 19.9.1944, – A 1982 –; PA, AA R 99450 Fiche 5714 F 1

59 Von Thadden an Pol IV über Bericht Thomsens vom 19.9.1944, 6.10.1944 (Der zitierte Satz «Es muß in …» ist durchgestrichen); PA, AA R 99450 Fiche 5714 F 4

60 Brief Olsen an Pehle vom 10.8.1944; WRB

61 Schreiben Grafström an Anger vom 6.7.1944; BA kl. Erw. 800–4

62 Schreiben Lauer an Wallenberg, 28.8.1944; Kopie beim Verfasser

63 Telegramm Stettinius an Olsen, 3.8.1944, Nr. 1550; WRB

[64] Telegramm Hull an Olsen, 17.7.1944, Nr. 1426; WRB
[65] Telegramm Johnson an Hull, 19.8.1944, Nr. 3182; WRB
[66] Szöllösi-Janze, S. 289 mit weiteren Nachweisen; vgl.: Nagy-Talavera, S. 189 mit weiteren Nachweisen.
[67] Szöllösi-Janze, S. 200 und 219 mit weiteren Nachweisen.
[68] Telegramm Hull an Olsen, Nr. 1426 vom 17.7.1944; WRB
[69] Verbalnote Nr. 253/1944, RWPA MF 3, 2590
[70] Schreiben Kaltenbrunner an Blaschke, 30.6.1944; IMT 3803-PS
[71] Kasztner, S. 113; zum Tauschgeschäft siehe unten
[72] Siehe Kasztner, S. 278
[73] Reichswirtschaftsminister an das AA, 3.8.1944; Braham, Doc 206
[74] Brief Wallenberg an Lauer, 12.10.1944; Kopie beim Verfasser. Siehe auch Telegramm Danielsson ans UD vom 8.10.1944; BA kl. Erw. 800–2
[75] Brief Wallenberg an Lauer, 12.10.1944; Kopie beim Verfasser
[76] Kasztner, S. 279
[77] Brief Wallenberg an seine Mutter vom 12.10.1944; RWF
[78] Brief Wallenberg an Lauer, 12.10.1944, Kopie beim Verfasser
[79] Lauer «Wallenbergaktionen», S. 7; Kopie beim Verfasser
[80] Labouchere (Brit. Gesandts. in Schwed.) an Haigh (Foreign Office) vom 3.7.1944; Koblik, Doc 64
[81] Telegramm Mellaneuropeiska an Wallenberg vom 9.9.1944; Kopie beim Verfasser
[82] Telegramm Wallenberg an Meropa vom 11.9.1944; Kopie beim Verfasser
[83] Brief Wallenberg an Lauer, 29.9.1944; Kopie beim Verfasser
[84] Brief Wallenberg an Lauer, 12.10.1944; Kopie beim Verfasser
[85] Brief Lauer an Wallenberg, 28.10.1944; Kopie beim Verfasser
[86] Ebenda
[87] Brief Lauer an Wallenberg, 21.8.1944; Kopie beim Verfasser
[88] Brief Lauer an Wallenberg, 28.10.1944; Kopie beim Verfasser

6. Der Pfeilkreuzler-Putsch und die Folgen

[1] Rede des Führers der vereinigten Pfeilkreuzlerparteien Szálasi vor dem versammelten Führerkorps am 7.10.1940; PA, AA R 100133 Fiche 6891 G 1(5) (Klammereinfügung «die Juden» im Original)
[2] Danziger Vorposten, 20. Oktober 1944

[3] Telegramm Veesenmayer ans AA, Nr. 2996 (abgeschickt am 18.10.1944, 00.15 Uhr); Braham, Doc 226

[4] Telegramm Danielsson vom 3.10. 1944, Nr. 377; BA kl. Erw. 800–2

[5] Bericht Wallenberg ans UD vom 22.10.1944; BA kl. Erw. 800–2

[6] Braham spricht davon, daß nach dem Putsch mehrere Tausend Juden in die Synagogen gesperrt wurden (Braham, Politics 2, S. 832). Philipp zitiert einen jüdischen Mediziner; demnach seien am 13.10.1944 etwa 300 jüdische Arbeitsdienstler in die Synagoge gesperrt worden. Am 14.10.1944 habe Wallenberg dann deren Freilassung bewirkt (Philipp, S. 107f.). Nach Werbell/Clarke waren am 15.10.1944 6000 Juden in die Synagoge gesperrt worden. Zwei Tage später hätte Wallenberg die Freilassung seiner schwedischen Schützlinge erreicht (Werbell/Clarke, S. 65f.). Smith nennt die gleiche Zahl, verlegt die Gefangennahme jedoch auf den 17.10.1944. Einem Jugendlichen sei die Flucht geglückt. Wallenberg und Lutz hätten zunächst die Freilassung ihrer Schützlinge erreicht (Smith, S. 85f.). Ein Wirken von Lutz und Wallenberg gab es auch nach Lester. Sie nennt ebenfalls die Zahl von etwa 6000 Eingesperrten. Später hätten auch Angelo Rotta und prominente Ungarn protestiert und die Freilassung der übrigen Juden erreicht (Lester, S. 105). Rosenfeld verlegt die Rettungsaktion auf den 4.11.1944 und bezieht sich dabei auf einen Zeugen mit dem Namen Joseph Kovacs (Rosenfeld, S. 53f.). Gleiches Datum auch bei Lévai, Wallenberg , S. 113

[7] Lévai, Eichmann in Ungarn, S. 166

[8] Meldung des MTI vom 19.10.1944; Beilage zu Wallenbergs Bericht vom 22.10.1944; BA kl. Erw. 800–2

[9] Szatmári, S. 10f.; Born, S. 30

[10] Bestätigung der Schwedischen Gesandtschaft vom 22.10.1944, YV – P 19/9

[11] Verbalnote der schwedischen Gesandtschaft an das ung. Außenministerium, 23.10.1944; RWPA MF 3, 2816f.

[12] Telegramm Danielsson ans UD, 24.10.1944; BA kl. Erw. 800–2

[13] Verbalnote der schwedischen Gesandtschaft an das ung. Außenministerium, 21.10.1944; RWPA MF 3, 2839ff.

[14] Verbalnote der schwedischen Gesandtschaft an das ung. Außenministerium, 23.10.1944; RWPA MF 3, 2815ff.

[15] Telegramm Veesenmayer an RAM vom 24.10.1944, Nr. 3092; PA, AA Fiche 2288 G 6 (Inland II g Judenfrage in Ungarn)

[16] Telegramm Brenner an Veesenmayer vom 29.10.1944, Nr. 2338; Braham, Doc 237
[17] Telegramm Veesenmayer ans AA vom 20.10.1944, Nr. 3037; PA, AA (Inland II g) Fiche 2278 E 10
[18] Telegramm RAM an Veesenmayer vom 20.10.1944 (Ankunft: 21.10.), Nr. 2262; PA, AA Fiche 2288 G 3 (Inland II g 212 Judenfrage in Ungarn)
[19] Wiedergegeben im Telegramm Veesenmayer vom 24.10.1944 Nr. 3091; PA, AA Fiche 2288 G 8 (Inland II g 212 Judenfrage in Ungarn)
[20] Vortragsnotiz Wagner an Ribbentrop vom 31.10.1944; PA, AA (Inland II g) Fiche 2278 D 14
[21] Bericht Wallenberg ans UD vom 22.10.1944, BA kl. Erw. 800–2
[22] Verbalnote 273/1944 vom 25.10.1944; RWPA MF 3, 2807
[23] Brief Wallenberg an seine Mutter vom 22.10.1944; RWF
[24] Gemeint ist 7000
[25] YV, P 19/9 Carl Lutz Archiv
[26] No. 456 vom 31.10.1944; BA kl. Erw. 800–2
[27] Telegramm Cabinet an schwedische Gesandtschaft Budapest, 2.11.1944; BA kl. Erw. 800–2
[28] Telegramm Wagner an Veesenmayer vom 16.11.1944, Nr. 3549; PA, AA Fiche 2289 B 5 (Inland II g 212 Judenfrage in Ungarn)
[29] Telegramm Veesenmayer ans AA vom 15.11.1944, Nr. 3288; Braham, Doc 333
[30] Telegramm Veesenmayer ans AA vom 18.11.1944, Nr. 3320; PA, AA Fiche 2289 B 8 (Inland II g 212 Judenfrage in Ungarn)
[31] Notiz von Steengracht vom 10.11.1944; PA, AA Fiche 2289 A 8 (Inland II g 212 Judenfrage in Ungarn)
[32] Vortragsnotiz von Wagner an Ribbentrop vom 10.11.1944; PA, AA Fiche 2289 B 1
[33] Szatmári, S. 13
[34] Notiz zur schwedischen Note vom 5.11.1944; RWPA MF 3, 2793
[35] Interview des Uppsala Projekts, RWPA MF 2, 1544ff.
[36] Nach Keménys Erinnerung erst Mitte November. Am 29.10.1944 gab es eine Rundfunkerklärung.
[37] Born, S. 31
[38] Telegramm Harrison vom 1.11.1944, Nr. 7269; History of the WRB, S. 818
[39] Gespräch mit Frau Kemény. Nach ihrer Erinnerung war die Radioerklärung kürzer.

40 Telegramm Johnson an Hull, Nr. 4416 vom 30.10.1944; WRB Box 34 Hungary No. 2
41 Brief Pehle an Wallenberg vom 6.12.1944; History of the WRB, S. 741
42 Verbalnote der Schweizerischen Gesandtschaft Budapest in Vertretung amerikanischer Interessen, 28.10.1944; PA, AA R 99451 Fiche 5716 A 3
43 Verbalnote des ungarischen Außenministeriums an die Schweizer Gesandtschaft vom 9.11.1944; PA, AA R 99451 Fiche 5715 G 10

7. Ein Beispiel: Die Rettung des Ernö Szép

1 Szép, S. 14. Die weiteren Zitate: S. 24, 29, 5, 6, 61, 106 und 129
2 Pester Lloyd (Morgenblatt) vom 30.4.1944 (vorhanden im PA, AA R 99453)
3 Verbalnote No 263/1944, RWPA MF 3, 2833
4 Liste von Schutzpaßinhabern; RWPA MF 3, 5059

8. Hilfe im Schatten der Todesmärsche

1 Aufzeichnung vom 8.11.1944 No. 298 Hum/1944; RWPA MF 3, 2792
2 Brief Wallenberg an den Verband Ungarländischer Juden vom 7.11.1944; RWPA MF 3, 2960
3 «Denkschrift über die am 17. November 1944 gefassten Entschlüsse» von Szálasi; PA, AA R 99451 Fiche 5716 D 7
4 Weitere Bezeichnung: Sonderghetto
5 Allgemeines Elaborat von Wallenberg, 7.12.1944; BA kl. Erw. 800–3
6 Verbalnote AA vom 28.11.1944 an die schwed. Gesandtschaft Berlin; BA kl. Erw. 800–3
7 Verbalnote Nr. 307 Hum/1944 vom 15.11.1944; RWPA MF 3, 2775
8 Telegramm Veesenmayer ans AA vom 1.11.1944, Nr. 3176; PA, AA Fiche 2288 G 14 (Inland II g 212 Judenfrage in Ungarn)
9 Vortragsnotiz von Wagner an RAM vom 9.11.1944; PA, AA (Inland II g) Fiche 2278 C 9
10 Telegramm RAM an Veesenmayer vom 9.11.1944; PA, AA (Inland II g) Fiche 2278 C 11

[11] Telegramm Veesenmayer ans AA vom 16. 11. 1944; PA, AA (Inland II g) Fiche 2278 C 5
[12] Telegramm Veesenmayer ans AA vom 12. 11. 1944 (abgeschickt: 13.11.), Nr. 3262; PA, AA (Inland II g) Fiche 2278 D 1
[13] Dagens Nyheter vom 11. 11. 1944; BA kl. Erw. 800–2
[14] Protestnote vom 17. 11. 1944; Lévai, Geheime Reichssache, S. 46f.
[15] Aufzeichnung der schwedischen Gesandtschaft an das ungarische Außenministerium, 19. 11. 1944; RWPA MF 3, 2726
[16] Telegramm Veesenmayer ans AA vom 20. 11. 1944 (abgeschickt: 21.11.), Nr. 3353; PA, AA Fiche 2289 B 10 (Inland II g 212 Judenfrage in Ungarn)
[17] Ebenda
[18] Telegramm RAM an Veesenmayer vom 21. 11. 1944, Nr. 1148/44 R; PA, AA (Inland II g) Fiche 2278 B 13
[19] Telegramm Veesenmayer an RAM vom 23. 11. 1944, Nr. 3367; PA, AA Fiche 2289 B 14 (Inland II g Judenfrage in Ungarn)
[20] Protokoll der Sitzung, IfZ – Eich 853, S. 2
[21] Lévai, Eichmann in Ungarn, S. 187f.
[22] Bericht vom 8. 12. 1944; BA kl. Erw. 800–3
[23] Bericht Wallenbergs ans UD, 8. 12. 1944; BA kl. Erw. 800–3
[24] Aufzeichnung der schwedischen Gesandtschaft an das ungarische Außenministerium, 27. 11. 1944; RWPA MF 3, 2718
[25] Zitiert nach Smith, S. 18
[26] Gespräch des Verfassers mit Erwin Fenyö
[27] Telegramm vom 22. 10. 1944 Nr. 438; BA kl. Erw. 800–2
[28] Verbalnote No 270/1944 vom 25. 10. 1944; RWPA MF 3, 2815
[29] P. M. über Telefonat Berlin-Stockholm vom 9. 11. 1944; Telegramm Stockholm-Budapest No. 511 vom 9. 11. 1944; BA kl. Erw. 800–2
[30] P. M. vom 9. 11. 1944; BA kl. Erw. 800–2. Vgl. Telegramm Johnson Nr. 4598 vom 10. 11. 1944; WRB 34 Hungary No. 2
[31] Telegramm Nr. 525 vom 23. 11. 1944; BA kl. Erw. 800–2
[32] Telegramm Nr. 533 vom 26. 11. 1944; BA kl. Erw. 800–2
[33] Telegramm Danielsson ans UD, 26. 11. 1944; BA kl. Erw. 800–2
[34] Telegramm Nr. 612 vom 13. 12. 1944; BA kl. Erw. 800–3
[35] P. M. UD vom 31. 10. 1944; BA kl. Erw. 800–2
[36] Schreiben der US-Botschaft ans UD vom 8. 11. 1944; BA kl. Erw. 800–2

9. Wallenberg gibt nicht auf

[1] Brief Wallenberg an seine Mutter vom 8.12.1944; RWF

[2] Brief Wallenberg an Lauer vom 8.12.1944; Lévai, Wallenberg, S. 242

[3] R. Wallenbergs Humanitäre Aktion. Zusammengestellt per 1.12.1944; BA kl. Erw. 800–3

[4] Weitere Bezeichnungen: Großes Ghetto, Zentral-Ghetto, nationales Ghetto

[5] Telegramm Veesenmayer ans AA vom 20.11.1944 (abgeschickt: 21.11.1944), Nr. 3353; PA, AA Fiche 2289 B 10

[6] Bericht vom 8.12.1944; BA kl. Erw. 800–3

[7] Es könnte auch «1500« heißen.

[8] Undeutlich geschrieben

[9] Handschriftliche Aufzeichnung, ohne Datum und Unterschrift. Die Schrift ist Wallenberg zuzuordnen; RWPA MF 3, 2963f.

[10] Die Arbeit des Schwedischen Roten Kreuzes wurde Mitte Dezember verboten, siehe unten.

[11] Telegramm Wallenberg an Lauer vom 28.11.1944; Kopie beim Verfasser

[12] Telegramm Wallenberg ans Schwedische Rote Kreuz Stockholm, 2.12.1944; BA kl. Erw. 800–2

[13] Verbalnote der schwedischen Gesandtschaft an das ung. Außenministerium, 21.10.1944; RWPA MF 3, 2839ff.

[14] Telegramm Danielsson ans UD, 12.11.1944; BA kl. Erw. 800–2

[15] Telegrammwechsel Gesandtschaft Bern mit UD, 28.11. und 30.11.1944; BA kl. Erw. 800–2

[16] Telegramm Johnson ans US-Außenministerium, Nr. 5043 vom 9.12.1944; History of the WRB, S. 1108

[17] Telegramm Stettinius an US-Gesandtschaft Stockholm, Nr. 2537 vom 16.12.1944; History of the WRB, S. 1109

[18] Verbalnote der schwedischen Gesandtschaft vom 21.11.1944 (im Original mit vollständigen Namen); RWPA MF 3, 2746

[19] Verbalnote der schwedischen Gesandtschaft an das ung. Außenministerium vom 1.12.1944; RWPA MF 3, 2689

[20] Telegramm Veesenmayer ans AA vom 15.11.1944, Nr. 3288; PA, AA (Inland II g) Fiche 2278 B 14

[21] Vgl. Telegramm Feine ans AA vom 5.12.1944, Nr. 3465; PA, AA (Inland II g) Fiche 2278 B 4

[22] Einige Tage später durfte das Schwedische Rote Kreuz zumindest in Zusammenarbeit mit dem ungarischen Roten

Kreuz weiterarbeiten; Telefongespräch Ekmark mit schwedischer Gesandtschaft in Berlin, 22.12.1945; BA kl. Erw. 800–3

23 «Allgemeines Elaborat» von Wallenberg, 7.12.1944; BA kl. Erw. 800–3

24 Protokoll über das Treffen Vajna-Himmler am 10.12.1944, niedergeschrieben von Vajna am 14.12.1944; PA, AA R 101164 Fiche 3029 D 14

25 Berg, S. 15f.

26 Gesandter von Erdmannsdorff an die deutsche Gesandtschaft in Budapest am 17.12.1944; IfZ Eich 1121

27 Richert an E. von Post, 17.12.1944; BA kl. Erw. 800–3

28 Telegramm Veesenmayer vom 20.12.1944; IfZ Eich 1122

29 Telegramm Danielsson ans UD vom 18.12.1944; BA kl. Erw. 800–3

30 Schreiben von Mezey an Thalberg vom 25.9.1951, UD CD 1/1/10–136f.

31 No. 333 vom 22.12.1944; Lévai; Wallenberg, S. 160ff.

32 Protestnote vom 23.12.1944; Lévai, Geheime Reichssache, S. 60f. (dort jedoch falsches Datum)

33 Danielsson ans UD, 23.12.1944; BA kl. Erw. 800–3

34 UD an schwedische Gesandtschaft Budapest, 25.12.1944; BA kl. Erw. 800–3

35 Vgl. Otto Roboz in: Braham, Essays, S. 295, 303ff.

36 RWF; Kopie beim Verfasser

37 Interview des RWP mit Szalai vom 26.3.1990; RWPA MF 2, 1741

38 Gespräch mit Agnes Adachi. Vgl auch: Adachi, S. 43

39 Szatmári, S. 26

40 Lévai, Wallenberg, S. 199f.

41 Lévai, Wallenberg, S. 201

42 Brief Wallenberg an Ernö Vajna vom 6.1.1945; ursprünglich in deutsch; Lévai, Wallenberg , S. 205f.

43 Protokoll über die Verhandlungen vom 6. Januar 1945 an der Oberstadthauptmannschaft; unterzeichnet von Dr. Peter Zürcher; BA (Bern) E 2500 1968/87, Bd. 52. Personaldossier P. Zürcher

44 Protokoll über die Verhandlungen an der Oberstadthauptmannschaft vom Sonntag, den 7. Januar 1945; BA (Bern) E 2500 1968/87, Bd. 52. Personaldossier P. Zürcher

45 Ebenda

46 Vgl. Schreiben Wallenberg an Vajna vom 9.1.1945; Lévai, Wallenberg, S. 211

10. Letzte Hilfe und Zukunftspläne

1 Brief Wallenberg an Lauer vom 8.12.1944; Lévai, Wallenberg, S. 242

2 In deutsch geschrieben, zitiert nach: Lévai, Wallenberg, S. 249

3 Vgl. auch Aussage von Szalai: Wallenberg wollte Essen nach Ungarn bringen, «nicht nur allein für Juden, sondern für jeden»; Interview RWP mit Szalai vom 26.3.1990; RWPA MF 2, 1742

4 Weitere Arbeitsgebiete: Pensionen für Kriegsinvalide, Schaffung von Arbeitsgelegenheiten, Wohnungswesen, Sammlung und Verteilung von Möbeln, Repatriierung und Auswanderung, Bewahrung von kulturellem Erbe, provisorische Krankenhäuser, Bekämpfung von Epidemien, Gebäude für die Gemeinschaft und Industrie sowie ein humanitärer und wirtschaftlicher Informationsdienst.

5 Telegramm vom 28.12.1944, Nr. 39; BA kl. Erw. 800–4

6 P. M. vom 29.12.1944; BA kl. Erw. 800–4

7 Telegramm Söderblom vom 3.1.1945; BA kl. Erw. 800–4

8 Einvernahme Fellers vom 9.4.1946; Abschrift für UD; UD CD 1/1/8–38

9 P. M. von Per Anger vom 20.4.1945, S. 3; vgl. P. M. von Danielsson vom 2.5.1945, S. 6; BA kl. Erw. 800–4

10 Zitiert nach Anger, in: Larsson, S. 2

11 So Philipp, S. 167. Nach Philipp hatte Wallenberg sich als Chargé d'Affaires in Pest eingerichtet ohne die Möglichkeit, sich eine Vollmacht aus Stockholm oder von Danielsson dafür zu beschaffen. Vgl. dazu Telegramm Celsing vom 19.11.1946; UD CD 1/1/2–29

12 Telegramm Söderblom vom 17.1.1945, Nr. 22; BA kl. Erw. 800–4

13 Jakow Walach: «Ich habe Raoul Wallenberg gesehen ...», Leserbrief in «Neue Zeit» Nr. 30/90, S. 10

14 Bericht von Perjessy aus dem Jahre 1988; RWPA MF 2, 4274ff.

15 In den bisherigen Darstellungen fand der richtige Name Gerhard Schmidhuber (1894–1945) keine Verwendung. Als Vorname wurde statt dessen «August» verwendet, womöglich erstmals 1958 von Josef Wulf. Übernommen wurde dies später u. a. in den Wallenberg-Biographien von Bierman, Lester, Marton, Rosenfeld, Smith und Ströbinger. Der Nachname findet sich in der Wallenberg-Literatur durchweg fälschlich in der Schreibweise «Schmidthuber». So auch in Gosztony (S. 79).

Anders dagegen in «Das waren wir!» (S. 200, 219) und Keilig (S. 211). Beide Schreibweisen finden sich etwa in: Schmitz/Thies/Wegmann/Zweng (S. 87, 90) sowie in Schmidhubers Personalakte (BA [Militärarchiv, Freiburg] Pers 6/1863). Tatsächlich gab es einen SS-Oberführer August Schmidhuber, der 1944 zeitweilig Kommandeur der 21. Waffen-Gebirgs-Division SS «Skanderbeg» (albanische Nr. 1) war (vgl. Klietmann [S. 229, 231], Meyer [S. 21]). Ein Zusammenhang mit Budapest besteht jedoch nicht.

16 So wurde Schmidhuber vielfach fälschlich als (Waffen-)SS-General bzw. Kommandeur einer SS-Division bezeichnet [z.B. Bierman, Grossmann (S. 124), Joseph (S. 258), Marton (S. 143), Rosenfeld (S. 71), Smith (S. 111), Ströbinger (S. 78), Szöllösi-Janze (S. 431), Tschuy (S. 330), Werbell/Clarke (S. 126), Wulf (S. 56)]. Teilweise übernommen wurde auch, Schmidhuber sei Kommandeur der Division Feldherrnhalle gewesen, mehrfach als SS-Division bezeichnet [so etwa Braham (Politics 2, S. 874), Handler (S. 105), Schiller (S. 75), Tschuy (S. 330)]. Zur «Festung Budapest» gehörte auch die Panzergrenadier-Division «Feldherrnhalle I.» (vgl. Gosztony, S. 79). Laut dem Schicksalsbericht über die 13. Panzerdivision («Das waren wir»!, S. 210) haben Reste der 13. Panzerdivision und Teile der Panzergrenadier-Division «Feldherrnhalle» unter der Bezeichnung «Gruppe Schmidhuber» im Januar 1945 teilweise den Ostbrückenkopf verteidigt. In der Gliederung der Heeresgruppe Süd zum 7.1.1945 findet sich in der Armeegruppe «Balck» neben der 13. Panzerdivision auch die Panzergrenadier-Division «Feldherrnhalle» (vgl. Gosztony, S. 82).

17 Nach Angaben Perjéssys wurde der Begriff «Kriegsverbrecher» («war criminal») nicht wörtlich verwendet. Szalai spricht in seiner Aussage vor Gericht von «Mörder».

18 Schmidhuber, Teilnehmer des 1. Weltkrieges, war während des Ostfeldzuges am 18.11.1941 beim Angriff auf Rostow durch einen Kopfschuß schwer verwundet worden. In einer Beurteilung vom 20.1.1943 ist festgehalten: «Er ist besonders bestrebt, das nationalsozialistische Ideengut durch Wort und Tat auf seine Offiziersanwärter zu übertragen» (BA [Militärarchiv Freiburg] Pers 6/1863, Bl. 43). Ähnliche Bemerkungen finden sich in den Beurteilungen vom 7.8.1943 und 16.1.1944 (ebenda, Bl. 44, 47). Ein von Schmidhuber vor Februar 1945 geplanter Ausbruch nach Westen soll an der «Sturheit Hitlers» gescheitert sein (vgl. «Das waren wir!», S. 210). Im selben Monat soll er in einem Brief geschrieben haben, «daß er die Un-

sin[n]igkeit der Hinopferung von 3–4 deutschen Panzerdivisionen nicht einsehen könne» und durch einen Ausbruch «wenigstens die Masse seiner Division» retten wollte. «Um sich vor einem möglichen späteren Kriegsgerichtsverfahren zu schützen», habe er den Brief rechtzeitig wieder heraussuchen lassen (vgl. Schweitzer, S. 7).

19 Vgl. Aussage von Szalai vor dem Volksgericht, in: Lévai, Wallenberg, S. 251; Interview des RWP mit Szalai vom 26. 3. 1990, RWPA MF 2, 1710, 1747ff.

20 Entgegen der Ansicht von Schiller (S. 75) gibt es für Szalais Angaben eine Bestätigung, eben durch Perjéssy. Schiller läßt offen, wie sich die Rettung ereignet hat.

21 Ströbinger (S. 78f.), Ralph Wallace (True und Reader's Digest Juli 1947), Wulf (S. 56). Handler (S. 115, Fn. 75) führt an, daß Lévai in seinem Buch «Fehér könyv» (1946) behauptet, Wallenberg und Szalai hätten beide Schmidhuber getroffen. Lévai hat später jedoch ausgeführt («Black Book», S. 416f.), Wallenberg und Szalai seien gemeinsam bei Vajna gewesen. Szalai habe dann gegenüber Schmidhuber Wallenbergs Erklärung ausgerichtet. In seiner Wallenberg-Biographie (S. 250f.) gibt Lévai die Darstellung Szalais wieder; in «Eichmann in Ungarn» (S. 207) schreibt er die Bewahrung des Ghettos dem Umstand zu, daß die SS wegen der vordringenden sowjetischen Truppen aus Pest nach Buda floh. Laut Bierman (S. 131), Küng (S. 58f.) und Linnéa (S. 135f.) ist Wallenberg zusammen mit Szalai bei Ernö Vajna gewesen, nicht jedoch bei Schmidhuber.

22 Marton (S. 143). Von einer direkten Warnung Wallenbergs gehen auch Anger (S. 92f.), Philipp (S. 150) und Rosenfeld (S. 70f.) aus. Smith (S. 110f.) gibt an, Szabó sei von Szalai zu Wallenberg geschickt worden und habe von diesem eine schriftliche Mitteilung für Schmidhuber erhalten.

23 Gosztony («Eine politische Angelegenheit», Die Zeit Nr. 7 vom 10. 2. 1995, S. 40). Macartney sieht Pfeffer-Wildenbruch dagegen als Auftraggeber für die Zerstörung des Ghettos an (II, S. 541 n. 2). U.a. Bierman (S. 131) und Ströbinger (S. 78f.) gehen von einer Anordnung Eichmanns aus, das Ghetto zu zerstören; Wallace (a. a. O.) schreibt Schmidhuber die Anordnung zu.

24 Macartney (II, S. 451 n. 2).

25 Tschuy (S. 335f.). Tschuy geht dabei auch auf Schmidhuber und Pfeffer-Wildenbruch ein. Die Rettung sei «das Werk von Zürcher und Vonrufs gewesen». Beide hätten Szalai am 15. 1. 1945 über den bevorstehenden Angriff auf das Ghetto in-

formiert. Dabei gibt Tschuy an, daß Szalai bereits die Nachricht anderweitig erhalten hatte (S. 330). Letztlich bezieht Tschuy sich auch auf die Darstellung Szalais, ohne jedoch Wallenberg zu erwähnen.

26 P. M. über die Tätigkeit der Königl. Schwedischen Gesandtschaft in Budapest, 13.3.1945; BA kl. Erw. 800–4

27 Anfrage vom 8.3.1945 und Antwort vom 27.3.1945; BA kl. Erw. 800–3

28 Brief Olsen an General William O'Dywer, 15.6.1945, 848/CO/MET; WRB

29 Ausfertigung der Niederschrift AG – Rechtshilfegericht – Berchtesgaden, AR 362/61 vom 14.6.1961, S. 9; in: Friedmann, Vor 50 Jahren...

30 Ebenda

31 Verhör des Zeugen A. Breslauer, Session Nr. 61, 1.6.1961; zitiert aus Auszug für Schweden; BA kl. Erw. 800–38

11. Andere Helfer neutraler Staaten

1 Nach dem Pfeilkreuzlerputsch stellte die Schweizer Gesandtschaft Bescheinigungen aus, wonach der Inhaber im «Kollektivpaß zur Auswanderung eingetragen ist, daher ist der (die) Betreffende als Besitzer eines gültigen Reisepasses zu betrachten» (Kopie im Besitz des Verfassers). Das Dokument enthielt weder Foto noch Unterschrift, lediglich das Wappen war farbig gestaltet. Die portugiesische Gesandtschaft stellte Bestätigungen aus, wonach der Inhaber einen gültigen Paß habe und seine «Person und Wohnung unter dem Schutze dieser Gesandtschaft stehen» (Formular bei Braham, Politics 2, Figure 29.6.). Von der spanischen Gesandtschaft herausgegebene «Schutzbriefe» enthielten ein Foto des Inhabers, Gesandtschaftsstempel und die Unterschrift des spanischen Geschäftsträgers Sanz Briz mit der Aufschrift: «Wir bescheinigen hiermit, daß die in Spanien wohnhaften Verwandten des ... um die spanische Staatsangehörigkeit desselben angesucht haben. Die Spanische Gesandtschaft ersucht die zuständigen Behörden, dies gefl. zur Kenntnis zu nehmen und daß die Spanische Gesandtschaft berechtigt ist, für ihn ein spanisches Einreisevisum zu erteilen. Die Spanische Gesandtschaft ersucht die zuständigen Behörden, dies anläßlich der eventuellen Maßnahmen in Verbindung mit den Genannten gütigst in Betracht zu

nehmen und ihn von Arbeitsdienst zu befreien.» (U.S. Holocaust Museum Washington Archiv, RG-20 004 * 01 M Fiche 2 Nr. 163).

2 Siehe z. B. Titel und Cover: Lichtenstein, Marton, Nicholson & Winner und Ströbinger

3 Siehe z. B. Leserbriefe und Briefe über/an Carl Lutz (Carl Lutz-Nachlaß, Yad Vashem). Vgl. auch Yehuda Bauer, der Wallenberg letztlich eine Zahl von 4500 geretteten Menschen zuschreibt. Wallenberg «played second fiddle to Charles Lutz – but that does not mean that his fiddle was unimportant or that its tune was not very beautiful» (Bauer, S. 237).

4 Siehe Listen in Grossman (S. 269 f.: In schwedischen Gesandtschaftsgebäuden 500, in schwedischen Schutzhäusern 2000, aus Schutzhäusern ins Allgemeine Ghetto gebracht 2500), Lévai, Wallenberg (S. 252 f.: In schwedischen Schutzhäusern und Büros etc. 4600, ins Allgemeine Ghetto gebracht 2000); Ergänzungen zum Szatmári-Bericht (Szatmári, S. 30: für schwedische Schützlinge nicht getrennt ausgewiesen). In der Ergänzung zum Szatmári-Bericht ist eine Zahl von 68 000 Überlebenden im Allgemeinen Ghetto angegeben, bei Grossman 69 000.

5 Lévai, Geheime Reichssache, S. 26

6 Vgl. Braham, Politics 2, S. 718

7 Bericht vom 18. 2. 1944; Ben-Tov, S. 112

8 Ben-Tov, S. 161

9 Interview Éliás mit Sándor Szenes, in: Braham, Studies on the Holocaust in Hungary, S. 51

10 Umstritten ist die Rolle László Szamosis. Mitunter wird ihm die tragende Rolle zugeschrieben. Vgl. etwa Bierman, S. 86 f., 117 ff., 126. Bei der Gestaltung des U. S. Holocaust Museums in Washington entschied man sich nach einer Prüfung für eine Darstellung Perlascas. Im Vorfeld zog man auch Szamosis Tagebuch heran, dessen Entstehungszeit jedoch fraglich blieb (Schreiben verschiedener Personen an und vom Museum im Jahre 1990, Archiv des Museums RG-20.004*01).

ZWEITER TEIL: CHRONIK EINER SUCHE

1. Ungewißheit

1 Erklärung von Ernst Huber vom 12.3.1956; UD CD 3/5/1–63 ff.
2 Erklärung von Gustav Richter vom 27.1.1956; UD CD 3/5/1–138 ff.
3 Erklärung von Gustav Richter nach seiner Rückkehr aus der Gefangenschaft, o.D.; UD CD 1/1/33–111 ff.
4 Ebenda
5 Ebenda
6 Erklärung von Erhard Hille vom 8.2.1956; UD CD 3/5/1–54 ff.
7 Erklärung von H.-H. Hinckeldey vom 30.1.1956; UD CD 3/5/1–125 ff.; ebenso Bernhard Rensinghoff, Erklärung vom 13.2.1956; UD CD 3/5/1–49 ff.
8 Erklärung von Ernst Wallenstein vom 1.2.1956; UD CD 3/5/1–129 ff.
9 Erklärung von Bernhard Rensinghoff vom 13.2.1956; UD CD 3/5/1–49 ff.
10 Ebenda
11 Ebenda
12 Ebenda
13 Erklärung von Willy Bergemann vom 27.1.1956; UD CD 3/5/1–133 ff.
14 Vgl. Erklärung von Hinckeldey; UD CD 3/5/1–125 ff.
15 Telegramm vom 17.2.1945, Nr. 7; BA kl. Erw. 800–4
16 Kossuth in Hungarian 21.30 Meldung vom 8.3.1945 «Talk: The Terrorism of the Man-hunters. Swedish Diplomat On Hungarian Deportations»; UD CD 1/1/1–5
17 Telegramm Cabinet an Söderblom vom 21.4.1945 und Antwort vom 25.4.1945; UD CD 1/1/1–10 f.
18 Bericht Söderblom vom 19.5.1945; UD CD 1/1/1–17
19 Siehe Schreiben an das OKW-Amt Ausland/Abwehr vom 16.7.1943; PA, AA R 101884 (Politische Abteilung I – Militär, Az.: 6 R. 2 Abwehr Ko Ungarn Bd. 2 1052/311963)
20 Schreiben Söderblom vom 24.5.1945; CD 1/1/7–137
21 Brief von Szent-Györgyi an Grafström vom 16.7.1947; BA kl. Erw. 800–6; auch nachfolgende Zitate
22 Telegramme Cabinet an Gesandtschaft Moskau vom 2.7.1945 und Gesandtschaft Bern an Cabinet vom 6.7.1945; UD CD 1/1/1/-31 und 34

[23] Schreiben Söderblom an Sahlin vom 6.7.1945 und Reaktion darauf vom 12.7.1945; UD CD 1/1/1–36f.
[24] Schreiben Söderblom vom 14.8.1945; UD CD 1/1/1–39
[25] Telegramm von Celsing vom 28.8.1945; UD CD 1/1/1–41
[26] Zitat und nachfolgende Zitate übersetzt aus Söderbloms Bericht vom 18.6.1946 über sein Treffen mit Stalin am 15.6.1946; UD CD 1/1/1–104ff.
[27] Vgl. Telegramm Söderblom vom 18.12.1945; BA kl. Erw. 800–5
[28] Telegramm Söderblom vom 14.4.1945, Nr. 233; BA kl. Erw. 800–4
[29] Brief Söderblom an Fallenius, 19.4.1945; UD CD 1/1/1–179
[30] Schreiben von Gerring (Bürochef i.D.) an Rechtsanwalt Dr. Schöni vom 26.3.1946; UD CD 1/1/1–92
[31] Nicht verhört wurden dagegen z.B. Erhard Hille, Heinz-Helmut von Hinckeldey und Ernst Wallenstein.
[32] Erklärung von Ernst Huber vom 12.3.1956; UD CD 3/5/1–63ff.
[33] Schwedische Übersetzung der Wyschinskij-Note vom 18.8.1947; UD CD 1/1/4–75
[34] Anger, S. 154
[35] Siehe z.B. Schreiben UD an Sohlman vom 8.9.1951; UD CD 1/1/9–263ff.
[36] Vgl. Schreiben Sohlman vom 1.10.1951; UD CD 1/1/10–148f.

2. Eine Todesnachricht oder ein Lügengespinst

[1] Schreiben der Abgeordneten von Friesen, Nerman und Lundstedt, 10.12.1947; UD CD 1/1/4–164
[2] Briefe Einsteins an Guy von Dardel zwischen dem 6.6.1947 und 22.12.1947; RWF
[3] Schwedische Note an die Sowjetunion vom 11.2.1952; UD CD 1/1/13–37ff.
[4] Sowjetische Note an Schweden vom 16.4.1952; UD CD 1/1/13–195
[5] P. M. von Östen Undén vom 17.11.1952; UD CD 1/1/14–205ff.
[6] Von Rodionow am 5.8.1953 übergebene Note; CD 1/1/16–198
[7] 1. Bericht von R. Philipp über Gespräch mit Hille, 7.7.1954; UD CD 2/4/1–78ff.

[8] Handschriftlicher Brief Hilles an R. Philipp vom 9.7.1954; BA kl. Erw. 800–20
[9] «PS zum ersten Rapport» von R. Philipp; UD CD 2/4/1–86f.
[10] Nachfolgende Zitate stammen aus dem Memorandum vom 29.9.1954; UD CD 1/1/21–163ff.
[11] «kriminalaffär»; Schreiben Sohlman an Lundberg vom 26.2.1955 über Gespräch mit Semjonow vom gleichen Tag; UD CD 1/1/22–135ff.
[12] Telegramm Sohlman ans UD vom 17.11.1955 Nr. 453; UD CD 1/1/26–84f.
[13] «skojare och lögnare»
[14] Schwedische Note an die Sowjetunion vom 9.3.1956; UD CD 1/1/29–133f.
[15] Bericht Tugarinovs an Gromyko vom 30.12.56; engl. Übersetzung beim Verfasser
[16] Telegramm Sohlman vom 19.3.1956 Nr. 172; UD CD 1/1/29–184
[17] Abschlußkommunique vom 3.4.1956; UD CD 1/1/30–23
[18] Private Aufzeichnung von Dr. Hermann Pörzgen vom 18.1.1956; privat; Kopie beim Verfasser
[19] P. M. vom 4.7.1956; UD CD 1/1/31–12f.
[20] Siehe Schreiben Stoneman (Special Advisor to the Secretary-General) an Birgitta Bellander vom 5.10.1948; UD CD 1/1/5–119
[21] P. M. von Lundberg vom 21.3.1956; UD CD 1/1/29–201f.
[22] Ebenda
[23] Ebenda
[24] Schreiben von Engzell an Åström vom 2.7.1956; UD CD 1/1/31–4f.
[25] Schreiben von Petersen an Åström vom 10.8.1956, UD CD 1/1/31–114f.
[26] P. M. von Lorentzon vom 16.11.1956; UD CD 1/1/32–230
[27] Schreiben von Engzell an Belfrage vom 21.12.1956; UD CD 1/1/32–313
[28] P. M. von Åström vom 18.1.1957; UD CD 1/1/33–32f.
[29] Gromyko-Note vom 6.2.1957; UD CD 1/1/33–140f.
[30] Karlbom, S. 24f.
[31] Sowjetische Erklärung vom 27.6.1959; UD CD 1/1/40–116
[32] Telegramm Nr. 186 vom 17.7.1959; UD CD 1/1/40–184f.
[33] Gutachten von Gyllenswärd und Santesson vom 25.4.1960; UD CD 1/1/41–150f.

3. Die Nachforschungen gehen weiter

[1] Bericht von Nanna Svartz vom 1. 2. 1961; UD CD 1/2/1–11 ff.
[2] Schreiben Svartz an Semjonow vom 30. 1. 1961; UD CD 1/2/1–4 ff.
[3] Telegramm von Sohlman ans UD vom 25. 2. 1961; UD CD 3/8 (Moskau) 4–126 f.
[4] Bericht von Nanna Svartz über das Gespräch am Vormittag des 21. 3. 1961; UD CD 3/8 (Moskau) 4–134 f.
[5] Nanna Svartz: «Samtal mellan 4 ögon M. och S-z.» am 23. 3. 1961; UD CD 3/4/8 (Moskau) 4–165 ff.
[6] P. M. vom 19. 3. 1964 über das Gespräch zwischen Gromyko und Erlander am 18. 3. 1964; UD CD 1/2/3–18 ff.
[7] Telegramm Sohlman über Gespräch mit Bulganin, 5. 3. 1955 Nr. 117; UD CD 1/1/22–144 f.
[8] Brief Mjasnikow an Svartz, 29. 4. 1964; UD CD 1/2/3–44
[9] Telegramm Jarring ans UD vom 11. 6. 1964 Nr. 221; UD CD 1/2/3–76
[10] Expressen vom 22. 6. 1964
[11] Uttalande av Erlander vom 26. 6. 1964; UD CD 3/8 (Moskau) 5–237
[12] Telegramm Jarring ans UD vom 22. 3. 1965; UD CD 3/8/5–115
[13] Werbell/Clarke, S. 204–207; Werbell und Clarke erhielten nach ihren Angaben auch von Erlander eine Bestätigung dafür.
[14] Telefoninterview des Verfassers mit Dr. Svartz-Malmberg sowie Schreiben an den Verfasser vom 4. 2. 1999
[15] Siehe z.B. Telegramm Cabinett vom 22. 11. 1965; UD CD 1/1/46–153; auch Werbell/Clarke führen an, daß Svartz Grund zur Annahme hatte, daß Mjasnikow noch nach 1965 lebte (S. 205). Dr. Gunvor Svartz-Malmberg erklärte jedoch gegenüber dem Verfasser, daß sie nie gehört hat, daß ihre Mutter dieses annahm. Dabei seien sie und ihr Vater laufend informiert worden.
[16] P. M. von Folke Löfgren über sein Gespräch mit Nanna Svartz am 1. 11. 1970; UD CD 1/2/4–189 f.
[17] Brief von Michael Sohlman an Niels Stahle vom 16. 12. 1965; UD CD 1/1/46–200
[18] AP-Meldung vom 26. Januar (ap/242/wt)
[19] Darstellung beruht auf Bierman, S. 193 ff.
[20] Siehe Leserbrief von Ignaz Szenfeld, «Widerwärtige Machenschaften um Raoul Wallenberg», SZ 28./29. August 1982

[21] Der Tagesspiegel, «Ein Helfer der verfolgten Juden des NS-Regimes», 15.6.1979

[22] So die Artikelüberschrift in der FAZ vom 15.6.1979

[23] Zwischen Mai und September 1979 in London, Jerusalem, Washington und Stockholm

[24] Allein zwischen 1979 und 1981 erschienen 11 Bücher zu Wallenberg, zumeist Biographien.

[25] Telegramm von Johnson, Nr. 1251 vom 4.4.1945; WRB

[26] Telegramm Harriman an Secretary of State, Nr. 1137 vom 12.4.1945; UD CD 1/1/45-38

[27] AP-Meldung vom 28.11.1980 (ap/242, 246/rl)

[28] The New York Times Magazine (30.3.1980), Stern (April 1980), The Atlantic (November 1980)

[29] Vgl.: FR, «Fackeln vor Sowjetbotschaft», 19.1.1981; KStA, «Ein Totgesagter soll noch leben», 17./18.1.1981

[30] FR am Abend, 23.2.1981, Damaliger Wert ca. 2,1 Millionen DM

[31] FAZ, «Ein Vorschlag aus Washington: Austausch der U-137 gegen Raoul Wallenberg», 2.11.1981

[32] 1982 wurde Wallenberg u.a. Ehrendoktor zweier Universitäten in den USA. Straßen und Schulen wurden nach ihm benannt.

[33] Sacharow, S. 783ff.

4. Nach Glasnost

[1] FR, «Fall Wallenberg dunkle Seite», 3.6.1989; Siehe auch Kommentar in «Die Welt» vom 5.6.1989 von E. Lahav «Von Wallenberg bis Katyn», welcher offensichtlich nichts von der Gromyko-Note von 1957 wußte.

[2] Zitiert nach: FR, «Sowjetunion gibt Schuld am Tod Raoul Wallenbergs zu», 25.8.1989

[3] Bericht von Sonja Sonnenfeld über den Besuch; RWF

[4] Kopie der Häftlingskarte; RWF

[5] Bericht von A. B. Roginskij und V. Jakovlevitsch, beide Mitglieder der Kommission, in «Literator» vom 22.2.1991; E. Meyer, «Glasnost in the Wallenberg case», The Jerusalem Post, 10.11.1990

[6] taz, «Tod aus Versehen», 12.3.1992

[7] Kopie beim Verfasser

8 Kölnische Rundschau, «KGB-Überläufer: Wallenberg wurde 1947 erschossen», 18.10.1990
9 Bakatin, S. 184–189, auch weitere Zitate
10 Sudoplatow, S. 296–310
11 Angaben von Dufving gegenüber dem Verfasser
12 Brief Gromyko an Serow (KGB) vom 13.10.1954; Übersetzung beim Verfasser
13 Brief Serow an Gromyko vom 3.11.1954 unter Bezug auf Schreiben Ignatiws an Gromyko vom 3.3.1952; ebenda
14 Bericht von Molotow und Serow vom 28.4.1956; ebenda
15 Note von Shepilow und Serow vom 14.1.1957; ebenda

5. Ein unauflösbares Rätsel?

1 Bericht von Otto Prade vom 15.8.1950; UD CD 1/1/6–12 ff.
2 Vgl. Nachwort Hasselbohm; in: Berg, S. 240 ff. Siehe auch Berichte über Tolstoy in BA kl. Erw. 800–22 sowie Kutuzov-Tolstoy «Budapest» (Kapitel 11–13) und Kutuzov-Tolstoy «Mein Leben» (insbes. S. 133–161)
3 Telegramm Stettinius an Olsen, Nr. 1551 vom 3.8.1944; WRB
4 Vgl. Aussage Bechers vor dem AG Bremen 19 AR 1851/61 am 20.6.1961, S. 28 f., abgedruckt in: Friedmann; Schiller, S. 93 ff.
5 Kasztner, S. 232
6 Vgl. Ritter, S. 422
7 Bericht über Untersuchungsergebnisse vom 17.8.1944; Anlage zu Schreiben Kaltenbrunners an Bormann vom 17.8.1944; Jacobsen, S. 246 f.
8 Unter Berufung auf eine Aussage von Ulrich, einem Vetter Goerdelers. Ihm gegenüber habe Goerdeler am 29./30.7.1944 erklärt, nach Schweden zu wollen: «Ich habe gute Freunde in Schweden, die etwas für mich tun werden»; ebenda.
9 VGH-Urteil vom 8.9.1944 gegen Goerdeler, Leuschner, Wirmer, von Hassell und Lejeune; abgedruckt in: Jacobsen, S. 533 ff.
10 Telegramm Sohlman an Cabinet vom 4.7.1961, Nr. 168; UD CD 3/8 (Moskau) 4–242 f.
11 Schreiben von Brandt (Reichsführer-SS, Persönlicher Stab) an Wagner vom 2.5.1944; PA, AA R 99 439 Fiche 5682 F 4
12 Wagner an Brandt, Konzept Mai 1944; PA, AA R 99 439 Fiche 5682 F 6
13 Ebenda

[14] Telegramm Hull an Olsen, Nr. 1364 vom 10.7.1944; WRB

[15] Rensinghoff in der Sendung «Ljubljanka – Lefortovskaja – Vladimir» von Hans Villius, gesendet am 2.2.1965; Text: UD CD 1/1/45–3 ff.

[16] Siehe Erklärungen von Supprian und Bergemann; a. a. O.

[17] P.M. vom 27.2.1956, Lundström-Gespräch mit Franz Langer; UD CD 3/5/1–30 ff.

[18] Brief Lauer an Wallenberg, 28.10.1944; Kopie beim Verfasser

6. Lebt Raoul Wallenberg?

[1] Gemeinsamer Entschließungsantrag im Europäischen Parlament vom 16.12.1992

[2] So z.B. Lars Berg im Juli 1945 (siehe P. M. von Lundberg vom 13.9.1951; UD CD 1/1/9–295), Alexander (Sándor) Kasser (P.M. von Petri vom 6.12.1946; UD CD 1/1/2–70) und nicht zuletzt Giorgio Perlasca, der noch daran festhielt, als die Sowjetunion Wallenbergs Diplomatenpaß und andere Gegenstände übergeben hatte (vgl. Interview von Miles Loehman mit Perlasca; Archives des U. S. Holocaust Memorial Museums, RG-20.004*01).

[3] Schriftliche Version des Gesprächs mit dem schwedischen Botschafter Jarring am 26.5.1964, «Resolution by Gromyko, May 31, 1964, From Kovalev's diary», Übersetzung bei Verfasser. Vgl. zu dem Gespräch auch Telegramm Jarring ans UD vom 26.5.1964, Nr. 191; UD CD 1/2/3–56

[4] Deutscher Bundestag, Plenarprotokoll II/154, 1. September 1989

[5] Schreiben an den Verfasser, 14.3.1994

[6] Editorial, Tribüne Heft 131 (3. Quartal 1994), S. 5

[7] «United Nations Secretary-General, Message to Actionsring Frau und Welt, Raoul Wallenberg exhibition, Düsseldorf, 3 March 1998«; Actionsring Frau und Welt, Düsseldorf

[8] Grußwort des Ministerpräsidenten des Landes Nordrhein-Westfalen zur Ausstellung «Lichter in der Finsternis: Raoul Wallenberg und die Rettung der Budapester Juden 1944/45»; Actionsring Frau und Welt, Düsseldorf

[9] Rede Guy von Dardels vom 17.11.1998; Kopie beim Verfasser

[10] Angaben Susanne Bergers gegenüber dem Verfasser, Februar 1999

Abkürzungen

AA	Auswärtiges Amt
BA	Bundesarchiv
IfZ	Institut für Zeitgeschichte, München
IKRK	Internationales Komitee vom Roten Kreuz, Genf
IMT	Internationales Militär-Tribunal, Nürnberg
NY	New York
PA, AA	Politisches Archiv des Auswärtigen Amts, Bonn
RWF	Raoul Wallenberg-Föreningen, Stockholm
RWP	Raoul Wallenberg-Projektet, Uppsala
RWPA	Raoul Wallenberg-Projektets Arkiv, Uppsala Universitet, Uppsala
UD	Utrikesdepartementet, Stockholm
WRB	War Refugee Board, Washington
YV	Yad Vashem, Jerusalem

Archive

Politisches Archiv des Auswärtigen Amts, Bonn (PA, AA)
- Inland II g 208 Judenfrage in Ungarn 1942–1943
- Inland II g 210 Judenfrage in Ungarn (Sonderaktion)
- Inland II g 211 Judenfrage in Ungarn (Sonderaktion)
- Inland II g 212 Judenfrage in Ungarn
- Inland II g 443 Berichte und Meldungen zur Lage in Schweden (Fiche 2931)
- Inland II A/B 83–26 Juden in Schweden (R 99 439)
- Inland II A/B 83–26 Juden in Ungarn (R 99 449 ff.)
- Inland II A/B 83–78 Spionageabwehr: Ungarn (R 100 133)
- Inland II g 473 Berichte und Meldungen zur Lage in und über Ungarn 1944 (R 101 164)
- Politische Abteilung I – Militär (R 101 884)

Bundesarchiv, Koblenz (BA)

«Blue volumes», Dokumente des UD zu Wallenberg von 1944–1965, 49 Bände, (Bundesarchiv, Kleine Erwerbungen (kl. Erw.) Nr. 800, Raoul Wallenberg)

Bundesarchiv-Militärarchiv, Freiburg (BA [Freiburg])
Personalakte Gerhard Schmidhuber (Pers 6/1863)

Institut für Zeitgeschichte, München (IfZ)
IfZ Eich 853, 1121, 1122

Raoul Wallenberg-Föreningen, Stockholm (RWF)
- Briefe Raoul Wallenbergs
- Briefwechsel zwischen Albert Einstein und Guy von Dardel
- Der Schutzpaß in der Kunstgeschichte
- diverse Berichte und Dokumente

Raoul Wallenberg-Projektets Arkiv, Uppsala (RWPA)
Drei Mikrofilme (MF 1, MF 2 und MF 3). Vorwiegend wurden verwendet:
- Interview RWP mit Elisabeth von Kemény (MF 2, 1544ff.)
- Interview RWP mit Pál Szalai (MF 2, 1586ff.)
- Bericht von Ferenc Perjéssy und Interview RWP (MF 2, 4274ff.)
- Dokumente des ungarischen Innenministeriums, KEOKH, des Außenministeriums und verschiedener Behörden (MF 3, 2590–2963)
- Dokumente des UD 1938–1945 (MF 3, 5059ff.)

Schweizerisches Bundesarchiv, Bern (BA, Bern)
- E 2001 (D)-/7 Bd. 17, S. 4 (145), Abhörung Lutz am 30.5.1945
- E 2500 1968/87, Bd. 52. Personaldossier P. Zürcher, Protokolle über die Verhandlungen vom 6./7. Januar 1945, Oberstadthauptmannschaft
- J. I 186/1986 P 19. Nachlaß Carl Lutz bei Yad Vashem, Friedrich Born: Bericht an das IKRK Juni 1945
- J. I 186/1986 10 P 19. Nachlaß Carl Lutz bei Yad Vashem, Jenö Szatmári, Bericht, Juni 1945 mit einer Ergänzung von Miklós Krausz

U.S. Holocaust Museum Washington Archiv, Washington RG-20004 * 01 M Fiche 2 Nr. 163

Utridesdepartementet, Stockholm (UD)
- Handlingar rörande Raoul Wallenberg 1945–1970, Dossier P II EU[1] (Dokumentveröffentlichung auf drei CD-ROMS), Zitierweise: UD CD 1/1/1–1 = Nummer der CD-ROM/Abteilung/Dossier/Seite
- Aus folgenden Abteilungen wurden Dokumente zitiert:
  1 = Huvudserien 2 = Specialserien
  4 = Div. Arbetspapper 5 = Utsagor och Förhör
  8 = Kopior ur beskickningarnas arkiv (Moskau)

War Refugee Board Section, Roosevelt Library, New Hyde Park, New York (WRB)
- Box 34, Hungary No. 1 und 2
- Final Summary Report Of The Executive Director, WRB, 15. September 1945
- History Of The War Refugee Board With Selected Documents (History of the WRB)
- Operations Of The WRB From Sweden
- Summary Report Of The Activities Of The WRB With Respect to The Jews In Hungary

Yad Vashem, Jersualem (YV)
P 19, Nachlaß Carl Lutz

Interviews (T = Telefoninterview)

Agnes Adachi, New York (1995)
Susanne Berger, Washington (T, 1998/1999)
Erwin Forester (Fenyö), Sydney (1995)
Elisabeth Kémeny-Fuchs, München (T, 1996)
Dr. Gunvor Svartz-Malmberg, Stockholm (T, 1999)

Quellen und Literatur

Aalders, Gerard/Wiebes, Cees: Die Kunst der Tarnung; Frankfurt am Main 1994

Adachi, Agnes: Child of the winds. My mission with Raoul Wallenberg; Chicago 1989

Anger, Per: With Raoul Wallenberg in Budapest; NY 1981

Bakatin, Wadim: Im Innern des KGB; Frankfurt am Main 1993

Bauer, Yehuda: Jews for Sale? Nazi-Jewish Negotiations, 1933–1945; New Haven/London 1994

Ben-Tov, Arieh: Das Rote Kreuz kam zu spät; Zürich 1990

Berg, Lars: The book that disappeared. What happened in Budapest; NY/Los Angeles 1990

Berger, Susanne: Report on Swedish materials and the Swedish question in the Raoul Wallenberg case (Entwurf); Januar 1999, unveröffentlicht, Kopie beim Verfasser

Bierman, John: Raoul Wallenberg – Der verschollene Held; München 1983

Born, Friedrich: Bericht an das Internationale Komitee vom Roten Kreuz erstattet von Friedrich Born, Delegierter für Ungarn; Juni 1945, BA (Bern)
Braham, Randolph L.: The Destruction of Hungarian Jewry. A Documentary Account (Dokumente des Auswärtigen Amtes); NY 1963
Braham, Randolph L.: The Politics of Genocide. The Holocaust in Hungary, Vol. 1+2; NY 1981
Braham, Randolph L. (Hrsg.): Essays, Documents, Depositions; NY 1986
– Studies on the Holocaust in Hungary; NY 1990
– Hungarian-Jewish Studies; NY 1973
Dardel, Fredrik: Raoul Wallenberg. Fakta kring ett öde; Stockholm 1970
Deaglio, Enrico: Die Banalität des Guten: Die Geschichte des Hochstaplers Giorgio Perlasca, der 5200 Juden das Leben rettete; Frankfurt a. M. 1994
Friedmann, T. (Hrsg.): Vor 50 Jahren 1944–1994. Das SS-Sonderkommando Eichmann in Budapest und die Vernichtung der Juden Ungarns-Rumäniens (Dokumente); Haifa 1994
Gosztony, Peter: Der Kampf um Budapest 1944/45; München/Zürich 1964
Grossman, Alexander: Nur das Gewissen. Carl Lutz und seine Budapester Aktion, Geschichte und Porträt; Wald 1986
Handler, Andrew: A Man for All Connections. Raoul Wallenberg and the Hungarian State Apparatus, 1944–1945; London 1996
Hilberg, Raul: Die Vernichtung der europäischen Juden; Frankfurt a. M. 1990
Horthy, Nikolaus von (Miklós): Ein Leben für Ungarn; Bonn 1953
IMT: Der Prozeß gegen die Hauptkriegsverbrecher vor dem Internationalen Militärgerichtshof, 42 Bände; Nürnberg 1947–1949
Jacobsen, Hans-Adolf (Hrsg.): Spiegelbild einer Verschwörung. Die Opposition gegen Hitler und der Staatsstreich vom 20. Juli 1944 in der SD-Berichterstattung. Geheime Dokumente aus dem ehemaligen Reichssicherheitshauptamt; Stuttgart 1984
Joseph, Gilbert, Mission sans retour. L'affaire Wallenberg; Paris 1982
Karlbom, Rolf: Raoul Wallenbergs Fangenskap i Sovjet; Göteburg 1987

Karsai, Elek: Vádirat A Nácizmus Ellen. Dokumentumok a magyarországi zsidóüldözés történetéhez, 3. 1944 május 26–1944 október 15; Budapest 1967
Kastner (Kasztner), Rudolf: Der Kastner-Bericht; München 1961
Keilig, Wolf: Das Deutsche Heer 1939–1945. Gliederung – Einsatz – Stellenbesetzung; Bad Nauheim 1956ff.
Klietmann, K. G.: Die Waffen-SS. Eine Dokumentation; Osnabrück 1965
Koblik, Steven: The stones cry out. Sweden's response to the persecution of the jews, 1933–1945; NY 1988
Küng, Andres: Raoul Wallenberg. Igar, idag; Stockholm 1985
Kutuzov-Tolstoy, Michael Pavlovitsch: Mein Leben. Von Petersburg nach Irland; Marburg/Lahn 1987
Kutuzov-Tolstoy, Myriam: Budapest 1944–1945; Marburg/Lahn 1987
Larsson, Jan: Raoul Wallenberg; Uppsala 1986
Lester, Elenore: Wallenberg, the man in the iron web; New Jersey 1982
Lévai, Jenö: Abscheu und Grauen vor dem Genocid in aller Welt, Diplomaten und Presse als Lebensretter; NY/London 1968
– Eichmann in Ungarn. Dokumente; Budapest 1961
– Geheime Reichssache. Papst Pius XII. hat nicht geschwiegen; Köln 1966
– Raoul Wallenberg; Budapest 1948
– Black Book on the Martyrdom of Hungarian Jewry; Zürich/Wien 1948
Lichtenstein, Heiner: Raoul Wallenberg. Ein Opfer Himmlers und Stalins; Köln 1982
Linnéa, Sharon: Raoul Wallenberg. The man who stopped death; Philadelphia/Jerusalem 1993
Lutz, Carl: Die Judenverfolgungen unter Hitler in Ungarn; NZZ vom 30. 6. 1961
Macartney, Carlile A.: October fifteenth. A History of Modern Hungary 1929–1945; Edinburgh 1957
Marrus, Michael R. (Hrsg.): The Nazi Holocaust 4. The «Final Solution» Outside Germany, Volume 2; Westport/London 1989
Marton, Kati: Wallenberg: Missing Hero; NY 1995
Meyer, Brün (Hrsg.): Dienstalterliste der Waffen-SS. SS-Obergruppenführer bis SS-Hauptsturmführer; Osnabrück 1987
Nagy-Talavera, Nicholas M.: The Green Shirts and the Others; Stanford 1970

Nicholson, Michael/Winner, David: Raoul Wallenberg, The Swedish diplomat who saved 100 000 Jews from the Nazi Holocaust; Watford 1989
Panzerdivision, 13: «Das waren wir!» «Das erlebten wir!» Schicksalsweg der 13. Panzerdivision; 1971
Pätzold, Kurt/Schwarz, Erika: Tagesordnung: Judenmord. Die Wannsee-Konferenz am 20. Januar 1942; Berlin 3. Aufl. 1992
Philipp, Rudolf: Raoul Wallenberg. Diplomat, Kämpe, Samarit (Maschinenmanuskript in deutscher Sprache; RWF); Stockholm 1947
Pörzgen, Hermann: Erlebte Sowjetunion; Vortrag vor dem Übersee-Club am 20. März 1958
Ritter, Gerhard: Carl Goerdeler und die deutsche Widerstandsbewegung; Stuttgart 1954
Rosenfeld, Harvey: Raoul Wallenberg; NY/London 1995
Sacharow, Andrej: Mein Leben; München 1991
Schickert, Klaus: Die Judenfrage in Ungarn; Essen 2. Aufl. 1943
Schiller, Bernt: Raoul Wallenberg. Das Ende einer Legende; Berlin 1993
Schmidt, Paul: Statist auf diplomatischer Bühne 1923–45; (Taschenbuchausgabe) Bonn 1954
Schmitz, Peter/Thies, Klaus-Jürgen/Wegmann, Günter/Zweng, Christian: Die deutschen Divisionen 1939–1945, Band 3: Die Divisionen 11–16; Osnabrück 1996
Schweitzer, Ernst: Die Vernichtung der Kampfeinheiten der 13. Panzerdivision und zweier Waffen-SS-Divisionen beim Ausbruch aus dem Kessel von Budapest im Februar/März 1945; Münster i.W. 2. Aufl. 1996
Sjöqvist, Eric: Affären Raoul Wallenberg; Stockholm 1966
Smith, Danny: 100 000 Juden gerettet. Raoul Wallenberg und seine außergewöhnliche Mission in Budapest; Neuhausen-Stuttgart 1987
Ströbinger, Rudolf: Das Rätsel Wallenberg; Stuttgart/Bonn 1982
Sudoplatow, Pawel Anatoljewitsch/Sudoplatow, Anatolij: Der Handlanger der Macht. Enthüllungen eines KGB-Generals; Düsseldorf/Wien/NY/Moskau 1994
Szatmári, Jenö: Bericht von Juni 1945 mit einer Ergänzung von Miklós Krausz; BA (Bern)
Szép, Ernst (Ernö): Drei Wochen in 1944; Wien 1947
Szép, Ernö: The Smell of Humans; Budapest/London/NY 1994
Szinai, M./Szücs, L. (Hrsg.): The Confidential Papers of Admiral Horthy; Budapest 1965

Szöllösi-Janze, Margit: Die Pfeilkreuzlerbewegung in Ungarn; München 1989
Sztehlo, Gábor: In the Hands of God; Budapest 1994
Tschuy, Theo: Carl Lutz und die Juden von Budapest; Zürich 1995
Wallenberg, Gustaf & Raoul: Älskade farfar, brevväxling mellan Gustaf & Raoul Wallenberg; Stockholm 1987
Werbell, Frederick E./Clarke, Thurston: Lost Hero. The mystery of Raoul Wallenberg; NY 1982
Wulf, Josef: Raoul Wallenberg; Berlin 1958
Wyman, David S.: Das unerwünschte Volk. Amerika und die Vernichtung der europäischen Juden; Frankfurt a. M. 1989

Bildnachweise

Hille-Sandvoss, Angelika; Düsseldorf: S. 170
Militärarchiv Freiburg, Personalakte Schmidhuber: S. 145
Morvay, Michael; Basel: S. 57
Museum für Zeitgeschichte; Budapest: S. 39, 45, 98, 117, 142
Ullstein Bilderdienst: S. 31
Verfasser: S. 29, 47, 81
Wallenberg-Föreningen, Raoul; Stockholm: S. 8, 11, 12, 111, 117, 130

Personenregister

Bücher zum Dritten Reich

Martin Broszat
Der Staat Hitlers
dtv 30172

Hans Buchheim / Martin Broszat / Hans-Adolf Jacobsen / Helmut Krausnick
Anatomie des NS-Staates
dtv 30145

Dimension des Völkermords
Die Zahl der jüdischen Opfer des Nationalsozialismus
Hrsg. von Wolfgang Benz
dtv 4690

Enzyklopädie des Nationalsozialismus
Hrsg. v. Wolfgang Benz, Hermann Graml und Hermann Weiß
dtv 33007

Norbert Frei
Der Führerstaat
Nationalsozialistische Herrschaft von 1933 bis 1945
dtv 30785

Saul Friedländer
Das Dritte Reich und die Juden
Die Jahre der Verfolgung 1933-1939
dtv 30765

Hermann Graml
Reichskristallnacht
Antisemitismus und Judenverfolgung im Dritten Reich
dtv 4519

Joe J. Heydecker
Das Warschauer Ghetto
Foto-Dokumente aus dem Jahr 1941
dtv 30724

Michael H. Kater
Gewagtes Spiel
Jazz im Nationalsozialismus
dtv 30666

Jan Kershaw
Hitlers Macht
Das Profil der NS-Herrschaft
dtv 30757

David Clay Large
Hitlers München
Aufstieg und Fall der Hauptstadt der Bewegung
dtv 30794

Das Urteil von Nürnberg 1946
Mit einem Vorwort von Jörg Friedrich
dtv 2902

Biographien bei dtv

Michael W. Blumenthal
Die unsichtbare Mauer
Die dreihundertjährige Geschichte einer deutsch-jüdischen Familie
dtv 30788

Peter Brown
Augustinus von Hippo
dtv 30759

Pang-Mei Natasha Chang
Grüner Tee und Coca-Cola
Die Geschichte der Chinesin Yu-i, von ihr selbst erzählt
dtv 30763

Patricia Clough
Helmut Kohl
Ein Porträt der Macht
dtv premium 24122

Alain Decaux
Eduard VIII. und Wallis Simpson
Triumph der Liebe über die Politik?
Eine Windsor-Biographie
dtv 30725

Eugen Drewermann
Giordano Bruno
oder Der Spiegel des Unendlichen
dtv 30747

Manfred Flügge
Figaros Schicksal
Das Leben des Pierre-Augustin Caron de Beaumarchais
dtv 24235

Gertrud Fussenegger
Maria Theresia
dtv 30419

Françoise Giroud
Alma Mahler
oder die Kunst, geliebt zu werden
dtv 30749
Das Leben der Jenny Marx
dtv 30632
Cosima Wagner
Mit Macht und mit Liebe
dtv 30824

Hildegard Hamm-Brücher
Freiheit ist mehr als ein Wort
Eine Lebensbilanz 1921-1996
dtv 30644

Christian Graf von Krockow
Die preußischen Brüder
Prinz Heinrich und Friedrich der Große
Ein Doppelportrait
dtv 30659

Biographien bei dtv

Christian Graf von Krockow
Bismarck
dtv 30784
Churchill
Eine Biographie des
20. Jahrhunderts
dtv 30797

Siegfried Lauffer
Alexander der Große
dtv 4298

Wolf Lepenies
Sainte-Beuve
Auf der Schwelle zur
Moderne · dtv 30750

Maurice Lever
Marquis de Sade
dtv 30645

Jean-François Lyotard
Gezeichnet: Malraux
dtv 30825

Elsemarie Maletzke
Jane Austen
dtv 30740

Jean Markale
Isabeau de Bavière
Die Wittelsbacherin auf
Frankreichs Thron
dtv 30633

Christian Meier
Caesar
dtv 30593

Hans-Joachim Netzer
**Ein deutscher Prinz
in England**
Albert von Sachsen-Coburg
und Gotha, Gemahl der
Königin Victoria
dtv 30311

Donald A. Prater
Thomas Mann
Deutscher und Weltbürger
dtv 30660

Marcel Reich-Ranicki
Sein Leben in Bildern
Eine Bildbiographie
dtv 30828

Andrew Roberts
Churchill
und seine Zeit
dtv premium 24132

Werner Ross
Der ängstliche Adler
Friedrich Nietzsches
Leben · dtv 30736

Theo Schwarzmüller
**Zwischen Kaiser und
»Führer«**
Generalfeldmarschall
August von Mackensen
dtv 30823

Eva Weissweiler
Clara Schumann
dtv 30334